인구와 부

축소의 시대가 아닌
확장의 시대

인구와 부

조영태·고우림 지음

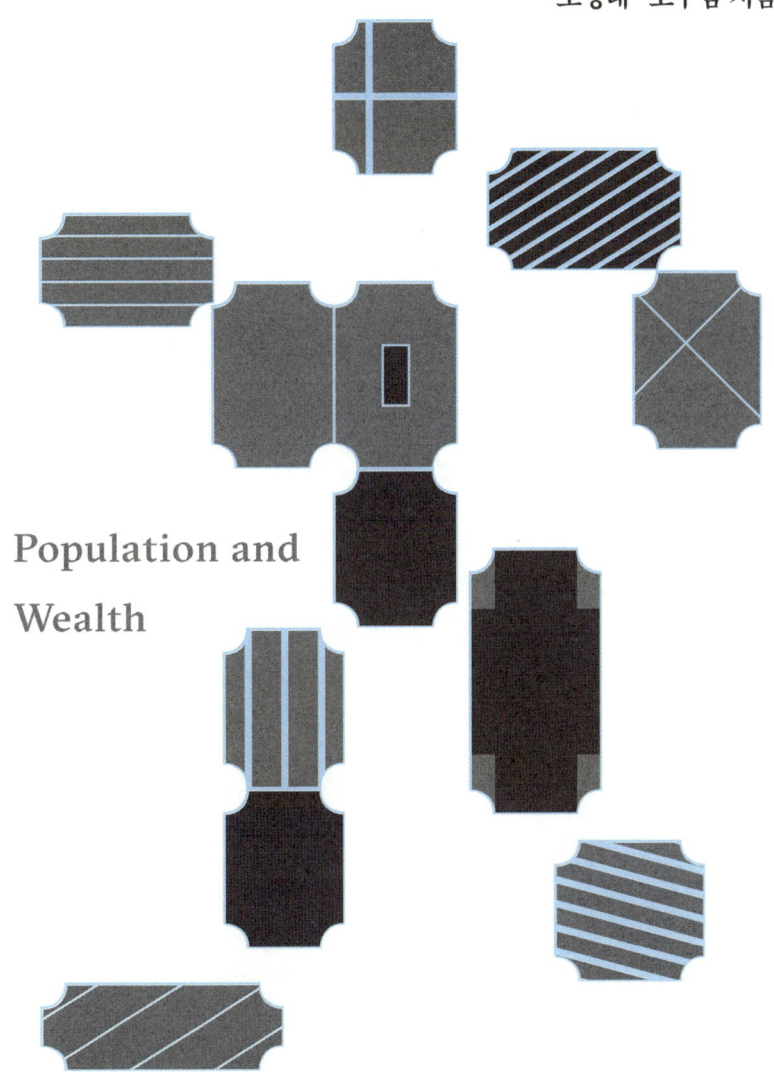

Population and
Wealth

북스톤

책머리에

본격적으로 책을 시작하기에 앞서 독자분들께 두 가지를 말씀드리고자 합니다. 하나는 왜 이 책이 공저로 쓰였는지이고, 다른 하나는 왜 뜬금없이 인구를 부wealth와 엮었는지입니다.

기존의 제 책을 접해보신 독자들께서는 이 책이 조영태 단독으로 쓰여진 것이 아니라 고우림과 공저가 된 것을 새롭다고 느끼실 듯합니다. 참고로 저는 50대이고 고우림은 30대입니다. 이 책은 서로 다른 세대가 같은 미래를 바라보고 함께 걷는 데 도움이 되기를 바라는 마음으로 썼습니다. 그래서 50대인 저와 30대인 공저자가 '인구'를 우리의 일과 삶을 잇는 실천의 언어로 놓고, 사회와 시장에 대한 각자의 견해와 분석을 한 권에 겹쳐 썼습니다.

아시는 것처럼 AI를 비롯한 기술의 진보로 사회가 엄청나게 빠르게 바뀌고 있습니다. 이런 때일수록 다른 세대의 생각과 행동을 이해할 필요가 있습니다. 인구 변동 역시 마찬가지입니다. 인구 변동이 사회와 시장을 바꾸는데, 그에 대한 세대 간 시각 차이가 큽니다. 이미 기성세대인 저만의 시각보다는 젊은 청년 세대의 시각이 더해질 때 인구, 사회, 시장 변화에 대한 해석이 한층 넓고 깊어질 수 있습니다. 이 책이 공저가 된 이유입니다.

흔히들 인구라 하면 오늘날의 저출산 현상과 관련된 정책을 떠올립니다. 하지만 저희는 인구란 불확실한 국면에서 오늘의 '선택'을 돕는 프레임이며, 전략의 나침반이라는 확신을 갖고 이 책을 집필했습니다.

저희가 특히 강조하고 싶은 것은, 인구를 정책이 아니라 전략으로 바라보아야 한다는 점입니다. 정책은 대체로 '출산율[1]'을 높인다, 인구를 늘린다'처럼 숫자를 되돌리려는 목표에 갇히기 쉽습니다. 그렇게 해서는 개인에게 책임과 죄책감이 전가될 뿐, 실질적인 변화 동력이 생기기 어렵습니다. 반면 전략으로 접근할 때 인구는 해결해야 할 짐이 아니라, 사회와 기업이 더 나은 선택을 만들어낼 수 있는 자원이 됩니다.

즉 이 책은 인구를 '조절'의 대상이 아닌 '활용'의 대상, 사회의 공동 역량을 확장하고 부 wealth 로 전환할 수 있는 도구로 제안합니다. 여기서 말하는 부는 일차적으로는 돈과 자산입니다. 하지만 저희는 부의 개념을 서로를 지탱하는 관계의 자본, 신뢰와 연대 같은 사회적 자본, 그리고 다음 세대를 위한 기회와 가능성까지 모두 포함하는 넓은 의미로 확장했습니다. 그래서 이 책은 정부와 공공의 영역에서 사용되는 '인구 정책'이 아니라 개인과 기업이 인구 변동 속에서도 더 많은 부를 만들고 축적하는 데 도움이 되는 '인구 전략'을 이야기합니다.

예를 들어 이런 장면을 생각해보면 좋겠습니다. 요즈음 베이비붐 세대가 70대에 접어드니 '시니어[2] 시장'에 대한 관심이 부쩍 커지고 있습니다. 많은 사람들이 곧 엄청난 시니어 시장이 열릴 것처럼 말하죠. 그런데 베이비붐 세대가 어느 날 갑자기 나타난 것은 아니잖아요? 이들은 40~50대 시절에 대한민국 경제활동의 중심에 있었고, 70대가 된 지금은 과거보다는 축소된 소비력과 세월이 흐름에 따라 자연스럽게 달라진 생활 방식으로 살아가고 있습니다. 과거에는 대부분 3인 혹은 4인 가구로 살았다면, 이제는 혼자 지내는 분도 있고, 부부끼리 살기도 하고, 계속 자녀와 함께 사는 경우도 있습니다. 어떤 분들은 가까이 사는 손자녀를 돌보고, 어떤 분들은 여전히 생업을 이어갑니다. 자산 상황도 다르고, 건강 상태는 더 천차만별입니다.

　이렇게 한 세대 안에서도 과거보다 훨씬 다양한 모습으로 살아가고 있는데, 이분들을 위한 비즈니스를 하려면 이들을 면밀히 분석해야 하지 않을까요? '베이비붐 세대는 인구가 크니, 시니어 시장이 커질 것이다'라는 단편적 시각으로 접근한다면 실패할 수밖에 없습니다.

　특히 시니어를 대상으로 하는 비즈니스는 그저 '틈새시장'에 머물러서는 안 됩니다. AI와 과학기술 그리고 새로운 서비스 혁신이 결합해 온전한 산업의 한 축으로 자리 잡아야 합니다. 그래야만 고령화가 복지 지출을 늘리는 부담으로만 다가오지 않고, 미래 세대를 위한 새로운 기회와 '부'로 전환될 수 있습니다. 그 과정에서 다음 세대도 더 건강하고 지속 가능한 사회를 살아갈 토대를 얻게 될 것입니다. 바로 이것이 인구 전략입니다.

　세대가 다른 저자들이 쓴 만큼, 이 책의 내용도 읽는 독자에 따라 다르게 다가갈 수 있습니다. 어떤 부분은 리더에게 더 유용하고, 어떤 부분은 실무자에게 더 필요한 이야기일 것입니다. 중장년층에게 더 크게 다가올 주제도 있고, 청년층이 먼저 고민해야 할 주제도 있습니다. 그만큼 다루는 범위가 넓고, 그에 따라 초점도 조금씩 달라집니다. 그것이야말로 인구를 바라보는 생각의 폭과 차이가 이렇게나 넓고 크다는 사실을 드러내는 것이기도 합니다.

    강연장과 연구 프로젝트에서 만난 많은 분들의 질문과 고민이 이 책의 뼈대가 되었습니다. 될 수 있는 한 많은 질문에 답하고, 그 안에 서로 다른 시선과 다른 세대의 목소리를 담아내고자 노력했습니다. 그래서 독자 여러분께도 권하고 싶습니다. 이 책을 혼자 읽기보다는, 다양한 연령대가 함께 읽고 토론해보시면 좋겠습니다. 서로의 시각을 교환하는 과정에서 인구에 대한 생각의 폭이 더 넓어지고 깊어질 것입니다. 이 책이 여러분에게도 "아, 인구에 관한 생각이 이렇게 다양하구나" 하고 알아차리는 계기가 되기를, 그리고 그 인식이 미래를 바꾸는 작은 힘이 되기를 바랍니다.

    무엇보다 여러분이 인구를 통해 확장적인 세계관을 발굴하고, 그 힘으로 자신이 원하는 형태의 부를 더 많이 쌓기를 소망합니다. 그 부는 단지 숫자로 된 자산이 아니라, 세대가 공존하며 쌓아가는 지속적인 번영의 기반입니다. 이 책이 그 길을 찾는 여정에 작은 동반자가 된다면 좋겠습니다.

—조영태

차례

책머리에 **5**
프롤로그 인구, 미래 시장을 여는 전략의 기초 **15**

1장_ 관점의 전환: 문제는 인구 감소가 아니다

극복해야 할 관점, 비관적 현실주의 **25**
    '인구 정책'이 아닌 '인구 전략'의 틀로 바라보자
인구는 빠르게 바뀌는데 대응 전략은? **28**
기업의 인구 대응은 적절한가? **33**
    라면회사의 수요 분석 및 공장 입지 전략
    20년 전의 인구대응지체가 부른 인력난
개인은 인구 변화에 어떻게 대응해야 할까 **50**
    인구 압박 대신 확장의 관점으로

2장_ 인구를 부Wealth로 읽는 3가지 렌즈: 연령 효과, 시기 효과, 코호트 효과

연령 효과만 보면 '규모의 경제'가 오는 시점을 놓친다 **63**
    미래를 읽는 인구학적 방법론
Q1. 고령층이 증가하는데 시니어 산업은 왜 안 뜨나요? **69**
    그들의 나이 대신 삶의 궤적을 보자
    코호트, 연령, 시기 효과를 함께 보아야 보이는 미래 시장
Q2. 결국 소비 여력이 없는 인구가 늘어나는 건가요? **76**
    베이비붐 세대는 '가난한 노인'이 아니다

Q3. 정말로 베이비붐 1세대와 산업화 세대는 성향이 다른가요? **84**
　　교육 수준의 차이가 건강의 차이를 낳는다
　　건강이 경제력 유지로 이어질 수 있도록

Q4. 건강 챙기는 고령자가 늘어서 건기식 시장이 뜬 것 아닌가요? **93**
　　연령 효과를 대체하는 멀티에이징에 주목하자

Q5. 자산 있는 고령자가 늘어나면 교외 시니어 타운이
잘되지 않을까요? **99**
　　세대별로 은퇴 후 이동 경로가 다르다

Q6. 그렇다면 시니어 사업은 하지 말라는 건가요? **106**
　　시니어 산업의 성공을 위한 3가지 제안

3장_ 3가지 층위로 설계하는 인구 전략: 규모의 변동에서 라이프스타일의 변화까지

변화의 규모와 깊이를 읽는 방법 **117**
　　위기와 기회를 동시에 찾는 3M 프레임워크

Macro: 멀리 그리고 깊게 내다보는 변화

인구를 단순히 숫자가 아닌 것으로 읽어내기 위한 준비 **121**
　　'인구'라는 데이터의 확장 가능성
　　앞으로는 가구 수 변화에 더 집중하자

Meso: 사회 변화와의 상호작용에서 포착하는 산업 변화

Q1. 수요자 규모가 곧 시장 규모로 직결되지는 않던데요? **129**
　　영유아 산업과 신귀족주의
　　합리적 대안 모델을 펼칠 기회

Q2. 지방의 인구 문제를 상쇄할 대안이나 사업 기회는 정말 없나요? **142**
　　생활인구, 인구 개념 전환의 필요성
　　생활인구를 활용한 공장 입지 분석

Micro: 우리 일상 속 크고 작은 변화

Q3. 인구 변화를 비즈니스에 반영하려면 무엇을 봐야 하나요? **151**

Q4. 어떻게 조사하고, 어떻게 데이터를 읽나요? **153**
  1인가구를 넘어 1인체제로의 전환
  '가족'이라는 관계의 외주화와 '신뢰 구매 사회'
  3M 프레임워크와 APC 방법론을 활용한 김치 수요 분석

3M 프레임워크 실전 적용 가이드 170

4장_ 해외 진출 전략: 인구 역동성을 읽자

'인구배당'을 잇는 '번영배당'을 준비하자 **177**
  세계에서 인구배당 조건을 가장 빠르게 충족한 나라

Q1. 어느 나라로 가야 할까요? **183**
  숫자가 아닌 인구를 보라

Q2. 생산기지로 진출해야 할까요, 소비시장으로 진출해야 할까요? **187**
  신흥국 소비시장은 예상보다 빨리 열린다
  '대한민국 베이비부머' 같은 세대를 찾자

Q3. 인종과 문화가 너무 다양하면 발전이 늦지 않나요? **197**
  다양성을 넘어서는 다원주의
  종교 속의 실용주의

Q4. 어떤 데이터를 보며 해외 진출 의사결정을 해야 하나요? **207**
  데이터가 살아 있으려면
  스스로 볼 줄 알면 시기를 정할 수 있다

Q5. 신흥국은 경제적 양극화가 심하던데요 **215**
  부침을 겪으며 반등할 가능성

Q6. 핵심 타깃인 Z세대의 특성은 어느 나라나 비슷한가요? **220**
  공유하는 가치에 대한 해석은 나라마다 다르다

Q7. 인구 변동과 정치적 변동 중 무엇을 더 고려해야 할까요? **224**
  변동 속에서 '미래 주도력'을 발휘할 수 있는지가 핵심

Q8. 신흥국 외에 시장 진출을 한다면 어디로 가야 할까요? **229**
  2037년, 미국의 주인이 바뀐다
  미국 내 히스패닉이 한국 기업에 중요한 이유

Q9. K푸드, K컬처가 끝나면 어쩌죠? **234**
  한국은 유행을 넘어 하나의 양식이 될 것

5장_ 인구를 부로 전환하는 힘, 인재와 역량

인구는 움직이는 집단이자 변화의 주체 **241**
  인구 변동을 둘러싼 현장의 고민

Q1. 인구 3000만으로도 제조업 강국이 가능할까요? **247**
  내 안의 낡은 인구 공식을 나부터 깨야 한다

Q2. 우리나라 제조업은 이제 끝인가요? **251**
  2027년, 인력의 미스매치가 인력 감소로 전환된다
  인구로 본 한국의 제조업 상황
  전문성도 숙련도도 낮다면, 엑시트하거나 첨단화하거나
  숙련도 높은 산업의 지상과제는 자동화

Q3. 2030년이 되면 정말 취업이 쉬워지나요? **267**
  우리 업業의 본질을 알고, 업그레이드하자

Q4. AI 시대인데, 인구가 조금 줄어도 괜찮지 않나요? **273**
  AI가 발달할수록 오히려 사람 중심이어야 하는 이유

Q5. R&D 인력 전망은 괜찮다는 거죠? **275**
  저출산보다 심각한 R&D 인력난

Q6. 중국에 추월당할 위험이 있나요?
중국도 인구 위기라던데요? **281**
  거대한 R&D 인구로 성장을 축적하는 중국

Q7. 부족한 인력을 외국인으로 채울 수는 없나요? **285**
　　외국인 유치가 능사는 아니다
　　시간은 우리나라에만 주어진 것이 아니다

Q8. 해외 인재가 오게 하려면 어떻게 해야 하죠? **291**
　　해외 인재 유치는 시장 개방과 함께

Q9. 인구 변화로 우리 조직에 어떤 변화가 생길까요? **294**
　　급할수록 돌아가는 용기

Q10. 고령화로 조직 구성에 어떤 현상이 일어나고 있나요? **297**
　　고령화와 승진 기피 그리고 중간 세대의 박탈감

Q11. 회사가 지역에 있다는 게 퇴사 사유라는데,
어떻게 해야 하나요? **303**
　　광역화되지 못한 광역시

Q12. 지역에서 기업이 인재를 유지하는 게 가능한가요? **308**
　　기업과 지역사회 간 인구 특성의 괴리 파악
　　타지 청년들의 소속감 관리
　　붙잡기보다는 생활권 확장
　　자동화, 채용 다각화, 외국인 고용

Q13. 기업의 가족친화제도는 효과가 있을까요? **317**
　　'출산/양육 친화'가 아닌 '가족친화'
　　Beyond Goodwill, 착한 경영에서 생존 전략으로

Q14. 어떤 가족친화제도가 가장 실효성 있을까요? **324**
　　프라이드라는 매개변수
　　현재 시점에 머문 제도는 밥그릇 싸움을 낳을 뿐이다

에필로그 숫자를 넘어, 세대를 잇는 지혜로 **333**
주 **338**

프롤로그 ▶

인구,
미래 시장을 여는 전략의 기초

우리는 끊임없이 선택하며 살아갑니다. 개인은 진로와 직업, 주거와 가족 구성을 고민하고, 기업은 시장 진출, 제품 개발, 인력 채용 등 수많은 전략적 선택을 마주합니다. 그러나 선택을 도와줄 정보가 충분한 적은 결코 없습니다. 우리는 항상 불확실성과 복잡성 속에서 방향을 찾아야 합니다. 선택이 어려운 이유입니다.

선택을 앞두고 가장 선호되는 정보는 대개 '경험'입니다. 사람들은 직접 체감하고 관찰한 바를 바탕으로 의사결정을 하죠. 오늘날 점점 중요한 가치를 띠는 '데이터'란 곧 '인구 집단의 경험'이라 할 수 있습니다. 이 책에서 다루는 인구학은 그 방대한 경험의 구조를 읽어내는 도구입니다. 흔히 인구를 보면 미래가 보인다고 하는데, 이는 절반의 진실에 그칩니다. 인구학은 단순히 미래를 '보여주는' 것을 넘어 오늘의 '선택'을 돕는 프레임이며, 미래의 전략을 '결정'하는 데 중요한 나침반이 됩니다.

이제는 인구에 대한 관심이 높아져서 이미 많은 분들이 알겠지만, 2024년 크리스마스이브가 지나고 한국은 공식적으로 초고령사회가 되었습니다. 국민 5명 중 한 명이 65세 이상이라는 의미입니다. 초고령사회는 더 이상 '언젠가 올 미래'가 아닙니다. 우리는 이미 그 안에 들어와 있습니다.

이쯤 되면 사람들이 묻습니다. "우리나라 인구는 더 많아야 하나요? 적어도 괜찮은 건가요? 저출산은 반드시 해결돼야 하나요?" 지금도 강연 현장에서 가끔 듣는 질문입니다. 하지만 솔직히 말씀드리면, 이제는 단순히 숫자의 많고 적음으로 인구를 따지는 시대는 지났습니다. 물론 시장을 분석할 때는 숫자가 여전히 의미 있지만, '국가의 적정 인구는 몇 명인가?' 같은 질문에는 더 이상 명쾌한 답도, 큰 의미도 없습니다. 이 책 또한 그런 물음에 답하고자 쓴 것이 아닙니다. 그런 질문에 대해서는 전작에서 충분히 다뤘고, 무엇보다 최근 독자들의 인구 리터러시literacy(인구 데이터/정보를 올바로 읽고 활용할 수 있는 능력)는 이미 높은 수준입니다. 이제는 그보다 한 걸음 더 들어간 질문이 나옵니다.

"그래서 우리는 무엇을 준비하면 좋을까요?"

수백 차례의 강연을 하면서, 수많은 연구를 진행하며 깨달은 점이 있습니다. 대기업, 소상공인, 공공기관에서 던지는 질문이 본질적으로는 모두 한 가지라는 사실입니다. '우리에게 맞는 방향은 무엇인가?' '앞으로 무엇부터 어떻게 실천해야 하나?' 수치를 넘어 실제로 활용할 수 있는 프레임을 원하는 시대가 온 것입니다.

이 책은 그 질문에 답하고자 합니다. 인구학이라는 도구를 통해 단지 미래를 예측하는 것이 아니라, 그 안에서 먹고 마시고 움직이는 우리의 모습을 구체적으로 상상하고, 실천 가능한 전략으로 연결하는 방법을 제시합니다. 인구는 불확실한 시대에 미래를 상상할 수 있는 현실적인 기반입니다. 지금 우리 시대에 필요한 개척자와 그들의 동반자들이 꿈꾸는 상상을 현실로 옮기는 길에, 인구는 근거 있는 실행 방안을 제공하는 토대가 됩니다.

지난 10여 년 사이에 우리 사회의 인구 리터러시가 높아졌다는 것을 여러 방면에서 실감합니다. 그중에서도 특히 기업들의 인구 리터러시 향상이 두드러집니다. 단지 수익 추구를 넘어 사회 전체의 흐름과 가치관의 변화를 함께 고민하고 있다는 점에서 변화를 느낍니다.

최근 한 기업에서는 이런 이야기를 꺼냈습니다. "출산율이 낮아지는데도 유아용품 시장은 계속 커지고 있어요. 아이들이 줄어든 대신 한 명에게 쓰는 돈이 더 많아졌거든요. 객단가가 오르니 시장은 상황이 너무 좋죠. 마케팅도 어렵지 않아요. 트렌드를 반영해 아이에게 돈 많이 쓰는 맞벌이 부부를 전면에 내세우면 되니까요. 그런데… 이게 맞는 걸까요? 시장도 지속 가능하지 않아 보이고, 왠지 이렇게만 해서는 안 될 것 같아요."

이는 단순히 마케팅의 기술이 아니라 구조적인 고민입니다. 지금처럼 인구가 줄어드는 상황에서 객단가를 올리는 전략이 언제까지 유효할지, 이 시장이 정말 지속 가능할지 묻는 질문입니다. 그리고 결국 기업 스스로 결론에 도달합니다.

"이 흐름은 국내에서는 끝이 있다. 그럼 늦기 전에 해외로 나가야 하지 않을까?" 그때부터 다시 질문이 이어집니다. "그렇다면 어디로?" "그 나라의 인구 구조는 어떠한가요? 중산층은 얼마나 되나요?" "우리가 국내에 파는 제품이 그곳에서는 어떤 가치로 인식될까요?"

이렇게 인구에서 시작한 질문이 다시 인구로 돌아옵니다. 인구학이 단순히 알아두면 좋은 선택지가 아니라, 반드시 알아야 할 전략의 기초라고 말하는 이유입니다. 이제는 인구 구조를 읽을 줄 알아야 다음 시장을 상상할 수 있습니다.

그래서 최근 많은 기업이 전략을 수립하면서 인구를 보기 시작했습니다. 문제는 인구를 보는 기준과 프레임이 여전히 과거에 머물러 있다는 사실입니다. 그 틀로는 지금의 복잡한 현실을 설명할 수 없고, 실천할 수도 없습니다. 이제 인구를 보는 틀 자체를 바꿔야 합니다.

어떻게 바꿔야 할까요? 결론부터 말씀드리면 '축소'의 관점에서 '확장'의 관점으로 바꾸어야 합니다.

2021년에 《인구 미래 공존》을 쓰고 코로나 팬데믹 시기를 지나면서 저희는 한 가지 경고를 했습니다. "만약 2025년에 저희 강연에서 해외시장 이야기가 절반 이상을 차지한다면, 한국이 이제는 인구학적으로 정말 쉽지 않은 상태라는 뜻입니다." 그런데 요즘 저희가 진행한 강연을 돌아보니 정말 해외 사례가 절반 이상입니다. 실제로 저희가 몸담은 서울대학교 인구정책연구센터(이하 '센터')에 들어오는 강연이나 연구 의뢰의 주제도 대부분 '제조업과 지속 가능한 글로벌 전략'입니다. 우리 모두 무언가를 놓친 채 4년여의 시간을 흘려보냈다는 의미인지도 모릅니다.

어쩌면 우리는 정부가 특단의 대책을 세워 인구 문제를 드라마틱하게 해결해주기를 내심 기대했는지도 모릅니다. 인구라는 거시변수가 단발적인 조치로는 변화하기 어렵다는 걸 잘 알면서도 말이죠. 그래서 이 책은 더 절박해졌습니다. 국가의 정책을 기다리기보다, 우리 스스로 실천의 프레임을 만들어야 한다는 생각이 강해졌습니다. 인구 구조가 흔들리는 시대, 대한민국 산업과 사회의 두 축인 제조와 글로벌은 어떤 선택을 해야만 지속 가능한 구조로 전환되는가— 이 질문에 이 책이 실마리를 주고자 합니다.

이 책은 인구를 둘러싼 3가지 큰 물음에 답하고자 합니다.

첫째, 시선. 인구를 '감소'의 문제가 아니라 '변화'의 과정으로 바라볼 때 우리에게 무엇이 달라질 수 있을까?

둘째, 관점. 숫자 속에 숨은 사람의 삶과 움직임을 읽어내며, 데이터에 숨을 불어넣는다면 어떤 가능성이 보일까?

셋째, 실천. 이러한 인구의 흐름을 이해한 뒤 어떻게 대응해야 인구가 부담이 아닌 새로운 가치의 원천이 될 수 있을까?

이에 1장에서는 인구를 읽을 때 자주 빠지는 함정을 짚으며, 시선을 바꾸는 출발점을 제시합니다. 2장에서는 인구를 다층적으로 바라볼 수 있는 3가지 렌즈를 소개합니다.

3장에서는 미래를 구체적으로 설계하기 위한 3단계의 사고 프레임을, 4장에서는 국경을 넘어 확장되는 인구의 흐름과 새로운 시장의 단서를, 5장에서는 모든 변화를 실천으로 옮길 '사람'과 '조직'의 이야기를 담았습니다. 1장과 2장은 이 책 전체를 이해하는 기본 틀로 구성되었으며, 이후의 3~5장은 독자의 관심사나 필요에 따라 자유롭게 읽어도 무리가 없도록 전개

했습니다.

인구를 숫자가 아닌 살아 있는 구조로 이해할 때, 시선이 달라지고 전략이 달라집니다. 그 변화의 연쇄가 바로 인구가 부로 전환되는 과정입니다.

기업이나 기관의 전략 방향성 수립에 초점을 맞추긴 했지만, 이 책은 숫자가 가득한 산업 보고서가 아닙니다. 인구는 본질적으로 사람의 이야기입니다. 인구라 하면 으레 저출산, 고령화 같은 딱딱한 단어들이 떠오르겠지만, 이 안에는 우리의 일상과 뗄 수 없는 부동산, 소비, 이주, 도시는 물론 내 삶의 전략까지 모두 얽혀 있습니다. 인구를 이해하는 건 곧 내 삶의 미래를 상상하는 일입니다. 그리고 이제는 상상하는 데 그치지 않고 실천해야 합니다. 그 첫 걸음이 바로 인구를 새롭게 읽는 일입니다.

축소를 넘어 '국가 소멸'이라는 비관론이 넘쳐나는 현실은, 그러한 미래를 원해서가 아니라 대안을 찾지 못한 채 방향을 상실했기 때문일 것입니다. 인구 현상은 너무 거대하여 그 자체의 흐름은 바꾸기 어려워도, 우리의 실천이 모이면 인구 변화가 남기는 여파는 달라질 수 있습니다. 이제는 우리가 주도적으로 미래를 확장하고, 상상하며 실천해야 합니다. 지금부터 그 첫 걸음을 시작해보겠습니다.

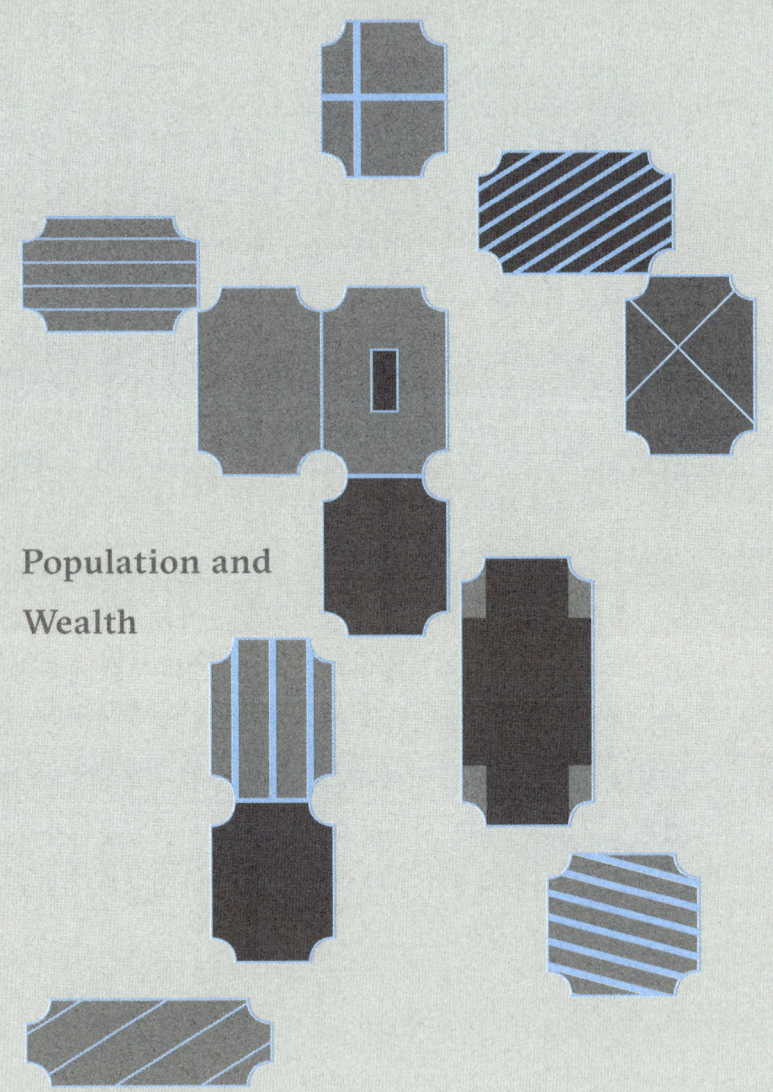

Population and Wealth

1장

관점의 전환: 문제는 인구 감소가 아니다

극복해야 할 관점, 비관적 현실주의

요즘 자주 듣는 말이 있다. "한국은 끝났다"는 말이다. 그 말에 고개를 끄덕이게 되는 순간도 있다. 아니, 사실은 2016년에 출간한 《정해진 미래》에 나온 내용이 영상화된 듯해 섬뜩할 때도 있다. 그래도 당시에는 출생아 40만 명 대를 유지하면 다른 미래를 맞이할 수 있을 것이며, 정해진 미래를 잘 준비만 하면 된다고 했다. 그런데 그 뒤 출생아 수는 20만 명 대로 급격히 감소했다. 출산율 0.75, 부동산 양극화, 청년 실업, 고령화 가속, 지방 소멸… 어느 것 하나 만만한 이슈가 없다. 절망적인 수치와 진단은 그 이후 매일 쏟아졌다.

그럼에도 강연과 연구에서 전하려는 기본 메시지가 바뀐 적은 없다. "인구는 정해져 있지만, 미래는 준비하면 된다. 다만 정부 정책과 복지만으로는 해결하기 어렵고, 공공은 물론 기업도 각 영역에서 인구가 미칠 여파를 파악해서 준비하자. 우리가 곧 인구이기에 미래를 만들어 나가면 된다"는 메시지는 동일하다.

낙관론과 비관론은 언제나, 어느 영역에나 존재한다. 하지만 왜 지금 인구 관련 이슈에 대해서는 '끝'이라는 비관밖에 없는가? 많은 청년, 특히 1990년대생 이후 세대는 이런 진단에 익숙하다. 센터의 연구원들도 대부분 그 세대다. 그리고 이들이 말하는 비관은 단순한 감상 차원이 아니라, 실제로 겪고 있는 삶의 조건에서 나온 현실적인 진단이다. 그러니 '비관적 현실주의'를 말하는 이들의 입장을 이해하지 못할 이유가 없다. 오히려 너무나 잘 안다. 하지만 문제는, 거기서 멈추면 공멸이라는 것이다. 끝났다고 진단하는 것으로 모든 것을 멈춰버리면 우리는 정말로 끝나는 길로 들어설 수밖에 없다. 비관적 현실주의는 지금의 문제를 직시하게 하지만, 미래의 방향을 제시하지는 못한다.

'인구 정책'이 아닌 '인구 전략'의 틀로 바라보자

이렇게 비관으로만 흐를 수밖에 없는 것은 그동안 잘못 형성된 '인구'에 대한 관점 탓이 크다. 오랫동안 인구를 '되돌려야 하는 것' 혹은 '되돌릴 수 있는 것'으로 인식해왔기에, 숫자를 되돌리지 못하면 우리 삶의 회복도 더딜 수밖에 없다는 전개로 이어지곤 한다. 실제로 정부 정책도 그러한 전제로 추진됐다. 그래서 '국민 삶의 증진'을 내세우지만 결국 '출산 장려'라는 말로 귀결되고, 그렇게 들릴 수밖에 없는 구조가 만들어진 것이다. 즉 인구를 '사회 자원의 활용 대상'이 아니라 '줄이고 늘릴 수 있는 조절의 대상'으로 다루어온 것이 문제의 출발점이라는 것이다. (이것은 우리나라만 그런 것이 아니다.)

그래서 우선 인구에 대한 관점을 전환해야만 '낙관적 현실주의'로 이어질 수 있다고 말하고 싶다. 이는 무작정 잘될 거라는 근거 없는 낙관이 아니다. 낙관과 현실주의는 충분히 공존할 수 있는 말이다. 상황이 매우 어렵다는 사실을 인정하면서도, 여전히 우리가 할 수 있는 일이 있다는 믿음을 놓지 않는 태도다. 그리고 그것은 국가 정책만으로 이루어지지 않는다. 기업과 조직은 물론 개인 차원에서도 각자의 역할을 수행하며, 성과를 함께 목도해야만 지속 가능하다. 이제는 '인구 정책'이 아니라 '인구 전략'의 틀에서 이 문제를 바라봐야 한다. 인구 전략은 내 조직이 앞으로 무엇을 할 수 있을지를 묻는 것이며, 동시에 내 가족이 어떻게 살아갈지, 그리고 내가 이 구조 속에서 어떤 판단과 태도를 선택할지 묻는 것이다. 결국 인구 전략은 나와 우리의 생존 전략이다.

우리에게 필요한 건, 낙관적 현실주의로 방향을 전환하는 것이다. 그러려면 비관적 현실주의를 극복할 수 있는 집단지성과 실천이 절실하다. 그리고 그 시작은 인구를 바라보는 관점을 새롭게 가다듬는 것이다. 구체적인 틀을 차례대로 알아가 보자.

인구는 빠르게 바뀌는데 대응 전략은?

저출산·고령화, 수도권 인구 집중은 우리나라 '인구'의 필수 연관어다. 흔히 '문제'라 인식되는 현상들이다. 이미 이 파급효과를 직접 겪고 있는 사람들이 너무 많고, 앞으로가 더 걱정되니 '문제'라 여겨야 한다는 말도 틀리지 않다. 다만 문제적 상태 이전으로 되돌려야겠다는 생각이 자연스레 따라붙는 것이 첫 번째 문제라고 앞서 언급했다. 《인구 미래 공존》에서도 상세히 설명했듯이, 저출산·고령화나 수도권 집중은 사람들이 집단적으로 만들어내는 현상, 즉 결과에 가깝다. 이렇게 이해하고 나면 이를 강제로 되돌리겠다는 접근보다는, 이러한 결과에 어떻게 대응할 것인가로 시선이 옮겨간다.

인구가 낳은 그다음 사회 문제는 바로 이 지점, '대응이 늦다'는 데서 발생한다. 인구 구조가 변해 사회를 움직이고 있는데 정책과 제도는 바뀌지 않는다. 그 사이에 누군가의 삶의 질은 급격히 악화된다. 우리는 이 현상을 '인구변동 대응지체 현상Lag in Responding to Demographic Change', 줄여서 '인구지체현상

Demographic Lag'이라 명명했다.

이 개념은 기존의 '문화지체Cultural Lag'에서 착안했다. 사회학 교과서에서 한 번쯤 접해보았을 이 개념은, 기술이나 산업 같은 물질적 변화가 빠르게 일어나는 반면 이를 수용하는 가치관, 제도, 관습 등 비물질적 요소는 상대적으로 천천히 변하는 현상을 가리킨다. 이 속도 차이에서 발생하는 사회적 혼란이나 갈등이 바로 문화지체다. 이와 유사하게 인구 구조가 빠르게 변하는데 정책과 제도는 항상 한발 늦는다. 이 간극이 문제를 만드는 것이다. 이것이 바로 인구(변동 대응)지체현상의 본질이다.

이 용어를 만들게 된 계기가 있다. 2018년 5월 2일자 〈중앙일보〉는 1면 머릿기사로 "449만 명 대 410만 명, 학생 숫자 예측 논란"[1]을 실었다. 당시 교육부는 "2030년이 되면 우리나라의 초·중·고 학생 수가 약 450만 명이 될 것이므로 교사를 추가로 선발하고 학교도 더 지어야 한다"고 발표했는데, "조영태 서울대 교수가 교육부 전망에 정면 반박"했다는 것이다. 우리 센터에서 추계한 결과, 어떤 시나리오로 계산해도 2030년의 학생 수는 410만 명을 넘기기가 어려웠다. 그런데 교육부는 450만 명에 대응하는 계획을 하고 있었던 것이다.

이 발언이 보도되자 연구실로 문의가 빗발쳤다. 각종 기관은 물론 당시 청와대에서도 연락이 왔다. 교육부 예측이 잘못된 것인지, 조 교수의 반박이 과도한 것인지를 묻는 전화였다.

그날 오후, 교육부는 퇴근 직전인 5시 47분에 보도자료를 냈다. "조영태 교수의 주장은 사실과 다르고, 교육부의 전망은 문제가 없다"는 내용이었다. 이 이야기의 결말은 모두가 아시는 그대로다. 그로부터 5년이 지난 2023년, 언론에는 이런 기사가 등장했다. "교대 졸업하면 뭐하나, 600명 이상은 선생님이 될 수가 없다."[2]

정부에서는 2023년 언론 보도가 나오기 전에 교육부의 예측 오류를 발견했을 것이다. 실제로 이러한 언론 보도가 본격적으로 나오기 전, 한 기관에서 센터를 방문했다. 2018년에 교육부가 잘못 판단한 것에 대해 내부적인 감사가 시작되었는데 전문가 의견을 달라는 것이다. 우리가 교육부 공무원들이 잘못 예측했으니 징계해야 한다고 했을까? 당연히 하지 말라고 했다. 우리가 착해서가 아니라, 정말로 교육부 공무원들은 잘못한 것이 없어서다. 그들이 450만 명을 말한 이유는 통계청 추계가 그러했기 때문이다. 정부 중앙부처인 교육부 규정상 통계청이 제공한 장래인구추계를 근거로 향후 15년간 교육 자원의 수요를 산정하는 것이 적법한데, 통계청의 장래인구추계에 따르면 2030년에 초·중·고등학생에 해당하는 인구가 약 450만 명이 된다는 것이었다. 그러니 선생님과 학교가 더 필요하다고 말한 것뿐이다. 즉 교육부 공무원은 통계청 자료를 쓰게 돼 있는 규정을 따랐을 뿐이니 잘못이 없다.

그러면 통계청 잘못이라고 봐야 할까? 통계청도 잘못이 없다. 당시 통계법에 의거해 우리나라는 5년 주기로 장래인구추계를 실시했다. 인구센서스를 실시하면 이듬해에 기준인구 base population를 설정하고, 그것을 바탕으로 장래인구추계를 하는 구조였다. 당시에는 2015년 센서스를 기반으로 2016년에 기준인구를 설정했고, 2017년에 장래인구추계 결과를 발표한 것이다. 통계청은 이러한 법과 절차를 차질 없이 이행했으니 역시 잘못이 없다. 다만 장래인구추계를 할 때는 과거 데이터를 참조하는데, 공교롭게도 2010~15년의 합계출산율이 다소 안정적이고 조금 오르던 시기였다. 그러다 보니 통계청의 추계에서는 앞으로 우리나라에서 태어날 출생아가 늘어날 거라고 본 측면도 있었다. 그렇다면 그렇게 추계한 통계청 직원이 잘못했느냐, 그것도 아니다. 통계청에서 하는 추계 방법과 센터 연구진이 하는 추계 방법은 큰 차이가 없다. 오히려 통계청에서 중간 과정을 더 정밀하게 보았을 수도 있다.

다만 문제는 이것이다. 2017년에 통계청이 장래인구추계를 발표했는데, 2018년에 이미 그 예측이 크게 벗어나기 시작했다. 당시 통계청은 약 42만 명이 태어난다고 했는데 실제로는 약 35만 명이 태어났다. 통계 오차는 당연히 있을 수밖에 없으나, 오차 범위를 넘어 상당히 다르다는 사실을 알게 된 것이다. 그렇다면 그 자료를 폐기하고 다시 추계를 하면 되는 것 아닌가? 그러나 담당 직원은 통계법이 개정되지 않는 한 그럴 수가 없었을 것이다. 이미 오래전부터 학계에서는 인구 변동 속도가 빠른데 추계 주기가 너무 길다는 지적이 있었다. 그럼에도 법이 개정되지 않았으니 교육부도 규정상 통계청 추계 결과를 쓸 수밖에 없었고, 통계청도 추계를 다시 할 수 없었던 것이다. 그러니 결국, 잘못한 사람은 아무도 없다. 공무원들은 절차에 따라 업무를 진행하는 사람들이고, 전문가들은 방향과 의견을 제시할 수 있으나 법과 규정을 바꾸는 주체일 수는 없다. (다행히 통계청은 그 후 5년에 한 번씩 실시하던 장래인구추계 주기를 2년으로 변경했다.)

그러나 그런 구조 속에 실질적으로 손해를 본 이들이 있었다. 당시 교직을 준비하던 예비 교사들, 그리고 갓 임용된 교사들이다. 이러한 것이 바로 인구지체현상이다. 인구는 빠르게 바뀌는데, 그에 맞춰 미래 전략을 설계하고 실행할 수 있는 체계가 없거나 작동하지 않는다. 그것이 진짜 문제다.

기업의 인구 대응은 적절한가?

이러한 일들이 기업에는 없을까? 그렇지 않을 것이다. 한번 생각해보시라. 인구가 변화함에 따라 발생할 것이라 예견되는 일이 있고 그것이 미래 시장에 영향을 미칠 것이 분명한데도, 많은 기업이 중장기 전략을 짤 때 의외로 그 요소를 반영하지 않는다.

가장 큰 이유는 아직 일어나지 않은 일이고, 말 그대로 미지의 세계이기 때문일 것이다. 게다가 그 파급 효과가 어느 사업에 어느 지점까지 영향을 줄지조차 모호하다. 예측은 할 수 있지만 실제로 어떤 방식으로 전개될지는 알 수 없으니, 기업에서도 최우선순위로 고려하기 어렵다.

또한 인간은 지금까지의 경험과 축적된 사례를 기반으로 판단하는 데 익숙하다. 그런 습성을 버리고 미래를 준용하기란 쉽지 않다. 규모가 어느 정도 되는 기업에는 인사이트 팀, 리서치 팀을 비롯해 기초 전략을 세우는 전담 조직이 있다. 기업뿐 아니라 공공기관에도 미래 기획을 구상하는 조직이 있다. 그런데 막상 인구 변동과 같은 구조적 변수를 전략에 반영하려 하면 내부 구성원들을 설득하는 과정에서 큰 장벽에 부딪친다. 경영진이나 임원들에게 "미래를 조망해보니 이 부분은 이렇게 바뀔 것 같고, 저 부분은 저렇게 바뀔 것 같습니다"라고 보고하면 대뜸 "레퍼런스가 무엇인가요?"라고 묻는다. 그 예측이 말이 되는지 근거를 가지고 오라는 것이다. 리스크를 관리해야하는 경영자나 임원 입장에선 당연한 질문을 한 것이지만, 미래 시장 대응 전략을 짜는 실무자 입장에서는 아직 일어나지 않은 일을 기반으로 근거를 제시하기가 여간 어려운 일이 아니다. 그렇다고 과거의 경험에 기대어 전략을 짤 수도 없다. 그것이야말로 인구지체현상이기 때문이다. 이 책을 펼친 독자분들의 고민도 크게 다르지 않으리라 짐작한다.

  인구 변화가 영향을 미칠 미래 시장은 상품시장과 노동시장을 모두 포함한다. 국내뿐 아니라 글로벌 시장도 마찬가지다. 한국 사회와 시장이 인구 변화로부터 영향을 받듯, 글로벌 사회와 시장도 인구 변동에 영향을 받는다. 이처럼 인구가 기업 활동 전반에 큰 변화를 일으키고 있는데도 대응 속도를 늦추면 어떤 일이 벌어질까? 반대로 적절히 대응하면 어떤 결과가 나올까?

  이에 관한 두 가지 사례가 있다. 하나는 인구 변동에 선제적이며 적극적으로 대처하여 인구지체현상을 극복하고 전략을 새롭게 설계하고 있는 기업 이야기고, 다른 하나는 해외에 생산설비를 대규모로 투자했는데 그 나라의 인구 변동을 고려하지 않아서, 20년 뒤 일할 사람을 뽑지 못해 어려움을 겪게 된 이야기다.

라면회사의 수요 분석 및 공장 입지 전략

이제는 인구 감소 효과를 체감하는 산업이 다양하지만, 그중에서도 먹는 것만큼 인구와 직접 연결된 분야는 드물다. 애초에 '인구人口'라는 단어 자체가 사람의 입을 뜻할 만큼 먹는 것은 인구와 불가분의 관계에 있다.

A기업의 주력 상품은 라면과 스낵이다. 우리나라의 라면 소비량은 전 세계 1위다. 국물라면을 비롯해 볶음면, 비빔면까지 종류도 다채롭고 소비도 활발하다. 지난주에 라면을 몇 개 드셨는가? 우리나라 사람은 일주일에 평균 1.8개의 라면을 먹고 있으니, 지난주에 라면 2개는 드셨어야 한국 평균에 들어간다. 센터 연구진 내에서도 라면 소비 양상은 다양했다. 50대인 센터장은 일주일에 국물라면 한 개를 먹고, 40대 박사는 배우자와 함께 2.5개가량 소비하고 있었으며, 30대 연구원은 약 1.5개 정도 먹는다고 했다. 또 다른 연구원은 2주에 한 번 정도 먹는다고 했고, 20대 연구원은 끓여 먹기보다는 컵라면으로 육개장이나 불닭볶음면을 먹는다고 했다. 여하튼 한국인이

라면을 정말로 사랑하는 것만은 틀림없다. A사의 라면 매출도 든든한 수요층 덕분에 탄탄했다. 모두가 힘들어했던 코로나 팬데믹 때조차 간편식 수요 증가의 직접적인 수혜를 받아 오히려 더 많은 소비가 일어났다.

스낵 매출도 꾸준히 규모를 유지하고 있었다. 덩치 큰 베이비붐 1·2세대(1955~74년생)[3]가 스낵 시장의 큰손인 덕분이다. 베이비붐 1·2세대가 어릴 적부터 지금까지 꾸준히 스낵을 소비해준 터라, 기업은 중간중간 트렌드에 부응하는 신제품을 출시하는 정도로도 어렵지 않게 시장을 유지할 수 있었다. 문제는 베이비붐 이후 세대의 스낵 소비가 상대적으로 크지 않다는 것이다. 이제 그때그때 트렌드에 대응하는 것으로는 출생아 수 감소와 고령화라는 거대한 사회 변화를 이겨내기 어렵게 되었다.

라면도 마찬가지다. 그전까지는 불황을 몰랐고 코로나 팬데믹 때도 위기가 없었지만, 이제는 인구 변화에 대비해야 할 시점이 되었다. 이미 라면을 이렇게나 많이 먹고 있으니 사람들이 갑자기 일주일에 3개씩 먹지 않는 한 소비를 더 늘리기도 쉽지 않다.

인구 변동 앞에 좀 더 구조적인 대응이 필요하다는 판단 아래 A사는 우리 센터와 함께 연구를 진행했다. 과제는 두 가지, 언제쯤 라면 수요가 줄어드는지를 보는 것과, 수출에 적합한 생산 공장 입지를 정하는 것이었다. 라면의 해외 수출이 그만큼 잘됐기 때문이다. K푸드 열풍을 타고 전 세계적으로 한국 라면의 수요가 늘었고, 〈기생충〉, 〈케이팝 데몬 헌터스〉 같은 콘텐츠의 인기로 브랜드 인지도도 높아졌다. 내수도 좋고 해외에서도 잘 팔려 생산량이 수요를 따라가지 못할 정도였다. 이에 일선 직원들이 먼저 공장 증설을 건의했다고 하니, 회장님 입장에서는 흡족했을 것이다. 공장을 더 짓는 일은 전사적인 공감대와 추진력이 있어야 가능한데 직원들이 먼저 적극성을 보이니 말이다.

그러나 검토 과정에서 고민이 생겼다. 바로 인구 요인이었다. 단순히 아이들 인구가 줄어드는 것을 넘어 총인구가 줄어든다고 하는데, 그 여파가 스낵처럼 라면에도 영향을 미칠까? 있다면 언제부터일까? 만약 공장을 증설한다면 언제 어디에 지어야 할까? 막상 공장을 지었는데 그 지역에 일할 사람이 없다면 어떻게 될까? 이 고민을 해소하고자 연구가 시작되었다.

라면 식수를 추정하고 예측하는 연구는 대한민국 국민이라면 누구나 열람할 수 있는 통계청의 가계동향조사를 활용하여 진행했다. 가계동향조사는 가구의 경제활동 전반(소득, 지출, 가계수지)을 포괄적으로 조사하는 대표적인 국가 통계로, 이를 통해 가계의 생활 수준과 소비 구조, 계층 간 분배 양상을 파악할 수 있으며, 사회경제적 변동 분석의 기초자료로 널리 활용된다. 무려 1996년부터 2023년까지, 베이비붐 1세대가 30대이던 시절부터 60대가 된 시점까지의 소비 궤적을 따라갈 수 있는 데이터가 구축돼 있다.

연구진이 처음 세웠던 가설 중에는 '불황일수록 라면이 더 잘 팔렸을 것이다'라는 시기 효과 period effect 가설이 있었다. 그런데 데이터를 분석해보니 라면은 예상외로 코호트 효과 cohort effect가 강하고, 연령의 영향 age effect도 많이 받는 식품이었다. (연령 효과, 시기 효과, 코호트 효과에 대해서는 2장에서 자세히 살펴보겠다.) 불황보다는 신제품 출시에 더 크게 반응하는 것으로 보아, 우리 한국인들은 라면에 정말 진심인 듯하다.

라면 소비에 연령 효과와 코호트 효과가 어떻게 나타나는지 구체적으로 알아보자. 라면 강국인 우리나라에서도 라면에 가장 진심이고 돈을 많이 쓰는 연령대는 20대다. 그런데 아시다시피 우리나라의 20대는 앞으로 급격하게 줄어든다는 게 문제다. 게다가 라면에 돈을 많이 쓴다고 해서 라면을 절대적으로 많이 먹는 것은 아니었다. 그보다는 비싼 라면, 즉 용기면 중심의 프리미엄 제품을 선택하는 경향이 강했다. 지금의 20대인 Z세대는 라면 외에도 다양한 먹거리를 경험하며 자랐고, 건강도 중요시한다. 그리고 간편한 것을 정말 선호한다. 그러다 보니 몸에 좋지 않은 라면을 자주 먹기보다는 프리미엄 제품을 용기면으로 간편하게 즐기는 소비 패턴이 나타난 것이다. 이는 20대 자체의 특성이라기보다는 '요즘 20대'인 Z세대의 코호트 특성이라 할 수 있다.

실제로 라면 소비량이 가장 많은 연령대는 40대 중반이었다. 1인가구, 부부가구, 유자녀 가구를 막론하고 모든 가구에서 동일하게 관찰되는 현상으로, 이 연령대의 사람들은 일주일에 평균 2.1개의 라면을 먹는 것으로 나타났다. 그 후 조금씩 라면 소비량이 감소하다가 60세 전후로 잠깐 반등하는 모습을 보이고, 67세를 넘어서면 다시 급격히 감소해 '0'에 가까워졌다. 이 이야기는 강연에서 이유를 따로 설명하지 않아도 다 알아듣고 웃음을 터뜨리곤 한다. 퇴직한 후에 집에서 라면 끓여 먹는 수요가 늘었다가, 노화와 함께 소비가 뚝 끊기는 것이다.

'돈을 많이 쓰는 것'과 '더 자주 먹는 것' 중에서 누가 더 진심인지 우열을 가리기는 쉽지 않다. 여하튼 라면은 20대라고 무조건 많이 먹는 것도 아니고, 연령이 높아진다고 해서 반드시 소비가 줄어드는 것도 아니었다. Z세대의 경우 일주일에 라면 먹는 횟수는 적으나 한 번 먹을 때 비싼 라면을 먹는다는 특성이 발견되었고, 동시에 그 어떤 세대도 극복하기 어려운 '연령의 벽'이 존재한다는 사실도 확인되었다. 외모는 젊게 유지할 수 있어도, 자율신경계와 밀접히 연계된 소화계의 젊음은 유지하기 어렵다는 생물학적인 진실이 라면의 수요를 결정하는 또 하나의 요인이었다.

　연구자로서야 참 흥미로운 발견이지만, 기업으로서는 무려 3가지의 수요 마이너스 요인이 등장한 셈이다. 20대 인구가 감소해 신규 고객층이 줄어드는 데다, 그나마 자주 소비하지도 않는다는 것이고, 그동안 라면을 즐겨 먹던 세대도 67세 이후로는 먹고 싶어도 못 먹게 된다.

　그럼 '고령자를 위한 시니어 제품을 개발하면 될 것 아니냐'고 하실 수도 있겠지만, 시니어를 타깃으로 한 수많은 제품이 고전을 면치 못하는 현실을 보면 그게 말처럼 쉽지 않다는 걸 알 수 있다. 오히려 모두를 배려하는 제품이 결과적으로 시니어에게도 적합해 인기를 얻는 경우는 있어도, 처음부터 시니어용이라 표방한 제품을 고령자들이 반기는 경우는 별로 없다. 게다가 아직은 연화식軟化食 같은 시니어 전용 제품을 소비할 초고령층 인구가 규모의 경제를 형성할 만큼 충분하지 않다는 점도 감안해야 한다. (이에 대해서는 2장에서 자세히 살펴보겠다.)

　다시 본론으로 돌아와서, 라면의 국내 수요는 마이너스 요인만 3가지가 되니 결국 총수요가 줄어들긴 할 것이다. 그런데도 공장을 지어야 할까? 그렇다. 해외 수출을 고려하면 공장은 지어야 한다. 국내 수요 감소는 해외 확장 전략을 더 빨리 추진할 지표이지, 공장 증설을 막아야 할 이유가 되지 못한다.

이제는 공장 입지로 넘어가 보자. 대개 공장은 지방에 짓는다. 그러나 지방 소멸 시대라는데, 지역을 잘못 선정했다가 몇 년 후에 일할 사람이 없으면 큰일이다. 몇 년 후가 아니라 지금도 이미 여러 기업에서 인력 수급 문제로 골머리를 앓고 있는 실정이다. 이런 불상사를 막으려면 앞으로 최소 20년은 생산 인력을 안정적으로 구할 수 있는 지역이 어디일지 질문해보아야 한다.

이렇게 물으면 "젊은 인구가 많은 곳에 가야죠"라는 대답이 나온다. 맞다. 단, 생각이 여기에서 그치면 안 된다. 젊은 인구가 많다고 제조업, 그중에서도 라면을 만드는 식품 제조업 종사자가 많으리란 법이 있는가? 우리나라에 제조업 종사자가 많다고 하지만 지역별로 편차가 크다. 제조업 종사자가 몰려 있는 지역이 어느 정도 정해져 있다는 것이다. 그 가운데 우리 공장에서 일할 젊은 인구가 많은 지역이 어디인지를 구체적으로 짚어야 한다.

연령별 인구수, 세부 제조업 종사자 수 등을 판단하기 위한 통계 자료도 우리나라 통계청에 모두 데이터화되어 있다. 우선 공장 후보지역을 선정했다면, 통근 거리를 고려해 배후지역을 파악할 수 있다. 이 부분은 기업에서도 쉽게 할 수 있는 작업이다. 그런 다음 배후지역의 시·군·구 혹은 동 단위의 인구 구조를 그려본다. 이 또한 이동 데이터를 통해 어느 지역에서 어느 지역으로 움직이는지 대략 파악할 수 있다. 지금 소개한 A 기업의 경우, 이 분석을 통해 발견된 의외의 지역이 부산시 강서구였다. 부산은 인구 고령화가 심해 '노인과 바다'라는 별칭이 붙을 정도인데, 유독 강서구는 10년간 젊은 층 인구가 늘었다. 주변이 노후화된 반면 강서구에는 새로운 주거 시설과 인프라가 마련되었기 때문이다. 덕분에 젊은 인구가 모이고 있다는 것, 그것도 여성 인구의 움직임이 보인다는 것은 식품 제조업으로서는 호재임에 분명했다. (여성 인구의 이동이 왜 특히 중요한지는 5장에서 자세히 설명하겠다.)

그런데 지역은 이미 젊은 인구만으로는 인력을 채울 수 없는 상황이다. 따라서 젊은 인구 이외의 대안을 마련해야 한다. 식품 제조업은 특성상 50대 여성 인구도 중요한 인력 풀이 될 수 있다. 이들을 안정적으로 채용하려면 어떤 장치가 필요할까? 기초지자체에 설비 공장이 위치할 경우, 인근 광역시와의 연계를 고려할 필요가 있다. 예를 들어 해당 기초지자체가 어느 광역시와 생활권을 공유하는지 파악한 뒤, 그 광역시에서 인력을 대거 모집하고 통근 버스를 운영해 출퇴근을 지원할 수도 있을 것이다. 실제로 A사의 공장은 더 이상 오지 않을 젊은 인력을 막연히 기다리거나 향후 폐쇄를 불사하기보다는 인구 분석을 통해 '어디에서 누구를 채용할 것인가'에 대한 단서를 얻고, 50대 여성 인구를 주요 채용 대상으로 삼아 운영을 이어가며, 이분들이 퇴직한 후를 대비해 단계별 자동화를 준비하고 있다.

이런 판단은 '젊은 인구가 모이는 곳'만 보아서는 하기 어렵다. 젊은 인구가 많은 후보지를 파악한다고 해서 곧바로 공장 입지 문제가 해결되는 것도 아니다. 젊은 인구가 많은 곳에 우리 기업만 공장을 지을까? 다른 기업 공장도 당연히 들어올 것이다. 결과적으로 공장 간 인력 쟁탈전이 심해져서 오히려 안정적인 생산이 힘들 수도 있다. 인구가 많아서 뽑을 사람이 항상 많으면 큰 상관이 없겠지만, 국가 전체적으로 일할 인구가 부족하면 언젠가는 인력 수급 문제가 생긴다. 젊은 인구가 많은 곳을 찾아가고 자동화 공장을 설계한다고 해도 향후 20년을 안정적으로 버티기란 쉽지 않다.

그렇다면 질문을 바꾸어야 한다. '어디에 공장을 지어야 인력 수급이 원활한가?'를 넘어서서 '어떻게 하면 직원들이 우리 회사에서 오래 일하게 할 수 있을까?'로 말이다.

사실 이 연구를 시작할 때만 해도 가장 중요한 건 라면의 수요를 추정하고 변화 시점을 파악하는 것과 공장 입지였다. 그런데 연구를 진행하면 할수록 긴요한 것은 오히려 HR의 인력 유지 전략이라는 사실이 드러났다. 지역의 청년 인구 감소와 자동화라는 이슈에 가려져서 문제가 도드라져 보이지 않았을 뿐이었다. 그리고 이것은 비단 A기업만의 사정이 아니다. 지역에 생산 공장이 있는 다른 기업들도 상황이 심각하기는 마찬가지다. 게다가 직원들이 이직을 결심하는 결정적인 계기는 의외로 연봉 문제가 아니라 '프라이드pride'였다. 즉 회사를 떠나지 않게 만드는 요인은 '회사에 대한 애정과 자긍심'이라는 의미다.

이렇게 말하면 "요즘 같은 개인주의 시대에 무슨 애사심 같은 발언이냐"라고 반문할 수도 있다. 하지만 사람들이 매일같이 출근하는 이유를 연봉 하나로만 퉁쳐서 설명할 수는 없다. 회사에 대한 프라이드가 형성되는 과정과 그 요소가 세대마다 다를 뿐이다. 그리고 프라이드를 결정 짓는 요소는 업태마다 다르긴 해도 생각보다 거창하지 않았다는 것도 새로운 발견이었다. 이에 대해서는 5장에서 자세히 소개할 텐데, 결과적으로 이 회사는 제품의 수요 예측으로 시작해 공장 입지 전략을 수립하던 중에 '일하고 싶은 회사'를 만드는 프로젝트에 돌입했다. 인구 변화에 발맞춰 제품 개발은 물론 조직 운영까지 쇄신하고 있는 것이다.

20년 전의 인구대응지체가 부른 인력난

앞에 소개한 기업은 인구지체현상을 슬기롭게 극복한 사례다. 그러나 모든 기업이 인구 대응에 성공하는 것은 아니다. 사회는 제도를 바꾸거나 제도의 변화 방향성을 설정하는 데 시간이 오래 걸릴 뿐, '인구 변동이 사회적 위험 요인이 될 수 있다'는 인식 자체는 빠르게 퍼지는 편이다. 구성원도 많고, 그중 인구 문제를 자각하고 먼저 이슈를 제기하는 다양한 집단이 있기에 위험 신호는 생각보다 빨리 공유된다. 그런데 기업의 경우는 조금 다르다. 일단 위협 요인이라고 인지만 하면 훨씬 기민하게 대응할 수 있는 구조임에도 불구하고, 애초에 인구를 고려조차 하지 않거나 중요하게 인식하지 않는 경우가 많다.

예컨대 중국 등 특정 국가와의 무역 실적이 너무 좋다 보니, 국내 인구 구조 변화로 수요에 빨간 불이 들어오고 있다는 사실 자체를 인지하지 못하는 기업들이 있다. 반대로 국내 매출이 계속 잘 나오는 터라 정작 수요자 규모가 줄어들고 있다는 구조적 위험을 간과하기도 한다. 그 결과 해외 진출 타이밍을 놓치는 사례도 있다. 국내 수요가 견고할 때가 해외 진출을 준비하기에 가장 좋은 시기인데, 매출이 잘 나오고 있다는 사실이 오히려 리스크를 가려버린 셈이다.

그런데 이런 전형적인 사례보다도 더 인상 깊었던 경우가 있었다. 해당 기업에서 먼저 "이것도 인구 변동을 고려하지 못한 현상 아니었을까요?"라고 조심스럽게 문제를 제기해준 사례였다.

2024년 1월, 한 일간지에 "EU로 발을 뻗기도 전에 일손이 부족한 동유럽 공장"[4]이라는 제목의 가사가 실렸다. 동유럽에는 우리나라 기업들이 많이 진출해 있다. 2000년대 중반부터 본격적으로 나가기 시작했는데, 서유럽 바로 옆이라는 지리적 이점과 저렴한 인건비가 강력한 유인 요소였다고 한다. 동유럽에서 생산해 인건비를 아끼고, 가까운 서유럽에 판매하는 전략인 것이다. 게다가 당시 동유럽 국가들이 한국 기업들에 상당한 세제 혜택을 준 것도 결심을 재촉한 이유였다고 한다. 그런데 20여 년이 지난 지금, 기사 제목에 나와 있듯이 일손이 부족해졌다.

처음에는 동유럽 노동자들의 특성 때문에 고용이 어려운가 싶었다고 한다. 하지만 점점 시간이 지날수록 노동자의 절대적인 수가 부족해서 나타나는 현상임을 알았다. 급기야 한국에서 동유럽 공장으로 생산직을 파견 보낼 정도라고 하니 문제의 심각성을 짐작할 만하다. 대개 엔지니어나 관리직은 본사에서 파견을 보내지만 생산직을 보내는 경우는 없는데, 인건비 아끼러 갔다가 이 무슨 비용 낭비인가?

우리에게 이 이야기를 들려준 담당자는 20여 년 전에 인구를 고려했더라면 이러한 위협 요인이 생길 수 있으니, 아예 다른 입지를 찾아본다거나 아니면 대안을 마련해서 진출했을 것 같다며 아쉬워했다. 그의 말이 무슨 뜻인지 알 것 같았다. 다음 도표와 같은 통계가 머릿속에 떠올랐기 때문이다.

〔도표1-1〕은 1990~2012년까지 약 20년 동안 동유럽에

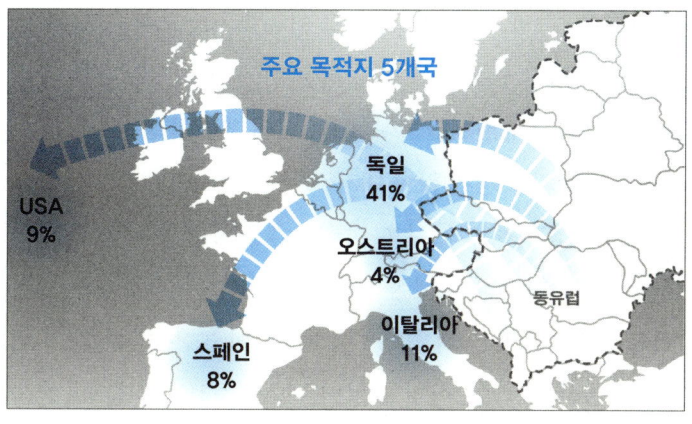

[도표1-1] **동유럽 이민율 추이**

출처: "Emigration and its Economic Impact on Eastern Europe", International Monetary Fund, July 20, 2016.

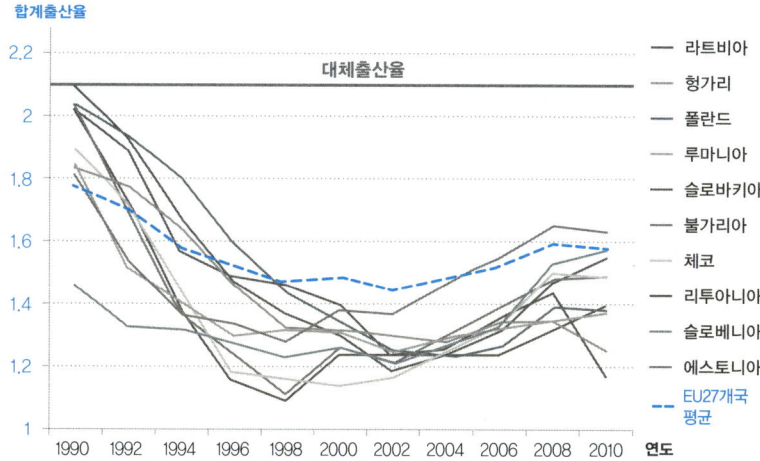

[도표1-2] **1990~2010년 동유럽 국가별 출산율 추이**

출처: Warren Kaplan 외, "Priority Medicines for Europe and the World: 2013 Update Report", July 2013.

서 대략 2000만 명이 서유럽으로 이동했음을 보여준다. 2000만 명이면 당시 동유럽 전체 인구의 약 5%에 해당한다. 동유럽 국가들은 다 공산권이었는데, 1990년대 초반에 공산주의가 붕괴하자 미래가 보이지 않아 대거 고국을 뜬 것이다.

한번 생각해보자. 사회 시스템이 갑자기 무너졌다. 이럴 때야말로 각자도생의 생존 게임이 벌어진다. 마침 다른 나라에 육로로 갈 수도 있다. 자, 그럼 연령층이 높은 기성세대가 다른 나라로 탈출할까, 아니면 청년들이 탈출하려고 할까? 본국에 쌓아둔 것이 있는 기성세대는 아무래도 움직이기 쉽지 않다. 당시 떠난 2000만 명 중 다수가 청년이었다. 청년 중에서도 남성보다 여성이 더 많이 떠났다. 1989년 이후 동유럽에서 서유럽으로 이주한 순이주자 중 약 55%가 여성이며, 헝가리의 경우 2010년 이주자 중 44%가 30세 미만이고 이 중 상당수가 여성인 것으로 나타났다.

그렇다면 고국에 남은 여성들은 어떻게 살까? 서유럽으로 떠나지 못했는데 여전히 내 나라에서는 미래가 보이지 않는다면, 하루라도 빨리 결혼을 해서 아이를 낳고 안정적으로 살려고 할까? 아니면 결혼과 출산을 미루고 어떻게든 자신에게 더 투자를 할까? 아마도 생존에 더 많은 노력을 기울였을 것이다. 그러면 합계출산율이 떨어질 수밖에 없다. [도표1-2]를 보면 1990~2010년 사이에 동유럽 국가들의 합계출산율이 급격하게 떨어진다. 합계출산율도 떨어지고 여성의 수도 줄어들면, 태어나는 아이의 숫자는 당연히 줄어들 수밖에 없다. 폴란드는 1990년에 55만 명의 아기가 태어났다가 1996년에 43만 명, 2003년에는 33만 명으로 줄었다. 10여 년에 걸쳐 무려 20만 명 넘게 감소한 셈이다. 그때 태어난 이들이 지금 노동시장에 들어오고 있다. 이미 2000년대 중반에 2020년대에는 폴란드에서 사람 뽑기 힘들다는 게 예견되었는데 이 부분을 고려하지 못했던 것이다.

물론 지금은 공장의 자동화 속도가 빨라지고 있어서 인구 요인은 예상보다 크게 작용하지 않을 수도 있다. 그래도 어느 시점까지 필요한 최소 인력 규모가 있으니, 현지에서 그만큼의 인력을 고용 가능한지 짚고 넘어가는 건 중요하다.

실제로 이 사례를 들려준 기업은 "같은 실수를 반복하지 않기 위해 지금은 인구를 본격적으로 고려하고 있다"고 했다. 이전 경험을 반면교사 삼아 바로 실천에 옮기는 모습, 이 또한 인상 깊었다. 결국 중요한 것은 '그때 잘했나, 못했나'보다는 '지금 어떻게 대응하고 있느냐'가 아니겠는가.

개인은 인구 변화에 어떻게 대응해야 할까

　이번에는 범위를 더 좁혀서 개인의 삶 단위로 생각해보자. 우리 개인의 삶에도 인구지체현상이 나타나지는 않을까?

　사실 연구자로서 지금까지 우리의 입장은 '개인이 자신의 삶에서 저출산·고령화 이슈를 너무 깊이 고민하게 하지는 말자'는 쪽이었다. 인구와 미래가 연관되어 있다는 사실은 널리 알리되, 그것이 개인의 삶을 뒤흔들 것처럼 오인되는 건 경계했기 때문이다. 개인은 인구 변화의 경향성 정도를 파악하면 충분하고, 인구 변동이 국가의 존폐를 위협할 수도 있는 잠재적 변수라는 경각심은 국가를 운영하는 위치나 기업 경영자들이 인지할 일이라고 여겼다. 왜냐하면 인구에 대한 위기의식을 대중, 특히 후속 세대에게 심어준다고 해서 출산율이 반등하는 것도 아니기 때문이다. 게다가 인구 변화를 알리면서 지금처럼 해결 방안을 자꾸 '저출산 해결하기'로만 몰아간다면, 개인의 선택권을 침해하는 것은 물론 저출산의 책임을 청년 세대에 전가하는 결과가 될 수 있다. 그래서 그동안 국가 또는 조직 단위를 대상으로, 인구 변동은 어느 정도 정해졌으니 저출산 해결에만 집중하지 말고 변화하는 미래에 어떻게 대응할지 논의하는 장을 여는 데 집중해왔다. 그 결과 우리의 이야기도 자연스럽게 사회 및 조직의 리더에게 전하는 메시지가 중심이 되었다.

그런데 몇 년간 활동하면서 느낀 점이 있다. 사회 전반적인 시스템이 바뀌어야 하는 것은 맞는데, 한국은 그러한 추진력이 개인에게서 나올 수도 있겠다는 것이었다. 흔히 현대 사회를 '각자도생'이라 표현하는데, 이것을 뒤집어서 해석할 수도 있지 않을까? 설령 리더가 부재하더라도 그 공백이 크게 느껴지지 않을 만큼 개인이 맡은 바 일을 열심히 하며 사회가 큰 문제 없이 운영되는 모습을 심심치 않게 보아왔다. 개인들이 톱니바퀴처럼 맞물려 움직이는 것이 '시스템'이라면, 변화는 결국 이들 개인을 설득하는 일에서 출발해야만 가능하다는 사실을 알게 된 것이다. 물론 어디선가 영웅적인 리더가 나타나 모든 것을 뒤바꾸는 것도 가능하겠지만, 이제 한국은 하나의 강력한 리더십을 넘어 한층 넓고 촘촘한 변화의 궤도에 진입할 시점이 된 듯하다.

인구 압박 대신 확장의 관점으로

물론 개인의 삶은 천차만별이므로, 모든 개인의 미래 설계를 인구라는 거시적 환경변수 아래 설명하기는 쉽지 않다. 하지만 다음 이야기에는 많은 분들이 두루 공감해주셨기에 여기에 다시 소개한다.

김광석의 '서른 즈음에'가 발표된 해에 태어난 1994년생들이 이제 정말 서른 즈음에 이르렀다. 당시 우리나라의 중위연령(전체 인구를 연령순으로 나열했을 때 중앙에 위치한 사람의 나이)은 28.8세였다. '서른 즈음에'라는 감성이 그 시절 서른 즈음의 청년들에게 와닿았던 것은 당시 서른이 중위연령에 다다라 어른의 무게를 실감하는 첫 관문이었기 때문일 것이다. 2024년 우리나라 중위연령은 46세를 넘어섰으니, 이제는 이 노래를 46세가 불러야 그 감성이 전달될지도 모른다. 1994년생은 환갑이 될 무렵인 2050년대에 이 노래를 불러야 와닿을 수도 있겠다. 이런 이야기를 하면 강연장에서는 웃음이 터져 나온다. 하지만 동시에 바로 뒤에 "하… 하하하 어떡하지"라는 탄식도 함께 흘러나온다. 특히 한창 아이를 키우고 있거나 자녀계획이 있는 30~40대가 많은 강연장, 손자 손녀가 있는 연령대의 강연장에서는 더욱 그렇다.

중위연령이 올라간다는 말은 그만큼 사회가 고령화된다는 뜻이고, 청년들이 부양해야 할 몫도 커진다는 뜻이다. 이를 '인구 압박'이라 하는데, 현재 1994년생이 느끼는 것은 인구 압박에 가까울 것이고, 1994년의 서른 살은 인구 압박은 덜 느꼈을 테지만 '삶의 무게감'은 더 크게 느꼈을 수도 있다. 즉 세

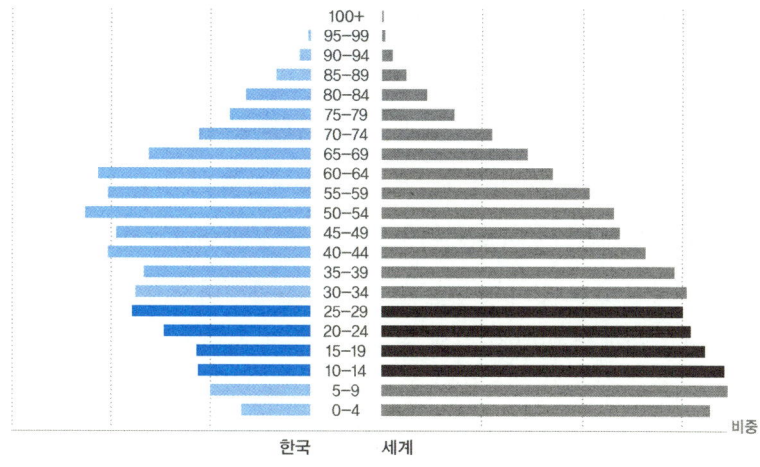

[도표1-3] **한국 vs. 세계 인구 피라미드**

대마다 각자의 압박과 무게감은 존재해왔다. 이는 개인 의지에 따라 달라지는 것은 아니고, 어느 시대에 어느 나라에서 태어났는가에 따라서 어느 정도 정해지는 측면이 있다. 그러나 이러한 환경적 요건만 중요한가? 반드시 그렇지는 않다. 주어진 조건이 이렇다는 이유로 개인이 반드시 '인구 압박'을 느끼며 살아야 하는 것은 아니다.

재앙처럼 묘사된 인구 구조도, 시야를 글로벌로 확장하면 재앙이 아닐 수 있다. 지금 전 세계에서 가장 인구가 많은 세대는 이른바 '잘파Zalpha'다. 잘 알다시피 잘파세대는 Z세대와 알파세대를 아우르는 용어로, 1990년대 중반부터 2010년대 중반에 출생한 사람들을 가리킨다. 한국에서는 가장 인구가 적은 세대이지만, 세계 전체로 보면 가장 규모가 큰 세대가 되어가고 있다. 게다가 이들은 오래 살 터이니 오랜 기간 지금의 거대한 코호트 규모를 유지할 것이다. 우리나라뿐 아니라 세계적으로도 합계출산율이 하락하는 추세라 최근 태어나는 영유아 수가 점점 줄고 있다는 점을 감안하면, 잘파세대가 사회 중심이 될 무렵에는 인구 압박에 쪼그라드는 게 아니라 어엿한 중심 세대로 활약할 가능성이 크다.

이런 이야기를 꺼내는 이유는, 한국의 인구 변동만을 암울하게 바라볼 것이 아니라 세계적 맥락에서 바라보자는 말을 하기 위해서다. 개인이 인구 대응에 뒤처지지 않는 길이 여기에 있다.

그 이유는 지금부터의 이야기에 담겨 있다.

오른쪽 사진을 보자. 〔도표1-4〕는 각각 1980년대 서울 여의도 광장, 뉴욕시, 호치민 시의 사진이다. 이 중 여의도 사진을 생생히 기억하는 분들이라면 아마 1970년대생 이전일 것이다. 센터의 연구진 대부분은 1980년대에는 태어날 운명조차 정해지지 않았던 터라 신기한 눈으로 사진을 본다. 그리고 다음 사진을 보자. 〔도표1-5〕는 2020년대의 서울 여의도, 뉴욕 그리고 호치민의 모습이다. 앞선 사진에서는 분명한 차이가 느껴졌을 테지만, 뒤의 사진에서는 어디가 어디인지 단번에 구분

[도표1-4] **1980년대의 뉴욕, 서울, 호치민**(위쪽부터 시계 반대 방향)
출처: e영상역사관(서울), TTXVN(호치민)

[도표1-5] **2020년대의 뉴욕, 서울, 호치민**(위쪽부터 시계 반대 방향)
출처: Wikimedia Commons(서울)

하기 어려울 정도로 비슷하다. 그 사이에 얼마나 큰 변화가 있었는지 실감되지 않는가?

전 세계적으로 도시의 물리적 형태와 생활양식이 점점 닮아가고 있다. 개발도상국이라 여겼던 나라도, 그 나라의 대도시는 선진국 못지않은 발전 단계를 보인다. 뉴욕이나 서울이나 베트남이나 마천루가 솟아오른 모습이 비슷하다. 살아가는 모습도 그리 다르지 않다. 실제로 2023년 여름에 인도네시아에 가보니 자카르타에 실내 쇼핑몰이 100여 개가 있다고 했다. 그 안에 입점한 매장 중에는 여의도 더현대서울에서 보던 브랜드도 적지 않았다. 그곳을 잘파세대가 뛰어다닌다. 인도네시아의 잘파세대가 오늘 한국에 오면 이질감을 느낄까? 못 느낄 것 같다. 시장 개척을 해야 하는 기업들은 이미 이 점을 인지하고 발 빠르게 움직이고 있다.

그렇다면 이것이 개인에게도 가능성을 확장하는 계기가 될 수 있지 않을까? 이 말을 단순히 '해외 유학을 가라'는 뜻으로만 해석해서는 곤란하다. 특히 기성세대의 관점대로 '선진국에 가라'는 뜻으로 받아들이면 안 된다. 여기서 방점은 '글로벌'에 찍힌다. 선진국 프랑스 파리에서 태어났어도 평생 파리에서만 살아가면 그 역시 로컬에 머무는 것이다. LA에서 태어나 LA에서만 경험을 쌓는 것도 마찬가지다. 지금은 외국인 유학생을 비롯해 많은 이들이 새로운 기회를 찾아 한국을 선택하고 있다. 그런 것처럼 우리나라 후속 세대들이 글로벌에서 더 많은 경험을 쌓고 활약할 수 있도록 관점을 전환해야 한다.

과거처럼 한국이 가난하던 시절에는 '책'이라는 매체가 나를 다른 세상으로 데려다 주는 거의 유일한 수단이었다. 그래서 책을 통한 간접경험의 가치가 막대했다. 이제는 그 수단이 미디어로 확장되다 보니 매 순간이 간접경험이다. 책은 그래도 깊이 숙고할 여지를 주는 것이 아니냐고 할 수 있겠지만, 넓은 의미에서 두 매체는 모두 간접경험이다. 그리고 그것으로 세상을 해석하고 살아가는 데 큰 어려움이 없다.

하지만 미래의 AI 시대에는 이러한 간접경험만으로는 충분하지 않다. 무엇이 진짜 현실인지 스스로 구분할 줄 알아야 하며, 이를 위해서는 직접경험을 많이 쌓아가는 아이들이 더 강점을 가질 것이다. 그런 아이들이야말로 더 많은 기회와 가치를 창출해낼 것이다. 시간이 멈춰 있는 어른들의 눈으로 세상의 이야기를 전달해줄 것인지, 아니면 직접 보고 느끼는 과정에서 함께 이야기를 나누어볼 것인지는 생각보다 큰 차이를 낳을 것이다.

다행히 우리 후속 세대는 이미 전 세계의 도시가 확장되면서 유사해지는 이 기회를 잘 이용하고 있고, 중심에서 활약하고 있다. 단순히 한국의 문화 콘텐츠가 세계로 퍼져가는 이야기가 아니다. 기존에는 엔터테인먼트 산업의 주도로 K컬처가

1970년 뭄바이   2025년 뭄바이(출처: Wikimedia Commons)

1970년 부산(©Helen P. Mackenzie)   2025년 부산

[도표1-6] **1970년대 vs. 2020년대의 부산, 뭄바이**

성장했다면, 이제는 잘파세대 개개인이 플랫폼이 되어 성장하는 중이다.

예를 들어보자. 다양한 문화가 섞여 만들어진 숏폼 콘텐츠가 최근 유행을 주도하고 있다. 예전 같으면 미국의 엔싱크나 브리트니 스피어스가 미국을 강타한 후 몇 달이 지나서야 한국인들에게 유행했다. 전파되는 데 시간이 오래 걸렸고, 그것도 미국에서 다른 나라로 한 방향으로만 흘렀다. 그러나 이제는 문화가 전 세계에서 동시에 향유되고, 한 방향으로만 흐르지도 않는다. 2003년 드라마 〈대장금〉이 한류 드라마가 되기까지 10년이 걸렸지만 2025년 선보인 〈케이팝 데몬 헌터스〉는 전 세계가 동시에 반응했다. K컬처만 일방적으로 퍼져나가는 것도 아니다. 베트남 노래 '떵떵땅땅'이 세계로 퍼지고, '토카토카'는 루마니아 음악이 일본 게임과 결합해 세계로 전파된 사례다. '슬릭백', '삐끼삐끼 댄스' 등도 마찬가지다. 섞이고, 튕기고, 서로 전파되는 시대다. 여기서 중요한 것은, 이 확산의 중심에 한국의 잘파세대가 있다는 사실이다. 인구는 인구를 끌어당기는 중력을 만들어낸다. 지금 전 세계에서 우리나라 잘파세대가 그런 역할을 하고 있다.

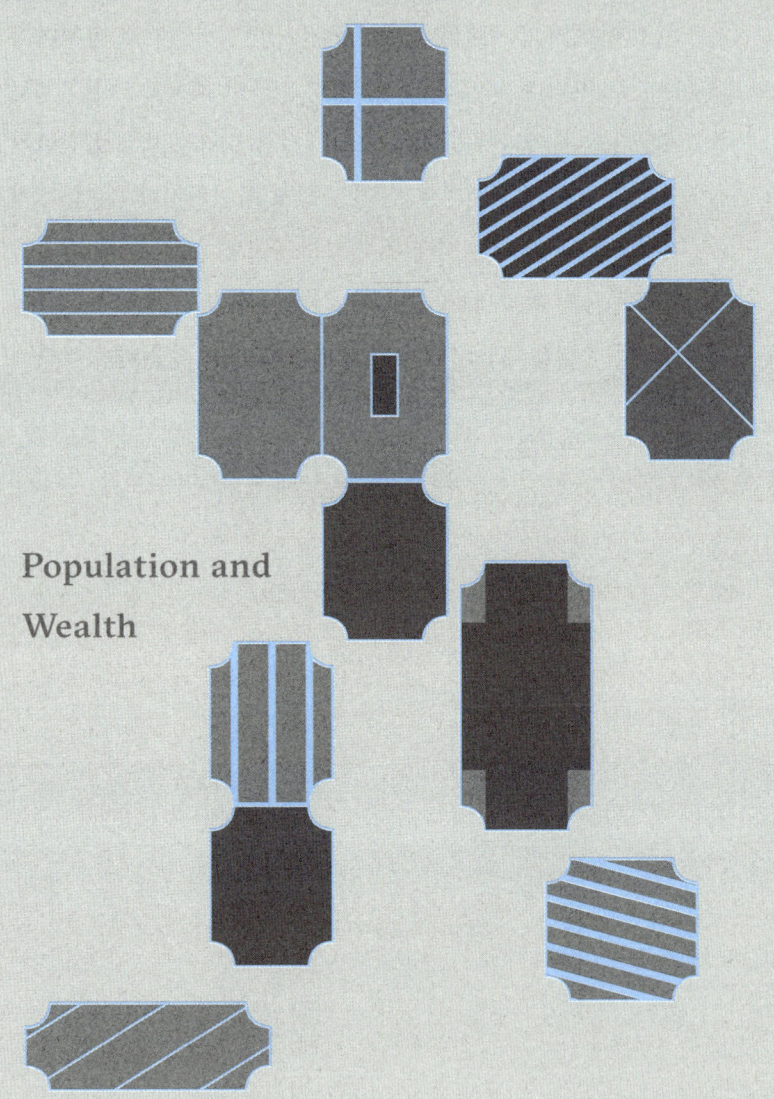

Population and Wealth

2장

인구를 부^{Wealth}로 읽는 3가지 렌즈: 연령 효과, 시기 효과, 코호트 효과

연령 효과만 보면 '규모의 경제'가 오는 시점을 놓친다

1장에서는 인구지체현상이 무엇인지, 그것이 실제로 어떤 방식으로 나타나는지 살펴보고, 지체를 극복한 사례에 대해 이야기를 나누었다. 나아가 실천이 늦어지는 근본적인 이유가 인구를 바라보는 관점과 현실 사이의 간극이 크고 한 방향으로 합의되기 어려운 점, 그리고 우리 스스로를 옭아매는 비관적 현실주의 때문이라는 점도 짚었다.

그런데 이 책을 집어든 독자라면, 어렴풋이 이런 생각을 해본 적이 있을 것이다. '정말 인구는 위기이기만 한가? 위기라는 말에만 갇혀 실천을 미루고 있지는 않은가? 인구를 전혀 다른 방식으로 바라볼 수는 없을까?'

이제부터는 인식 전환 이후의 단계, '그래서 이제 무엇을 어떻게 해볼까?'라는 실천의 장으로 들어가 보려 한다. 인구 변동이라는 거대한 흐름에 압도당하지 않고 어떻게 그것을 나의 자원으로 삼을 수 있을지, 그리고 그 자원을 어떻게 구체적으로 활용할 수 있을지 함께 탐색해보자.

여기서 말하고자 하는 것은 단순히 '인구가 줄어드니 빨리 적응 전략을 짜자'는 차원의 이야기가 아니다. 그렇게 접근하면 또다시 '작아지는 인구'라는 숫자에만 매달리게 된다. 우리가 전하고 싶은 메시지는 그보다 한 걸음 더 나아가 새롭게 판을 짜고, 새로운 전략을 기획해보자는 것이다.

외부 환경의 변화가 급격할수록 미래 전략을 짜는 머릿속은 분주해진다. 최근 몇 년간 기업들의 '내년 전망' 수립 시점이 점점 당겨지는 것에서 알 수 있듯이 지금은 인구, 국제정세 등 온갖 변수들이 요동치고 있어서 미래 전략에 대한 고민이 더 깊어지고 있다.

새로운 전략을 기획할 때 가장 먼저 무엇부터 하는가? 대부분은 현황 점검부터 시작할 것이다. '현재 상황이 이러하고, 지금까지 나온 전망이 이러하다'는 식으로 정리하는 단계다. 그다음에는 '그러니 우리는 이러저러한 전략을 세워야 한다'고 전개하게 된다. 전략이란 그 속성상 미래를 가정하고 설계하기 마련이다. 물론 미래의 방향을 제시할 때는 인구만 보는 것이 아니라 수많은 요소를 고려할 것이다.

그런데 여기서 우리가 제안하고 싶은 접근이 있다. 하나의 환경 변수로서만 '인구'를 다루지 말고, 미래를 읽는 방식 자체를 '인구학적 방법론'으로 해보자는 것이다. 그리 복잡하지 않은 이 방법은 여러분이 구상하고 있는 전략들을 논리적으로 엮

어주는 프레임워크가 되어준다. 논리가 정연할수록 설득력도 강해진다는 것은 경험으로 잘 아실 것이다. 그러니 이 책을 가이드 삼아 인구학적 방법론을 여러분의 미래 전망 도구로 삼아보자.

미래를 읽는 인구학적 방법론

미래를 읽는 인구학적 방법은 전작《정해진 미래 시장의 기회》에서도 소개한 바 있다. 바로 연령 효과, 시기 효과, 코호트 효과다. 1장에서 라면 수요 추정 사례를 소개하며 살짝 언급했는데, 다시 한번 정리를 해보자.

우선 '연령 효과'는 나이에 따라 누구나 비슷하게 겪는 변화를 말한다. 대부분의 사람은 10대엔 공부를 하고, 20대에는 취업을 고민하며, 60대쯤엔 은퇴를 생각하게 된다. 이렇게 나이 들면서 자연스럽게 생기는 생활 패턴의 변화가 바로 연령 효과다. 우리가 소화 능력 때문에 67세 이후 라면을 먹고 싶어도 먹지 못하는 현상도 이에 해당한다.

'시기 효과'는 특정 사건이나 사회적 변화가 모든 연령대에 동시에 영향을 미치는 경우를 말한다. 코로나19를 떠올려보자. 나이에 상관없이 모두의 일상이 흔들렸다. 학생은 원격수업을 하고, 직장인은 재택근무를 했으며, 노인들도 외출을 자제했다. 이처럼 특정 '시점'에 발생한 변화가 전 세대에 영향을 미치는 것이 시기 효과다. 코로나 팬데믹 이전의 대표적인 예는 IMF 외환위기다.

마지막으로 '코호트 효과'는 같은 시대에 태어난 사람들이 공유하는 세대 특성을 가리킨다. 예를 들어 흑백 TV를 보며 자란 세대와 스마트폰을 손에 쥐고 자란 세대는 사고방식과 소비 습관이 다르다. 학창 시절에 IMF 외환위기를 겪은 세대는 소비를 더 신중하게 한다든가, 어린 시절부터 환경교육을 받아온 세대는 소비할 때도 친환경을 더 고려하는 것이 세대 효과의 예시다. 또 '친환경'이라는 단어를 두고도 베이비붐 세대는 에너지 절약을 먼저 떠올리는 반면, Z세대는 일회용품을 줄이고 쓰레기 배출을 최소화하는 쪽에 더 관심을 둔다. 이런 차이가 코호트 효과다.

연령·시기·코호트 효과는 고정된 틀로 존재하는 것이 아니라 서로 영향을 주고받으며 상호작용한다. 예를 들어 고령화 속도가 빠른 나라에서는 아이러니하게도 '연령 효과'가 옅어지는 경향이 있다. 이전 세대에 비해 같은 나이에 훨씬 건강하고 오래 사는 코호트가 등장했기 때문이다. 이러한 생물학적 코호트 요인은 '이 나이면 당연히 이런 모습일 것'이라는 연령 기반 사회규범을 재고하게 만들고, 사회적 시선 또한 그 연령대를 여전히 '젊다'고 인식하게 만든다. 뒤에 자세히 다루겠지만 우리나라가 바로 이러해서, 지금 고령 인구로 진입하는 이들의 여건과 일상은 우리가 머릿속에 떠올리는 고령층 이미지와 사뭇 다르다.

여기에 급격한 저출산을 동반하면 생애단계life stage의 연령 효과도 상당 부분 사라진다. (결혼, 출산, 양육 등) 생애단계의 전환은 본래 연령 효과가 가장 강하게 작동하는 영역이다. 그러나 급격한 저출산·고령화로 많은 사람들이 비슷한 시기에 비슷한 생애단계를 거치지 않게 되었다. 그 결과 '나이 들면 다들 비슷해진다'는 통념도 점차 설득력을 잃고 있다. 삶의 궤적에 나타나는 공통된 패턴이 약해지는 만큼 각 개인의 인생 경로도 다양해진다. 각 코호트가 지닌 고유한 특성이 오랜 기간 유지되고, 1인가구 혹은 1인체제로 살아가는 사람의 수가 늘어남에 따라 사회 욕구는 더욱 다양하게 분화되며, 때로는 굉장히 개인화된 모습으로 나타나기도 한다.

2021년에 출간한 《인구 미래 공존》에는 2100년에 2000만 명이 채 되지 않는 대한민국 인구추계가 실려 있다. 이 시뮬레이션을 보고 충격을 받은 독자들이 많았는데, 여기에 변화가 생겼다. 2024년에 새로 추계해보니 2100년에 대한민국 인구가 2000만 명 이상인 시나리오가 나온 것이다. 아이가 많이 태어나서일까? 그렇지는 않다. 우리가 더 오래 살기 때문이다. 즉 2100년 그래프에서 늘어난 인구는 상당수가 고령층이다.

고령 인구가 늘어나면 사회 부담만 커지지 않느냐고 생각할지 모르겠다. 그러나 그렇게만 바라볼 일이 아니다. 앞서 말했듯이, 고령화가 단순히 나이 많은 집단이 늘어난다는 의미를 넘어 이전 세대와는 다른 특성을 보인다는 점에 주목해야 한다. 과거의 고령자보다 훨씬 건강한 고령자들이 등장하는 코호트 효과가 이미 작용하고 있다.

그렇기에 현재 고령자를 대상으로 어떤 기회를 모색할지 고민해보는 일은, 연령 효과와 코호트 효과가 어떻게 맞물려 작동하는지를 살펴볼 좋은 사례가 된다. 이제부터 이어지는 내용은 지난 4년간 우리 센터가 고령화와 관련해 가장 많이 받았던 질문을 정리한 것이다.

Q1. 고령층이 증가하는데 시니어 산업은 왜 안 뜨나요?

이미 오래전부터 많은 기업이 곧 고령자가 될 베이비붐 세대를 대상으로 하는 비즈니스에 뛰어들겠다고 했고, 센터에도 매년 여러 업종에서 '고령자를 위한 신규 사업'에 대한 문의가 이어지고 있다. 최근에는 특히 '시니어 타운'에 대한 관심이 높다.

분명 고령 인구가 늘어나면서 일부 품목에서는 고령층 대상 제품이 잘 팔리고, 틈새시장을 공략해 수익을 내는 사례도 등장하고 있다. 그러나 아직은 생각만큼 빠르게 산업으로 자리 잡지 못하는 실정이다. 개별 기업이 사업 단위로 성공하는 경우는 있어도, 그 성공이 산업 생태계로는 확장되지 못하는 것이다.

한 번쯤 이 시장에 관심을 가졌던 분이라면 공감할 것이다. '시니어 제품'이라는 이미지 자체가 소비자들에게 기피 대상으로 인식되기 쉽다는 사실을 말이다. 노화를 반길 사람은 많지 않을 테니 '시니어', '실버'라는 단어에 거부감이 생긴다는 것은 쉽게 예상할 수 있다. 비단 고령자만 그럴까? 대부분의 사람들이 자신을 실제 나이보다 훨씬 젊게 인식한다. 보건학, 사회학, 노년학 등에서는 실제 나이chronological age와 별도로 자신이 느끼는 나이 혹은 스스로 인식하는 나이인 '주관적 연령'에 대한 연구를 활발히 하는데, 한국의 경우 20~30대는 자신의 나이를 실제보다 많게 말하는 반면 60대는 8~10세, 70대는 10~15세가량 젊게 인식하고 있다고 한다. 즉 대한민국의 많은 70대는 스스로를 50대로 느끼고 살아간다는 뜻이다. 실제로 사례 인터뷰를 해보면, 손자 손녀가 태어나서 '할아버지, 할머니'라 불릴 때 그제서야 '아, 내가 나이 들었구나'라고 인식한다고 한다. 아직 손자 손녀가 없는 분들은 60대가 되어도 할아버지 할머니보다는 '아저씨, 아주머니'라고 불릴 때 고개를 돌리게 된다고도 한다.

하지만 겉모습은 어찌어찌 젊어 보이게 할 수 있을지 몰라도, 몸속은 생각보다 정직하다. 거울로 보는 내 모습은 그대로이지만 우리의 자율신경계는 시간표대로 차곡차곡 나이 들어간다는 것이다. 단적으로 드러나는 것이 '소화'다. 30대가 된 밀레니얼도 느낄 것이고, 50대에 접어든 베이비붐 세대는 더욱 실감할 것이다. 내 소화 기능이 예전만 못하다는 것을 말이다.

이처럼 생물학적인 변화는 피할 수 없고, 그에 따른 니즈도 자연히 생겨날 것이다. 그런데도 '고령자를 위한' 제품은 정녕 수익을 내기 힘든 것일까? 노화 자체를 거스르는 것만이 제품과 서비스의 개발 방향이어야 할까?

그들의 나이 대신 삶의 궤적을 보자

아마도 기존에 출시된 시니어 제품들 중 일부는 완전한 실패라기보다, 시기적으로 너무 앞서간 측면이 있었을 것이다. 해당 시장이 충분히 성장해 규모의 경제를 실현하기에는 그때의 타이밍이 조금 이르지 않았나 싶다. 특히 연화식처럼 씹는 기능이 크게 저하된 사람을 위한 제품은 생각보다 대상층이 좁다. 연화식이 실제로 필요한 시점은 언제일까? 저작 기능이 급격히 떨어지기 시작하는 75세 이상 후기 고령자부터로 본다. 하지만 우리나라는 아직 그 연령대의 규모가 본격적으로 커지는 시기를 맞이하지 않았다.

고령층은 증가하는데 후기 고령자 시장이 크지 않다는 것은 무슨 뜻일까? 고령층의 상당수가 건강한 고령자라는 의미다. 이들을 가리켜 '액티브 시니어 Active Senior'[1]라 한다. 세대로 보면 이제 고령층에 들어서기 시작한 베이비붐 1세대가 주로 해당한다. '액티브 시니어'라는 용어 자체가 이미 시사하는 바가 있다. 나이가 들면 으레 나타나는 것으로 간주되던 연령 효과가 더 이상 통하지 않는 집단이 등장했다는 의미다. 즉 고령자가 늘어난다고 해서 시장이 일률적으로 고령화된 소비 행태로 재편될 것이라 예단할 수는 없다.

단, 연령의 경계가 사라졌다고 해서 세대의 특성cohort까지 사라졌다고 착각해서는 안 된다. 이제는 연령 자체보다는 베이비붐 1세대가 나이 들어가면서 어떠한 라이프스타일을 보일 것인지가 훨씬 중요하다. '액티브 시니어'라는 표현처럼, 이들은 자신보다 젊은 세대의 라이프스타일을 따라가는 경향을 보인다. 말 그대로 연령 효과에서 벗어나는 패턴이 나타나는 것이다. 예컨대 베이비붐 1세대는 실제로는 70대에 가까워지고 있지만 외형상으로는 여전히 자신들보다 젊은 50대의 라이프스타일을 지향한다.

물론 어느 순간이 되면 이들도 산업화 세대가 보였던 삶의 궤적을 따라가는 시점이 올 것이다. 하지만 그 시점은 이전 세대보다 늦춰질 가능성이 크며, 늦춰지는 패턴을 예측하기 위해서도 연령보다는 해당 세대의 특성을 살펴보는 것이 더 효과적이다. 연령의 경계가 희미해지는 반면, 축적된 배경의 집합체인 세대의 특성은 어느 정도 유지될 가능성이 높기 때문이다. 소비는 여전히 세대별 경험과 가치관, 라이프스타일 위에서 이루어지며, 시장을 움직이는 요인도 이에 영향을 받는다. 따라서 시니어 산업을 설계하려면 나이 기준이 아닌 세대별 삶의 궤적과 전개 속도, 지연 여부까지 감안해야 한다.

코호트, 연령, 시기 효과를 함께 보아야 보이는 미래 시장

현재 우리나라의 고령 인구는 1000만 명을 돌파했으며, 이 가운데 과반수(65%)는 여전히 산업화 세대가 차지하고 있다. 고령 인구 규모가 꾸준히 증가하는 가운데, 베이비붐 1세대 비중이 전체 고령층의 절반에 이르는 시점은 2027년으로 예상된다.

이후 2030년대에 들어서면 베이비붐 2세대가 본격적으로 고령층에 편입하기 시작한다. 특히 2033년경 산업화 세대 비중이 30% 아래로 내려가는 시점부터는 진정한 의미의 '액티브 에이징Active Aging' 시대가 열릴 것으로 보인다. 그동안 고령 시장의 중심축이었던 베이비붐 1세대의 영향력은 2037년 이후 점차 베이비붐 2세대로 이동하며, 그에 따라 고령층의 가치관과 소비 행태는 또 한 번 새로운 국면을 맞게 될 것이다.

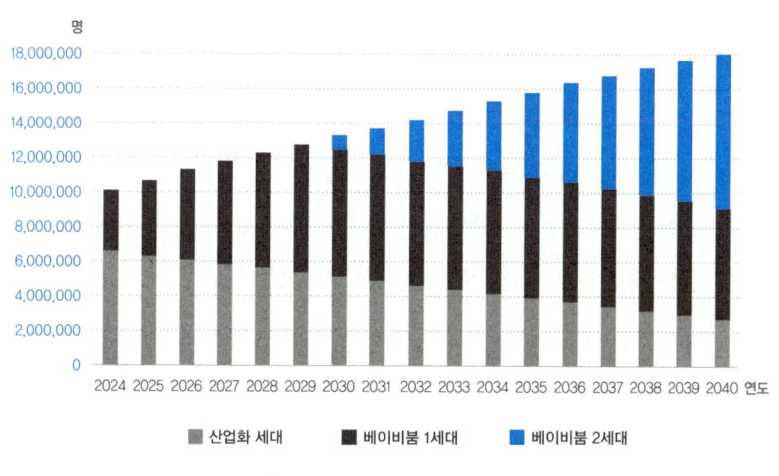

[도표2-1] **고령 인구 규모 및 세대 구성 변화 추이**

그렇다면 "지금 고령자가 되어가는 베이비붐 1세대가 75세가 되는 시점에 연화식 수요가 급증할까?"라는 질문을 던져 볼 수 있다. 여기서 우리는 코호트 효과와 연령 효과가 시기 효과를 만나 상호작용하는 모습을 관찰할 수 있다. 우리나라에서 임플란트 보험은 본래 75세 이상 고령자에게만 적용되었다가 2016년부터 65세 이상으로 확대되었다. 초기에는 본인부담률이 50%였으나, 2023년에는 30% 수준까지 낮아졌다. 이러한 변화는 고령층의 구강 건강 유지에 실질적인 도움을 주었고, 그 결과 씹는 기능을 오랫동안 유지하는 이들도 늘어났다.

즉 현재의 고령층은 과거보다 전반적으로 더 건강한 생활을 유지해왔으며, 이는 코호트 효과가 건강 영역에서 나타난 사례라 할 수 있다. 또한 임플란트 보험과 같은 정책적 지원은 시기 효과로 작용해 고령층의 신체 기능을 더 오래 유지하게 도와서 연령 효과를 희석한다.

어느 광고 문구처럼 "씹고 뜯고 맛보고 즐기고"를 더 오래 하고 싶은 것은 우리 모두의 바람이다. 후기 고령자가 되더라도 많은 사람들은 당장 연화식을 찾기보다는 조리법을 바꾸거나 식재료를 조절하면서 식사의 즐거움을 최대한 오래 붙잡아두려 한다. 이렇게 한 축에서는 코호트 효과가 작용해 같은 연령대라도 과거에 비해 더 건강한 상태로 노화를 맞이하고 있기에, 나이에 따른 소비 변화가 늦춰지는 경향이 나타난다. 즉 예전 같으면 자연스럽게 줄어들었을 활동이나 소비가 지금은 더 오래 지속된다.

다른 한편으로는 나이 들면 왕년에 소비하던 만큼은 쓰지 않는 모습이 나타난다. 소득이 가장 높은 시기에 소비가 집중되는 경향은 여전하며, 그렇기에 단지 고령층 인구가 많아졌다는 이유만으로 그 시장이 크게 확대된다고 보기는 어렵다. 물론 지금까지 존재하지 않던 새로운 시장이 열리고 있다는 점에서 어느 정도의 성장은 가능하다. 그러나 나이 들면서 줄어드는 소비 여력을 감안할 때 내수만으로는 규모의 경제를 이루는 데 분명한 한계가 있다. 따라서 이 시장 또한 사업 구조상 일정 부분은 해외 진출을 염두에 둘 수밖에 없는데, 불행 중 다행이라면 이웃한 일본은 말할 것도 없고 중국 또한 빠르게 고령사회로 진입하고 있다는 것이다. 한국 베이비붐 세대 소비자들의 깐깐한 기준을 통과한 제품이라면, 세계 어느 시장에서도 통할 수 있지 않을까?

Q2. 결국 소비 여력이 없는 인구가 늘어나는 건가요?

앞에서 사람들은 노화를 거부하고 신체 조건은 연령 곡선을 벗어나고 있는 것이 보이나, 돈은 쓰던 만큼은 쓰지 못할 것이라고 했다. 그렇다면 이들을 '소비 여력이 없는 인구'로 해석해야 하는 것일까?

반드시 그렇지는 않다. 이들은 오랜 기간 활발히 소비를 해왔기에, 나이 듦에 따라 어디에 돈을 얼마나 쓸지 기준이 오히려 명료하다. 즉 소비 여력이 없다는 시각보다는 굉장히 합리적인 소비자가 증가한다고 보는 것이 시장을 읽기에 좀 더 유용한 관점이다.

베이비붐 세대는 '가난한 노인'이 아니다

고령자들의 소비 여력을 염려하게 된 데는 노인빈곤율에 대한 우려도 한몫할 것이다. "한국의 노인빈곤율이 경제협력개발기구OECD 회원국 중 1위"[2]라는 뉴스 기사도 심심찮게 나오고 있다. 소비 여력이 없는 고령자가 증가해 향후 국가적 재정 부

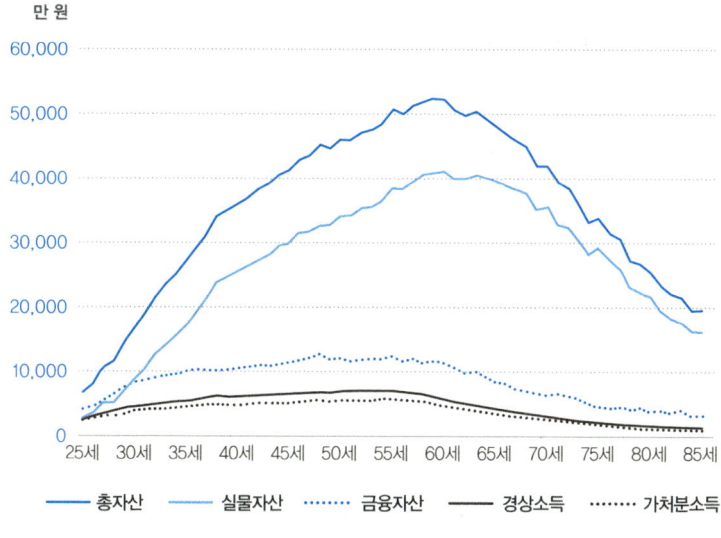

[도표2-2] **연령별 자산 분포(연령 효과)**
자료원: 가계금융복지조사(2011~2021)

담으로 이어지지는 않을까? 이런 걱정이 드는 것도 무리는 아닙니다.

이참에 궁금증을 해소해보자. 앞으로 고령자가 되는 인구집단의 재정 조건은 어떠할까? 고령자가 많아지는 미래의 한국은 가난한 사회로 접어들게 될까? 이에 대해 관련 정부기관과 함께 고령자의 재정적 연착륙에 관한 연구를 진행했다.

먼저 우리나라 사람들의 연령별 자산 분포를 살펴보았다. [도표 2-2]는 2011~21년의 가계금융복지조사를 활용한 결과로, 시기 효과와 세대 효과를 통제하고[3] 순수한 연령 효과만 남긴 것이다.

맨 위의 진한 선은 전체 자산 총액을 나타낸다. 한국인은 60세에 자산이 가장 많다. 그 아래 선은 실물자산, 즉 부동산이고 이 또한 60세에 최고점을 찍는다. 그 아래 점선은 금융자산이고, 이는 48세에 가장 높다. 그 아래 검은색 실선은 경상소득, 맨 아래 점선은 가처분소득이다. 가처분소득은 55세에 최고점에 도달하지만 연령별 큰 차이는 없다.

이제 그래프를 함께 해석해보자. 60~65세에 자산이 정점을 찍고, 이후 빠르게 하락한다. 처음엔 '부동산을 팔았구나?'라고 짐작하기 쉽지만, 그래프를 보니 실물자산은 크게 줄지 않았다. 대신 금융자산이 줄어드는 것이 보인다. 즉 퇴직 후 약 5년간은 모아둔 퇴직금, 보험금 등으로 생활한다. 그러다 63세 전후부터 본격적으로 자산이 빠져나가고, 실물자산도 줄기 시작한다. 아마도 집 처분이 이루어지는 시기로 보인다. 그런데 집을 처분했으면 그 돈이 금융자산으로 들어가 총자산은 큰 변화가 없어야 하는데 그렇지도 않다. 그럼 그 돈은 어디로 갔을까?

그 답 또한 그래프에 있다. 33~37세 구간에서 실물자산이 빠르게 상승하는 모습이 보인다. 참고로 이 그래프는 2021년에 33~37세가 된 코호트도 포함되어 있지만, 이전 세대들이 해당 연령대를 지나오며 만들어낸 경향이기도 하다. 이 연령대는 대개 소득이 많지 않다. 그럼에도 그래프처럼 실물자산이 빠르게 증가할 수 있는 이유는, 주택을 구매하는 경우도 일부 있겠지만 윗세대의 자산이 이전되기 때문이기도 하다. 실제로 한국 사회는 그렇게 살아가고 있다. 그런데 여기서 중요한 점이 있다. 이 그래프는 2021년까지의 데이터이며, 당시 65세 이상은 대부분 산업화 세대였다. 베이비붐 세대가 만들어낸 궤적은 아니라는 것이다.

그러면 질문을 바꾸어보자. "베이비붐 세대도 이렇게 살까?" 자녀가 성장해 독립할 때가 되면 자산을 처분해 자녀의 거처를 마련하는 데 도움을 줄까? 강연 때 베이비붐 1세대에게 이 질문을 해보면 열에 아홉은 고개를 젓는다. 자기는 그렇게 자녀에게 희생하며 살지 않겠다는 것이다. 막상 그때가 되면 어떻게 할지는 모르지만 일단 의지만큼은 확고하다. 동일한 질문을 베이비붐 2세대에게 하면 돌아오는 대답은 이렇다. "줄 만큼 쌓아둔 돈이 없을 것 같은데요?"

이 부분이 포인트다. 우리는 연령별 경향에 상당히 익숙하지만, 그럼에도 연령 효과만으로 이 그래프를 해석할 수는 없다. 실제로 사람들은 세대적 관점cohort thinking 으로 사고하고 있었던 것이다. 이러한 개인들이 모여, 세대 가치에 기반한 행동을 시장에서 드러낸다.

[도표2-3] 전체 부채에 대한 코호트 효과

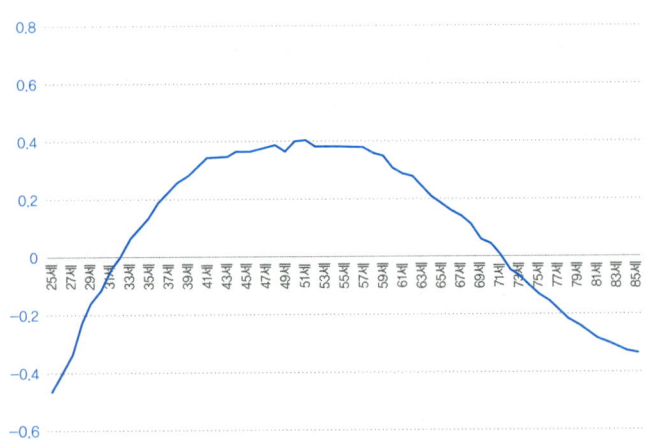

[도표2-4] 전체 부채에 대한 연령 효과

다소 길게 설명했으나 결론은 간단하다. 기업이 베이비붐 세대를 대상으로 시장을 계획하려 한다면, 단순히 '나이 들면 다 그렇지' 하는 연령 효과 관점이 아니라 베이비붐 세대의 코호트 특성에 기반해 분석해야 한다. '시니어 시장'이 아닌, 통상적인 고객 분석하듯이 하는 것이다.

산업화 세대가 '가난한 노인'으로 여겨진 이유는 많든 적든 자산의 상당 부분이 부동산에 묶여 있고, [도표2-3]에서 보듯이 고령자가 되어서도 부채를 여전히 안고 있기 때문이다. 즉 자산은 있으나 현금흐름이 막혀 있다는 것이다. 그런데 지금 노인이 되고 있는 베이비붐 1세대는 다르다. 이들은 금융자산의 비중이 상당히 높다. 물론 전체 자산 규모에서 부동산이 차지하는 비중이 여전히 크지만, 두 세대를 비교했을 때 베이비붐 1세대는 산업화 세대보다 금융자산 보유율이 높다. 이는 유의미한 변화다. 병원비처럼 급하게 현금이 필요한 상황에서 유동성이 훨씬 높기 때문이다. 또한 [도표2-3]에서 보듯이 베이비붐 1세대는 다른 세대에 비해 부채가 크지 않다. 부채와 고정지출은 고령자의 현금흐름을 막는 가장 큰 요인인데, 이 부분에서 베이비붐 1세대는 상대적으로 여유롭다.

종합적으로 볼 때 베이비붐 1세대는 부동산 자산은 다소 적더라도 부채도 적고 금융자산은 많아 산업화 세대보다 현금흐름이 원활한 자산 포트폴리오를 갖추었다고 할 수 있다. 거기에다 이들은 어릴 때 가난한 시절을 겪었기 때문에 소비 성향이 절제돼 있고, 동시에 산업 성장기에 소득 상승을 경험했다. 그래서 건강만 허락한다면 오래 일하고자 하는 욕구도 강하다. 이 모든 요소를 고려하면, 베이비붐 세대는 산업화 세대보다 노인이 된 이후에도 더 잘 살아갈 가능성이 높다.

다시 처음의 질문으로 돌아가 보자. 소비 여력이 없는 인구가 늘어날까? 결론은 낙관적일 수 있다. 베이비붐 1세대가 고령자가 되면 노인빈곤율이 오히려 완화될 수 있다. 현재의 노인 빈곤은 산업화 세대에 기반한 것이고, 베이비붐 세대 일부가 저소득층으로 이동할지 몰라도 빈곤선 아래로 떨어질 가능성은 작다. 그들은 "수입은 적지만 이 정도면 잘 살고 있다"고 자족할 가능성이 크고, 이는 통계적으로도 빈곤율을 떨어뜨리는 요인이 될 것이다. 따라서 고령자는 무조건 가난해질 거라는 기존의 인식은 수정될 필요가 있다. 베이비붐 1세대는 정체성과 자산관리 그리고 노동과 소비에 대한 태도에서 완전히 새로운 고령자 이미지를 만들어가고 있다.

단, 여기에는 아주 중요한 전제조건 두 가지가 있다. 하나는 고령자가 활동적인 소비자가 되려면 고령자가 자신의 자산을 소비에 쓸 수 있을 만큼 건강하고 자립적이어야 한다. 그렇지 않으면 모아둔 돈이 다 의료비로 나가게 될 테니 말이다. 고령자들의 건강관리가 사회적으로 중요한 이유다.

다른 하나는 자녀 세대인 밀레니얼의 '진정한 경제적 자립' 문제다. 〔도표2-3〕을 보면, 밀레니얼은 다른 어느 세대보다 부채 면에서 강한 코호트 효과를 보인다. 대부분의 밀레니얼이 지금 30대인데, 다른 세대가 이 연령대였을 때보다 밀레니얼들의 빚이 더 많다는 뜻이다. 〔도표2-4〕에서 보듯이 일반적으로 부채는 연령이 높아질수록 증가해 중장년기에 정점을 찍는 경향이 있다. 그런데 밀레니얼은 이미 지금부터 부채 수준이 높게 형성되어 있어, 이 세대가 겪는 경제적 압박이 이전 세대보다 훨씬 조기에 나타나고 있음을 보여준다.

이들의 재정적 어려움은 그들의 부모 세대인 베이비붐 1세대에도 직·간접적인 영향을 미칠 수밖에 없다. 따라서 세대 간 재정 부담의 전이와 그에 따른 사회적 파급 효과를 인구학적 관점에서 면밀히 살펴볼 필요가 있다.

Q3. 정말로 베이비붐 1세대와 산업화 세대는 성향이 다른가요?

미래의 고령자가 지금의 고령자와 다를 것이라고 하면 으레 나오는 질문이다. 앞의 설명으로도 어느 정도 답변이 되었겠지만, 한 단계 더 들어가서 차이점을 살펴보자. 이 질문은 결국 '활동적 노화 active aging'에 관한 것이다. '액티브 시니어'란 누구인가? 이들은 어떤 조건을 갖춘 사람들인가? 이를 알려면 활동적 노화의 조건을 이해해야 한다.

보건학, 복지학, 노년학에서 모두 강조하는 활동적 노화는 3가지 축으로 구성된다. 건강, 경제적 안정(자산, 소득), 사회참여, 이 세 축이 받쳐줘야 진정한 의미의 활동적 노화가 가능하다. 그리고 이 세 요소의 핵심 결정요인은 교육 수준이다. 교육 수준이 높으면 건강도, 경제적 안정도, 사회 참여도 증진된다. 안타깝게도 우리나라는 전체 고령자 중 '액티브 시니어'가 차지하는 비중이 약 18.9%로, 아직 높은 편은 아니다. 기대수명과 건강수명 사이의 격차가 여전히 크기 때문이다. 2022년 기준으로 기대수명은 82.7세이지만, 질병 없이 일상생활을 영

[도표2-5] **활동적 노화의 조건**

위할 수 있는 건강수명은 69.89세로 아직 70세에 미치지 못한다. 기대수명과 건강수명이 모두 긴 일본은 65세 이상 연령대 중 액티브 시니어의 비중이 24.6%다. 우리나라가 이 수준에 도달하려면 정부 차원에서도 많은 노력을 해야 하고, 시간도 적지 않게 걸릴 것이다. 다만 베이비붐 세대가 본격적으로 모두 고령자가 되면 달라질 것으로 예상해본다.

교육 수준의 차이가 건강의 차이를 낳는다

그렇다면 산업화 세대와 베이비붐 1세대는 구체적으로 어떻게 다른가?

[도표2-6] 산업화 세대 vs. 베이비붐 1세대의 가구 유형 및 기대수명

먼저 살펴볼 것은 활동적 노화의 핵심요인인 '교육 수준'이다. 2020년 인구센서스에 따르면 대학을 조금이라도 다닌 사람의 비율은 베이비붐 1세대 남성 28%, 여성 14%, 산업화 세대 남성 19%, 여성 5%였다. 이 수치만 봐도 베이비붐 세대는 활동적 노화를 할 기반이 훨씬 튼튼하다는 걸 알 수 있다.

실제 삶의 모습도 다르다. (도표2-6)을 보면 산업화 세대는 1인가구가 31%로 가장 많지만, 베이비붐 1세대는 부부가구가 가장 많다. 두 세대 모두 성인이 되면 결혼하는 게 당연시되던 시대를 살았다는 사실을 감안하면, 산업화 세대는 사별 등으로 1인가구가 된 경우가 많다는 뜻이다. 짐작하시겠지만 아내보다는 주로 남편이 먼저 사망한다. 반면 베이비붐 1세대 남편들은 여전히 생존해 계신다. 따라서 베이비붐 1세대는 고령자가 되어도 혼자 살아가는 사람보다는 가족과 함께 살아갈 사람이 더 많아질 것이다. 베이비붐 2세대는 더욱 그럴 것이며, 아마도 X세대까지도 그러할 것이다. 생애미혼율이 높아진 밀레니얼부터는 그 경향이 달라질 수도 있겠지만 말이다.

사실 조금만 생각해보면, 산업화 세대와 베이비붐 1세대의 차이는 당연한 결과다. 산업화 세대에 비해 베이비붐 1세대는 술도 덜 마시고, 담배도 덜 피우고, 운동은 더 많이 하고, 건강검진도 훨씬 일찍 받기 시작했다. 그러니 건강관리도 잘돼 있고, 수명도 길다. 기대여명을 보면 1950년생 남성은 50세였을 때 25.7년을 더 살 것으로 예상됐는데, 1960년생은 같은 50세 기준으로 29.2년을 더 산다. 여성도 마찬가지다.

이처럼 베이비붐 1세대는 단순히 나이만 들어가는 집단이 아니다. 산업화 세대와는 전혀 다른 길을 걸어왔고, 앞으로도 전혀 다른 방식으로 나이 들어갈 세대다. 이들의 노년은 단순히 '보호받는 삶'이 아니라 '스스로 만들어가는 삶'이 될 것이다. 건강을 관리하고, 경제 활동을 이어가며, 사회적 관계 속에서 활력을 찾는 이들은 노화를 수동적으로 받아들이지 않을 것이 분명하다. 이 세대의 특성을 제대로 읽어낸 상품과 서비스만이, 거대한 베이비붐 시장에서 의미 있는 자리를 차지할 수 있을 것이다.

건강이 경제력 유지로 이어질 수 있도록

앞서 잠시 언급했듯이 베이비붐 세대의 복병은 바로 '의료비 지출'이다. 의료비 지출은 향후 경제력의 차이까지로 이어지는 매우 중요한 요인이다. 물론 건강관리에는 의료비 외에 다양한 지출 항목이 있지만, 여기서는 좀 더 직관적으로 이해할 수 있도록 질병 관련 지출, 특히 의료비 지출의 추이를 살펴봤다. [도표2-7]은 베이비붐 1세대 가구의 총의료비 지출액이다. 여기에는 본인이 직접 내는 부담금만이 아니라 국민건강보험 등 전체 사회적 의료비도 모두 포함돼 있다.

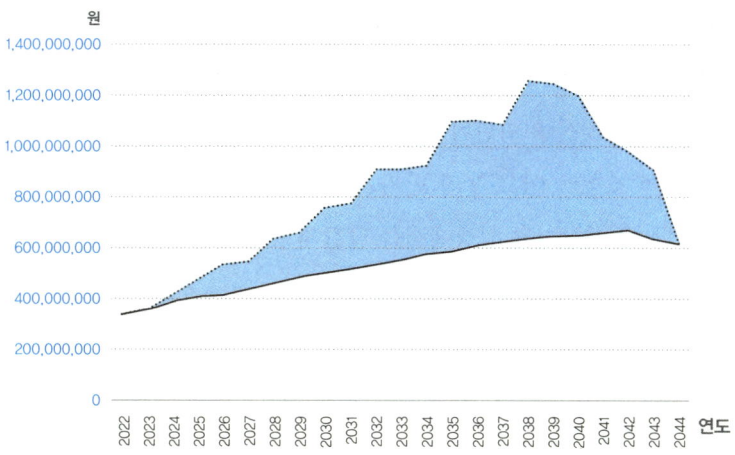

[도표2-7] 베이비붐 1세대 가구의 총의료비 추이

    도표에서 위에 있는 점선은 '만일 베이비붐 1세대 가구들이 연령별로 산업화 세대 가구들이 사용한 총의료비를 그대로 따라간다면' 지출될 것으로 예상되는 총의료비 추이를 보여준다. 아래 실선은 베이비붐 1세대는 이미 산업화 세대에 비해 건강하고, 건강관리도 훨씬 잘하고 있기 때문에 이 '베이비붐 1세대의 코호트 특성만을 고려했을 때' 지출될 것으로 예상되는 총의료비 추이다. 두 선 사이의 면적은 베이비붐 1세대들이 앞으로 '절감해줄' 것으로 예상되는 국가의 총의료비로, 2022년부터 시작해 2042년까지 약 652조 원에 달할 것으로 예상된다.[4] 이 결과는 곧 미래의 고령 인구는 사회적 재정을 갉아먹는 존재가 아니라, 새로운 소비자이자 자립형 참여자로 재정의될 수 있다는 것을 의미한다.

이 소식을 어느 누가 반가워하지 않겠는가? 어쩌면 의료서비스를 제공하는 입장에서는 달갑지 않을 수 있지만, 대부분이 그래프에서 희망을 갖게 될 것이다. 그러나 섣불리 냉수부터 들이켤 수는 없다. 저 많은 돈이 실질적으로 절약 가능하다고 해도, 우리 산업으로 흘러들어 오리라는 보장이 없기 때문이다. 고령자 가구에서 절감하게 될지도 모를 돈은 어디로 가야 좋을까? 강연장이나 좌담회에서 질문을 던져보면 일부는 "자녀가 가져가죠…"라고 한다. 그러면 누군가는 항상 "에이, 그건 안 돼!"라고 반박한다.

아마도 가장 먼저 생각나는 것은 노후자금으로 묻어두는 방안일 것이다. 따라서 진정한 시니어 산업은 금융업에서 나타날 수도 있다. '시니어 산업'이라기보다는 '노후 대비 산업'이라는 말이 더 맞겠다. 생명보험사나 금융기관들이 만드는 IRP(개인형 퇴직연금) 같은 개인연금 상품이 더 커질 것이다. 국가가 관리하면 내가 낸 돈인지 다른 사람이 낸 돈인지 구분할 수 없고 이미 내고 있는 연금과도 다를 바 없지만, 내가 낸 만큼 내가 직접 타는 자기적립식 모델은 고령자들에게 훨씬 안정감을 줄 것이다.

이미 이런 일들이 일어나고 있다. 한국교직원공제회 사례를 보자. 여기서는 교직원들이 사학연금·공무원연금 외에 추가로 공제 상품을 넣는데, 원래 퇴직 시 일시금으로 받게 되어 있다. 이제 퇴직자가 늘어나면서 일시금 지출이 늘어날까 봐 공제회가 걱정하고 있었는데, 막상 퇴직자들은 안 받겠다는 것이다. 지금 당장 돈이 필요 없어서가 아니다. "이거 받으면 다 써버릴 것 같아서 무섭다"는 이유에서였다. 그러니 공제회가 가지고 있다가 나중에 나눠서 달라는 요청을 많이 한다고 한다. 지금 한국교직원공제회의 수탁고가 사상 최고라는 얘기도 있고, 수요를 반영해 장기저축급여·분할급여분·퇴직생활급여 프로그램이 생기기도 했다. 아무도 타가지 않고, 들어오는 돈은 계속 들어오고 있기 때문이다. 민간 금융기관들도 이 구조로 갈 수 있지 않겠는가?

다만 베이비붐 세대가 건강하게 코호트 특성을 유지하더라도 2044년 이후에는 의료비 지출이 갑자기 증가할 수 있다. 아무리 건강하게 관리를 잘해도 85세가 넘어가면 의료비 지출은 증가하기 마련이고, 의료비의 대부분이 사망 직전에 쓰이는 경우도 많기 때문이다. 이 부분은 우리에게 아직 미지의 세계다. 그렇기에 더욱더 미리 돈을 적립해두는 방식이 필요하다. 이건 국가에만 맡겨두기에는 너무 중요한 사안이므로 민간이 함께해야 하며, 개인도 주체성을 갖고 계획해야 한다.

이와 같은 맥락에서, 정부와 민간이 함께 협력할 수 있는 새로운 제도적 상상력도 필요하다. 예컨대 자신의 건강과 자립성을 유지하며 살아가는 고령자들에게는 건강보험 부담금의 일부를 본인 계좌에 적립식으로 돌려주는 인센티브 제도를 도입하는 방식도 고려해볼 만하지 않을까? 언급한 대로 노년기의 직접적인 의료비 지출은 대개 사망 직전에 집중되므로, 그 시점을 대비한 장기저축형 구조로 작동시킬 수 있다. 이는 연금과는 다른 성격의 보상 메커니즘으로, 민간 금융기관이 주도하되 정부가 제도 설계를 도울 수 있다.

물론 앞의 그래프를 가장 좋아할 기관은 보건복지부다. 실제로 이 연구는 보건복지부와 함께 진행한 사례이며, 서울대학교 임예진 박사의 학위 논문 내용 중 일부다. 연구의 핵심 결론 또한 베이비붐 1세대의 코호트 특성을 유지하는 적극적인 정책을 펼치자는 것이었다. 건강하게 살아가는 이 세대를 병약하고 의존적인 존재로 보는 대신 적극적인 시민이자 소비자로 바라보는 정책과 산업의 재구성이 필요하다는 뜻이다.

Q4. 건강 챙기는 고령자가 늘어서 건기식 시장이 뜬 것 아닌가요?

이 질문에 대한 답부터 간단히 이야기하자면, 반은 맞고 반은 그렇지 않다. 몇 년 사이에 건강기능식품(건기식) 시장이 엄청나게 성장했다. 액티브 시니어가 등장하면서 시장이 커졌다는 이야기가 정설처럼 통용되는데, 정말 그러한지 확인해보았다.

우리나라 사람들은 건기식을 얼마나 먹을까? 현실적으로 건기식에 신경 쓰기 어려운 가구 소득 하위 20%를 제외하고 분석해보니 하루 평균 2.7개를 먹는 것으로 나타났다. 많다고 느껴질 수도 있지만, 비타민C나 프로바이오틱스 혹은 홍삼 정도는 많이들 드시니, 여기에 본인이 별도로 관리하는 건기식 한 가지만 더하면 얼추 맞는 이야기다. 실제로 이는 국민건강영양조사의 데이터를 통해 분석해본 것이다. 이 조사는 질병관리청이 1998년부터 매년 전국 대표 표본을 뽑아 건강검진과 영양조사를 함께 진행해온 국가 빅데이터로, 20년 넘게 한국인의 생활습관과 건강 상태를 꾸준히 기록해왔다. 이러한 자료를 토대로 상당히 많은 가구 유형별 라이프스타일 정보를 알 수 있다.

신체적으로 노화는 30대 초반부터 시작된다고 하나, 눈이 침침하다는 등 '체감 노화'가 시작되는 것은 40대 이후다. 50대는 이른 퇴직, 자녀 독립, 부모 부양 종료와 같은 사회적·심리적으로 큰 전환점이 오면서 노화가 가속화된다. 노화 관련 질환 발생률이 높아지는 것은 우리가 흔히 아는 65세 전후다. 서울대학교 가정의학과 조비룡 교수는 노화를 한마디로 "자율신경계가 쇠퇴하는 것"이라 설명한다. 자율신경계가 망가져서 신체적 컨트롤이 어려운 기능부터 차례로 문제가 생긴다. 개인차이는 있지만 결국 민첩성과 근골격계에 변화가 온다. 근감소는 개인에 따라 늦출 수도 있지만, 민첩성이 떨어지는 건 그럴 수 없다. 움직임의 민첩성도, 판단의 민첩성도 다 떨어진다.

사람들이 노화에 대해 우려하는 증상은 연령에 따라 다르다. 40대에는 미용과 시력, 50대에는 관절과 근력, 60대에는 소화와 인지 증상을 주로 염려한다. 이 부분에서는 확실히 연령 효과가 크게 작용한다. 60대쯤 되면 미용에 대해서는 노화를 받아들이며 다소 내려놓는 경향을 보인다. 사람들이 가장 민감하게 반응하는 노화 증상은 관절과 근력 및 시력이다. 실질적인 기동성에 직접 영향을 주기 때문이다. 그래서 관련 건기식 제품을 장기간 복용한다. 우리나라 베이비붐 2세대가 이제 50대에 모두 들어섰다. 최근에 콘드로이친 같은 관절보호제 광고를 많이 보았을 텐데, 관련 시장은 더욱 활짝 열릴 것이다. 40대를 지나고 있는 X세대도 이 시장에 들어올 테니 노화 관련 건기식 시장은 더 커질 것이다.

여기에 여성의 갱년기, 많은 사람들이 겪는 소화 불량 문제도 결국 자율신경계에 이상이 생겨서 나타나는 것이라 한다. 게다가 자율신경계 이상은 스트레스와 관련이 높기에 이를 해소해주는 건기식은 더욱 오래갈 것이다. 스트레스 해소는 현대 사회에서 모든 연령대에 소구 포인트가 있을 것이기 때문이다.

그런데 데이터를 보니 현재 30대인 밀레니얼이 건기식 소비시장 확장에 가장 크게 기여한 것으로 나타났다.[5] 특히 어릴 때부터 영양제를 먹고 자란 이 세대가 건기식 시장을 끌고갈 효과는 앞으로도 유지될 것으로 보인다. 이들은 어린 시절부터 키 크기 위해 노마, 텐텐을 시작으로 영양제를 자연스럽게 섭취하며 성장했고, 나이 들어감에 따라 질병을 예방한다는 느낌으로 건기식을 섭취하는 것으로 나타났다.

물론 우리나라는 고령자의 규모가 워낙 커서, 건기식을 먹지 않던 고령자들이 조금만 먹어주어도 커다란 시장 효과가 나타나는 것이 사실이다. 그러나 트렌드 자체는 앞으로 밀레니얼이 어떤 증상을 해소하려 하느냐에 따라 크게 움직일 것으로 보인다. 여기서도 어떤 세대가 어떻게 나이 들어가는지를 관찰하는 것이 포인트다.

연령 효과를 대체하는 멀티에이징에 주목하자

보건학에는 내가 건강한 것 같은지 아닌지를 묻는 '주관적 건강 상태'라는 지표가 있다. 자신의 건강 상태를 스스로 판별해보는 방식으로 측정할 수 있고, 배우자가 있는 이들에게는 배우자와 자신 중 누가 더 건강한 것 같은지를 물어볼 수 있다.

부부가구에서 대부분의 여성은 나이 들수록 주관적 건강이 떨어진다. 심지어 남편은 만성질환이 있는데도 질환이 없는 자신이 더 건강하지 않다고 응답하는 아내들도 많다. 병든 남편을 챙겨주느라 힘에 부쳐서다. 반면 남편이 없는 여성 1인가구는 주관적 건강 상태가 좋다고 답하는 경우가 많다.

남성 1인가구의 경우 '이렇게 살면 안 된다' 같은 스트레스가 훨씬 많이 발견되거나 '일하는 동안에는 식사도 연료처럼 효율적으로 하자'와 같은 모습이 관찰된다. 과거처럼 남성 혼자 산다고 해서 건강을 내버려두는 행태는 점차 줄어들고 있다. 연료 주입하듯 식사하더라도 조금은 건강한 것을 챙겨 먹으려고 한다. 이런 모습을 주변 30대들에게서 많이 보았을 것이다. 그렇다면 50대 중년은 어떠할까? 우리나라 50대 남성 1인가구는 정말로 미혼 상태라기보다는, 경제적인 이유로 본인만 다른 지역에 거주하면서 1인가구가 되는 경우가 많다. 이런

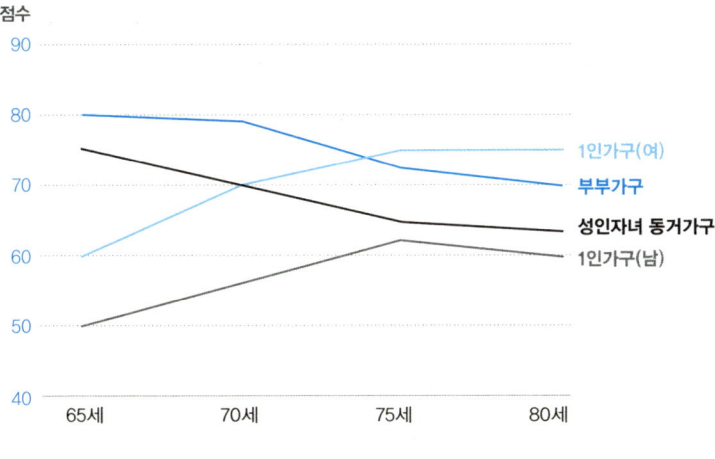

[도표2-8] **연령에 따른 가구 유형별 주관적 건강 상태**

남성은 건강에 무심한 편이다. 반면 미혼 또는 이혼인 남성들은 건강관리를 상당히 열심히 한다.

 건기식 섭취는 생존 본능과 관련이 있어서, 혼자 살거나 아프면 안 된다는 각성이 큰 사람들이 주로 먹는 것으로 보인다. 물론 이 중에도 내가 식사를 어느 정도 챙길 수 있고, 식사로도 건강을 유지할 수 있다고 생각하는 사람들은 오히려 건기식을 줄이는 경향도 보인다. 다만 이제는 연령보다 '내가 누구와 살고 있는지'가 라이프스타일 차이를 상당 부분 만들어낸다는 사실을 주목할 필요가 있다.

 데이터를 구하기 쉽고 직관적으로 이해할 수 있는 건기식과 식생활을 예로 들었지만, 다른 재화에서도 이렇게 연령 효과가 약해지는 현상이 공통적으로 나타나고 있다. 연령 효과가 굉장히 강할 것 같은 '건강' 관련 재화에서도 변화가 관찰되니 말이다. 앞으로는 전문적인 건강 기능에 따라 소비군을 나누고, 그에 맞는 형태로 여러 연령대가 함께 소비하는 경향이 더욱 뚜렷해질 것이다. 이미 당뇨병 환자를 위한 식단은 특별한 질환이 없지만 식이 조절이 필요한 젊은 사람에게도 인기다. 요즘 젊은 층에 유행하는 '저속노화 식단'이 전형적인 예다. 연령 효과가 흐릿해진 시대에 대두되는 멀티에이징multi-aging의 관점이다.

Q5. 자산 있는 고령자가 늘어나면 교외 시니어 타운이 잘되지 않을까요?

강연장에서 한때 웃음 포인트로 잘 통했는데 최근엔 그렇지 않은 농담이 있다. 바로 퇴직한 임원의 '자연친화적인 카카오톡 프사' 이야기다. 퇴직한 선배들의 카카오톡 프로필 사진이 어느 날 자연 풍광으로 바뀌는 경우가 종종 있었다. 물어보면 상당수가 서울을 떠나 교외로 이주하거나 귀농·귀촌을 실천한 사람들이었다. 이처럼 퇴직 후 전원생활의 로망을 실현하는 것이 한동안 유행이었는데, 이제는 거의 찾아보기 힘들다. 단순히 '프사'의 유행이 변해서일까, 전원생활에 대한 로망이 식어서일까?

세대별로 은퇴 후 이동 경로가 다르다

한때 서울에서 직장생활을 하다 은퇴하면 교외지역으로 이동해서 자연친화적인 삶을 사는 것이 공식처럼 여겨졌다. 그런 인구가 얼마나 되는지, 그들은 어디로 이동하는지 한번 살펴보았다.

일반적으로 정년이 60세라고는 하나 이미 다수 기관에서는 55세부터 퇴직을 시작하고, 사회 전반으로 볼 때 생업에서 손을 떼는 연령대는 65세 전후다. 따라서 55~64세를 퇴직 연령대로 잡고, 이 연령대가 주로 산업화 세대였을 때와 베이비붐 1세대였을 때의 이동 패턴을 비교해보았다. [도표 2-9]를 보면 2009년 당시 55~64세에 해당한 주요 세대는 산업화 세대이고, 2019년은 베이비붐 1세대, 2022년 이후는 베이비붐 1세대와 2세대다.

우선 서울에 사는 (가구 주 연령 기준) 퇴직 연령대의 가구 수가 얼마나 되는지 살펴보면, 2009년에서 2024년으로 오면

	서울 내 퇴직연령 가구 수	서울 같은 구 내 이동	서울 다른 구 간 이동	서울⋯경기 이동
2009년 (산업화 세대)	57만 4000가구	4만 5000가구 (7.8%)	2만 8000가구 (4.8%)	1만 8000가구 (3.1%)
2019년 (베이비붐 1세대)	80만 4000가구	5만 5000가구 (6.8%)	3만 가구 (3.7%)	2만 가구 (2.4%)
2022년 (베이비붐 1·2세대)	79만 6000가구	4만 2000가구 (5.3%)	2만 4000가구 (3.0%)	1만 6000가구 (2.0%)
2023년 (베이비붐 1·2세대)	79만 6000가구	3만 8000가구 (4.7%)	2만 3000가구 (2.8%)	1만 5000가구 (1.8%)
2024년 (베이비붐 1·2세대)	79만 1000가구	3만 9000가구 (4.9%)	2만 3000가구 (2.9%)	1만 6000가구 (2.0%)

[도표2-9] **서울 내 퇴직 연령대 가구의 이동 추이**

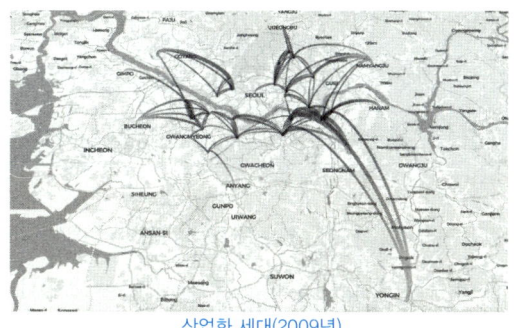
산업화 세대(2009년)

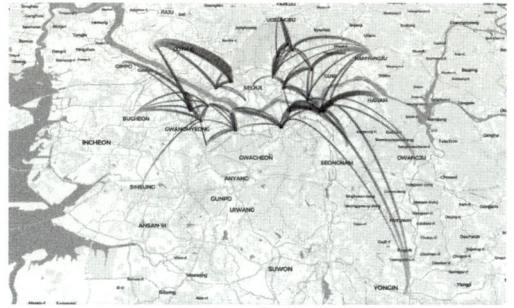
베이비붐 1세대(2019년)

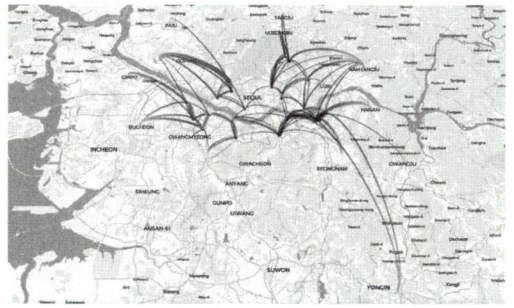
베이비붐 1·2세대(2024년)

[도표2-10] **세대마다 다른 55~64세의 이동 패턴**

서 57만 4000가구에서 79만 1000가구로 크게 증가한 것을 볼 수 있다. 그런데 이들 중 경기도로 이동한 가구는 2009년에는 1만 8000가구였으나 2024년에는 1만 6000가구로 오히려 줄었다. 그렇다면 서울 안에서 다른 구로 이동한 것일까? 도표를 보면 그렇지도 않다. 예상과 달리 퇴직한 후에 적게 이동하는 것이다. 이제는 퇴직한 후에도 웬만하면 살던 동네에 살고, 아예 이동 자체를 많이 하지 않는다.

그렇다면 이동한 분들은 주로 어디로 갔을까? 2009년과 2019년, 2024년의 55~64세가 서울 안에서 어떻게 이동했고 경기도로는 어디로 갔는지 살펴봤다. 〔도표 2-10〕을 보자. 한눈에 뭔가 패턴이 보이지 않는가? 지역별로 묶인 '구역'이 보인다. 한국 사람들이 다들 궁금해하는 서초·강남·송파 지역은 어디로 가는지 봤더니, 아니나 다를까 분당으로 가고 용인으로 간다. 송파와 강동에서는 남양주로도 많이 갔다. 서울 서남부는 광명 또는 김포로, 서북부는 고양으로, 동북부는 구리와 남양주로 간다. 은평에 살던 사람이 남양주로 가는 일은 없다. 다자기 터전이 있어서 그 근처를 벗어나지 않는다.

그런데 도표를 보면 이 패턴에도 변화가 보인다. 가장 흥미로운 사실은 2024년에 '분당'이 사라졌다는 것이다. 변화는 또 있다. 과거에는 송파에서 남양주로도 많이 갔는데, 이제는 가지 않는다. 그 대신 송파에서 하남으로 이동하는 경향은 존재한다. 다른 지역은 그대로 동북부는 남양주로, 서북부는 고양으로, 서남부는 김포로 가는데 유독 강남3구만 분당으로 가는 흐름이 확 줄었다. 그러면 이들은 어디로 가느냐? 그 안에서 움직이고 외부로는 아예 나가지 않는다.

대부분 공감하실 텐데, 그동안 분당의 시세가 좋았던 이유는 서울 사람이 많이 이동해서다. 그런데 도표를 보건대 앞으로도 분당에 서울 사람들이 많이 갈까? 그렇지 않을 것 같다. 왜 안 갈까? 2009년만 해도 분당으로 갔다가 서울로 돌아오는 게 가능했는데, 이제는 한번 서울 밖으로 벗어나면 못 들어온다는 걸 경험으로 알기 때문이다. 그래서 처음부터 나가지 않는 것이다. 그래도 지도에서 보면 여전히 강남3구에서 성남으로 가는 가구들이 있는데, 이건 뭐냐고 물을지도 모르겠다. 이 성남을 좀 더 세밀하게 보면 더욱 놀랄 일이 생긴다. 이들의 정착지는 분당이 아니라 위례동, 신흥2동, 복정동이고 여기는 성남시 수정구다. 지하철역이 서울과 더 근접한 곳으로 몰리는 것이다.

이게 과연 강남3구만의 사정일까? (도표 2-10)에서 보여주듯이 다른 지역에 사는 서울 사람들도 점점 더 서울 밖으로 나가지 않으려 할 것이다. 서울에 살다가 빠져나가는 경향은 줄어들고, 서울로 이동하는 인구는 여전히 유지된다면 서울 안에 더 몰리게 될 것이다. 그러니 서울의 가구 수가 줄어들기란 불가능하다.

지금까지의 이야기로도 '교외 지역 시니어 타운' 전망은 밝지 않다고 추론했을 것이다. 이 분석은 산업화 세대에서 베이비붐 세대로 넘어가는 고령자층의 특성을 감안했기에 가능한 것이다. 그렇지 않고 단순히 고령자 인구가 늘어난다는 이유만으로 시니어 타운을 짓는다면 어떻게 되겠는가?

실제로 이런 경우가 적지 않다. 우리 센터에도 비슷한 자문 요청이 들어오곤 한다. 한번은 어느 증권사로부터 보증금이 10억이 넘고 월세도 400만 원이 넘는 고급 시니어 타운이 들어선다는데 투자 가치가 있느냐는 문의를 받았다. 위치가 어디냐고 물으니 서울 서북쪽 북한산 아래에 공기 좋고 골프 치러 가기도 좋은 곳이라고 했다. 골프를 일상 여가로 즐길 만한 인구를 타깃으로 한다고 하기에, 그렇다면 더욱 그곳은 입지가 아니라고 했다.

왜 그럴까? 이 역시 앞의 도표에 답이 있다. (도표 2-10)을 보면 앞에서 말하지 않은 특이한 점이 또 하나 있다. 2009년이나 2024년이나 한강이 휴전선보다 넓고 깊어서 결코 넘나들지 않는다. 한강을 넘어오는 건 광진구와 송파·강동 간의 이동밖에 없다. 그런데 앞에 나열한 대로 10억 넘는 보증금을 맡기고 주거비용으로 매달 400만 원 넘게 지불할 수 있는 사람들은 어디에서 오겠나? 강남 지역이다. 이제는 강남에서 분당으로도 이동이 줄어드는데, 서울 북쪽으로 갈 가능성이 있을까? 이 도표를 보여주면서 설명했더니 그 증권사는 투자를 깔끔하게 철회했다.

Q6. 그렇다면 시니어 사업은 하지 말라는 건가요?

앞서 이야기한 '활동적 노화' 중 건강이라는 축 못지않게 '경제적 안정'도 시니어 시장을 검토할 때 중요하게 짚어야 한다. 아무리 건강하더라도 소비란 결국 돈이 있어야 가능하기 때문이다. 생물학적 연령에 저항할 수 있는 사람이 동시에 재정적으로도 안정됐다면 자신이 원하는 주관적 연령대로 잘 살아갈 수 있을 것이다. 다만 현실이 그리 녹록지 않다. 앞서 한국의 자산 연령 곡선에서 보았듯이 나이 들수록 소득이 줄고, 자산도 줄어든다. 그래서 마음으로는 '나는 아직 50대야'라고 외치지만, 실제로 소비를 할 때는 재정 상황에 발목 잡히게 된다.

산업 분야 가운데 자산과 소득에 영향을 특히 많이 받는 것이 내구재다. 예컨대 자동차를 살 때, 마음 같아서는 누구나 고급차를 타고 싶을 것이다. 그런데 현실적으로는 유지비를 생각하며 차를 사야 한다. 그것도 싫으면 차라리 버스를 타게 된다. 또는 "우리 아이가 사줬다"고 묻지도 않은 설명을 덧붙이며 소형차를 탄다. 이런 식으로 현실과 타협하며 합리적 소비를 이어갈 것이다. 이렇게 보면 자동차 시장은 줄어드는 게 당연해 보인다. 특히 주된 고객층이 가처분소득이 높은 50대라면 더욱더 그렇게 느껴질 것이다. 하지만 고령자들이 원하는 기능성 모빌리티가 등장하고, 이것이 자율주행과 결합하여 새로운 모빌리티 시장을 연다면 이야기가 달라진다. '자동차'가 아닌 '기능성 모빌리티'로 관점을 확장해서 사고하면 새로운 기회를 모색할 수 있다.

고령자를 대상으로 하는 사업에 규모만 보고 접근하는 사례가 많다 보니, 각 재화마다 그들이 가지고 있는 코호트 속성과 연령 효과를 잘 보아야 한다고 강조하면 대체로 관련 사업 자체가 회의적이라는 인상을 받는 듯하다. 전혀 그렇지 않다. 사실 고령자를 대상으로 하는 사업은 단순한 시장이 아니라, 과학기술 발전과 함께 산업 생태계를 이루어가야 한다. 그래야만 후속 세대의 미래 먹거리가 되고, 동시에 고령자들을 사회적 부담으로 느끼지 않을 수 있다. 고령자를 위한 서비스가 시장에 사업으로 자리 잡지 못하면 사회제도만으로 고령자를 부담하는 구조가 지속될 수밖에 없고, 이들은 계속 우리 사회의 짐처럼 여겨질 것이다.

앞선 질문에 답하면서 시니어 시장을 너무 비관적으로 전망했는지 모르겠다. 실제로 시니어 사업을 해보겠다고 뛰어든 기업들이 대부분 고전한 게 사실이기에 그렇게 해석될 수도 있다. 더러는 이런 어려운 사정을 실무자들은 잘 아는데, 기업 오너나 경영진은 시니어 산업 이야기가 여기저기서 들리니 여전히 관심을 보이는 경우도 있다. 이처럼 이해가 다른 상황에서 검토만 하다가 신사업 추진이 흐지부지될 때도 많을 것이다. 하지만 '이 시장은 존재하지 않는다'라는 결론에 성급히 도달하기보다는 시장의 주인공이 어떤 세대이고, 그 세대가 어떻게 나이 들어가는지를 먼저 관찰해보고 판단하면 좋겠다.

시니어 산업의 성공을 위한 3가지 제안

2024년, 고령인구 1000만 시대가 열렸다. 2002년부터 고령화 사회를 대비해야 한다는 목소리가 높았기에 시니어 시장 담론이 이제는 식상하게 여겨질 수 있으나, 돌봄의 대상이 아닌 소비자로서의 시니어 시장은 이제 막 싹이 튼 셈이다. 시니어 시장의 첫 번째 주인공은 베이비붐 1세대이며, 두 번째 주인공은 베이비붐 2세대다. 이제부터 열리는 시니어 시장을 확보하기 위해서는 베이비붐 2세대에 대한 이해가 선행되어야 한다. 액티브 시니어를 대상으로 하는 시장은 베이비붐 1세대뿐 아니라 베이비붐 2세대도 고령화되는 시점부터 규모의 경제가 훨씬 더 크게 나오기 때문이다. 이들이 형성할 규모의 경제를 십분 활용하려면 무엇을 고려해야 할까?

첫 번째, 고령자에게 재화와 서비스를 제공하는 주체는

기업만이 아니라 정부도 있다. 개인 소비자로서 고령자가 다른 세대와 결정적으로 차이 나는 점이다. 이 때문에 기업이 시장에서 고전하는 경우도 있는 게 사실이다. 세금으로 운영하는 정부 서비스와 달리 기업의 서비스는 유료이니 말이다.

그런데 우리의 베이비붐 1세대는 교육 수준이 높다 보니, 공공 서비스에 대해서도 질적 기대감이 상당하다. 심지어 무작정 공짜를 요구하는 것도 아니다. 실제로 연구를 해보면, 중위소득 이상의 고령자들은 어느 정도 비용을 부담해도 좋으니 서비스의 품질을 더 올려달라는 니즈가 나타난다. 그렇다면 기존의 공공 서비스 중에서 개선의 여지가 큰 영역을 찾아 발전시키는 것도 기업에는 기회가 될 것이다.

돌봄 서비스를 예로 들어보자. 고령자가 증가하면 돌봄 서비스가 확대될 것은 불 보듯 뻔하다. 돌봄은 크게 가족 돌봄과 사회 돌봄으로 나뉘고, 사회 돌봄은 다시 집에서 돌봄을 받느냐 요양시설에 들어가느냐로 나뉜다. 베이비붐 2세대는 본인이 돌봄 서비스의 대상이 될 때 가족의 도움을 받기보다는 간병인을 고용하거나 시설에 들어가길 원하는 편이다. 가족과 자녀에게 폐를 끼치기 싫어서다. 이 사실에 착안하면 공공과 민간 영역 모두 좀 더 장기적인 전략 수립이 가능하다. 이미 정부는 베이비붐 2세대의 니즈를 반영해 재가 서비스를 확대하는 계획을 확정했다. 또한 이들을 대상으로 '50 플러스 포털' 등 생애 재교육 프로그램을 활발히 진행하고 있다. 베이비붐 2세대가 훗날 액티브 시니어가 되어야 국가의 부담이 줄어들기 때문이다. 민간에서는 앞서 예로 든 프리미엄 시니어 타운 등이 베이비붐 2세대의 고령화와 함께 기회를 맞을 수 있다.

두 번째, 고령자의 니즈와 맞닿아 있는 다른 인구집단을 한 개만 더 찾아보자.

'나이 많은 사람에게는 이걸 팔자'는 식의 관점에서 벗어나 기능적 필요와 이들의 삶의 방식, 참여 욕구를 중심으로 사업을 재설계하다 보면, 이들의 니즈가 다른 연령대와 크게 다르지 않음을 알 때도 있다. 현재는 고령자만으로 규모의 경제를 만들기가 쉽지 않으니 이들의 코호트에 기반한 니즈 중 하나를 짚고, 그 니즈가 다른 연령군에도 적용되는지 검토하는 것이 영리한 전략이 될 수 있다. 이렇게 설계한다면 일정 기간 고객층을 확보하면서 시니어 산업에 진정한 규모의 경제가 실현될 때까지 시장에서 살아남을 수 있다.

예를 들어보자. 앞서 말했듯이 우리 몸은 세월의 시간표를 거스르기 어렵다. 60세 전후가 되면 자율신경계의 기능이 급격히 저하되면서 예전 같지 않다는 걸 슬슬 느끼기 시작한다. 딱히 잘못 먹은 것도 없는데 속이 더부룩하거나, 전에는 아무렇지 않게 먹던 음식이 부담스럽게 느껴지는 식으로 말이다.

이들을 타깃으로 소화불량을 개선하는 제품을 만들자는 아이디어가 나왔는데, 60대만으로 시장을 만들기에는 규모가 작다. 그런데 요즘 20~30대를 보면 스트레스 때문에 소화불량에 시달리는 이들이 많다. 그래서 젊은 층에서도 소화가 잘되는 단백질, 글루텐프리 식품 등에 대한 니즈가 높다. 이처럼 연령에 관계없이 '니즈'를 기반으로 형성된 시장이라면 더 빠르게 상승세를 탈 수 있을 것이다.

어쩌면 상당수의 기업이 '진정한 의미의 시니어 사업은 없다'고 결론 내린 이유가 이것 때문인지도 모른다. '시니어만을 위한 사업은 없다. 모든 이를 배려하면 그게 곧 시니어 사업'이라는 뜻이라면, 전적으로 공감한다. 일례로 자동차 회사들도 과거에는 시니어 친화 UX 연구를 하며 자동차에 시니어를 위한 기능을 넣으려는 시도를 많이 했다. 하지만 이제는 고령자만을 위한 특화 기능을 넣기보다는, 마을버스나 장애인 이동 지원처럼 보편적 이용자를 배려하는 방식으로 전환하고 있다. 이러한 접근은 고령자뿐 아니라 다양한 이용자를 함께 포괄할 수 있다는 점에서, 모빌리티 UX 서비스의 방향이 '특수화'에서 '포용화'로 이동하고 있음을 보여준다. 훗날 자율주행이 상용화되면 굳이 고령자를 대상으로 하지 않아도 되게끔 보편적인 편리성을 제공하게 될 것이다.

세 번째, 우리나라에서 약 6년간 버티며, 글로벌 확장성이 가능한 시장을 모색해보아야 한다.

진정한 시니어 산업은 글로벌 경제 속에서 완성될 것이다. 전 세계에서 가장 빠르게 고령화되고 있는 우리나라는 어쩌면 시니어 산업의 선두에 있는 것인지도 모른다. 이 점을 전략적으로 활용할 날도 얼마 남지 않았다. 일본은 말할 것도 없고, 대만과 중국이 고령화 사회에 진입하고 있다. 그 외에도 구조의 고령화, 즉 초저출산의 여파로 고령자 비중이 급격히 상승한 우리나라와 달리, 베트남이나 태국 등 초저출산 덫trap 없이도 고령자가 증가하는 나라도 아시아 국가 중에 더러 존재한다. 국내시장에서 습득한 교훈이 글로벌 시장에서 새로운 기회를 여는 데 도움이 될 수 있다.

어느 F&B 기업의 시니어 사업 프로젝트도 같은 질문을 던졌다. 식음료 산업의 시니어 시장을 보니 이제 시니어만을 위한 시장은 없다는 결론이 나왔다. 다른 세대와 뚜렷한 차별성이 없었던 것이다. 이유는 복합적이었다. 젊게 먹고 싶다는 욕망이 강하고, 임플란트 보험 적용으로 구강 건강이 좋아지고, 건강관리를 해서 소화 능력도 좋아져서 젊은 세대와 크게 다를 게 없었다.

그러다 보니 다음 질문은 자연스럽게 '어디로 나가야 하나?'가 되었다. 한국에서 시장이 형성되기 어렵다면 글로벌 포트폴리오를 펼칠 때가 된 것이다. 그래서 나라별 인구수, 1인당 GDP, 교육 기간, 구매력 지수, 합계출산율 등을 기준으로 후보 국가를 특징별로 조사했다. 시장 규모와 소비력이 모두 큰 국가는 당연히 선진국들이다. 생산성이 향상되고 중산층이 성장하는 국가로 간다면 중국과 브라질이 적합하다. 길게 보고 생산과 소비 모두 성장이 가능한 나라로 진출한다면 인도네시아와 베트남이 그에 해당한다. 우리 기업의 현황과 전략 방향성을 대입해보면 어느 시장을 먼저 두드려야 유리할지 판단할 수 있을 것이다.

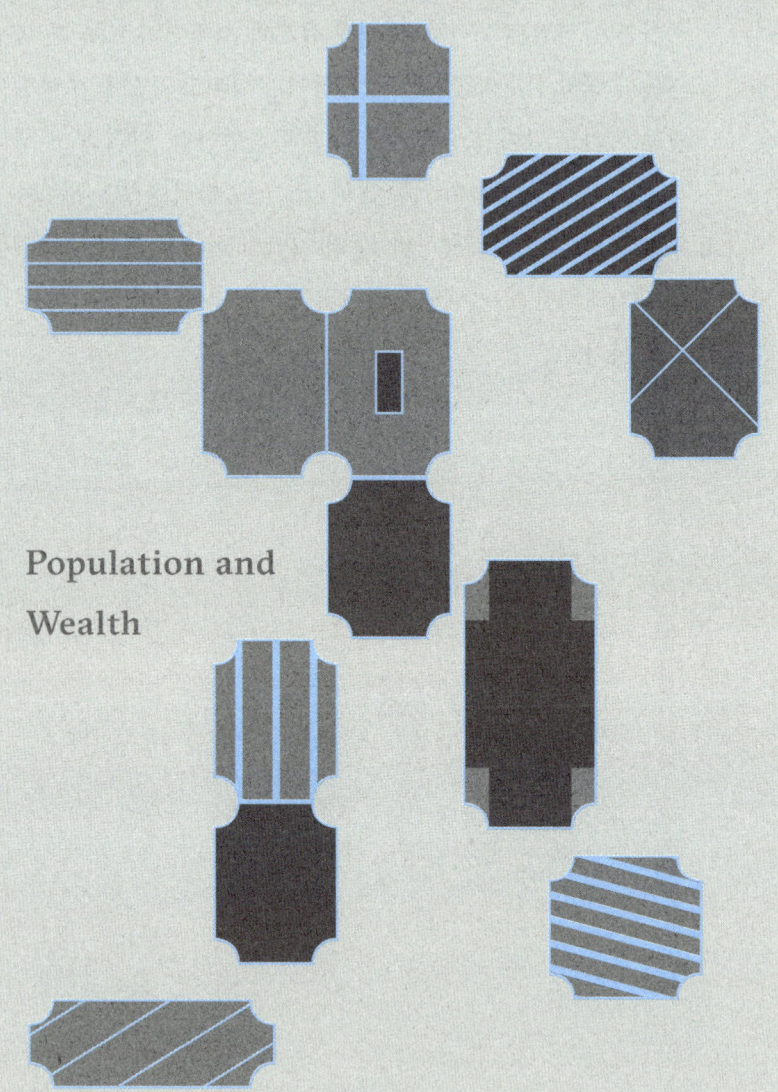

Population and Wealth

3장

3가지 층위로 설계하는 인구 전략: 규모의 변동에서 라이프스타일의 변화까지

변화의 규모와 깊이를 읽는 방법

위기와 기회를 동시에 찾는 3M 프레임워크

지금까지 인구 변동을 어떻게 우리의 자원으로 활용할 수 있는지, 그리고 미래를 조망하는 눈은 어떻게 가질 수 있는지에 대해 사례와 함께 살펴보았다. 그런데 다시 생각해보면, 사례에서 다룬 인구학적 현상의 깊이가 조금씩 달랐다는 것을 알 수 있다.

어떤 예시는 거대한 덩어리로서 '인구 규모' 자체의 변화에 초점을 맞췄다. 총인구나 특정 연령대 인구의 증감이 시장에 미치는 직접적 영향을 다룬 경우다. 반면 어떤 예시는 개인 단위의 '라이프스타일 변화'까지 깊숙이 들어갔다. 같은 시기라도 세대별로 다른 소비 패턴이나 생활방식을 보이는 현상을 분석한 것이다. 그리고 또 다른 예시들은 '공간과 이동의 변화'에 집중했다. 사람들이 어떻게 움직일 것이며, 어디로 모이며 공간이 어떻게 재편될 가능성이 있는지를 다루었다. 말하자면 인구 규모나 라이프스타일 변화 사이의 중간 단계라 할 수 있다.

이렇게 서로 다른 층위의 변화를 다룬 이유는 명확하다. 인구 변동의 영향은 단일한 경로로 나타나지 않기 때문이다. 2장에서 살펴본 APC(연령-시기-코호트) 분석틀은 '변화의 성격과 지속가능성'을 구분하는 데 효과적이지만, 실제 전략을 수립할 때는 '변화의 규모와 깊이'도 함께 고려해야 한다. 이때 유용한 것이 사회학이나 보건학에서 사회를 분석할 때 종종 사용하는 다수준 혹은 다층분석법이다. 이 책에서는 편의상 '3M Macro-Meso-Micro 프레임워크'라 표현했는데, 각각 거시-중간-미시적 층위를 종합해 사회를 입체적으로 조망하는 것이다. 각 층위가 초점을 맞추는 포인트는 다음과 같다.

- Macro(거시): 인구 규모 자체의 변화가 미치는 영향. 총인구수, 특정 연령대 인구수, 가구 수 등 '양적 변화'에 초점
- Meso(중간): 인구 규모가 변동함에 따라 나타나는 사회 현상 혹은 공간과 이동의 변화가 미치는 영향. 인구 집중과 분산, 생활권 재편, 교통 및 통신 발달에 따른 '공간적 변화'에 초점
- Micro(미시): 라이프스타일과 행동양식의 변화가 미치는 영향. 세대별 가치관, 가구 형태, 소비 패턴 등 '질적 변화'에 초점

인구 전략의 미묘한 점은 이 세 층위의 변화가 각기 다른 속도와 강도로 진행된다는 것이다. 그래서 단순히 '인구가 변한다'는 사실만 알아서는 구체적인 대응 전략을 세우기 어렵다. 어느 층위의 변화가 우리 사업과 내가 계획하는 미래에 가장 큰 영향을 미칠지, 그 변화는 언제쯤 본격화될지, 어느 사회 현상을 더 깊이 살펴보아야 할지, 어떤 데이터를 어느 수준까지 수집해야 할지 판단하기 위해서는 좀 더 체계적인 접근이 필요하다.

그래서 이번 장에서는 3M 프레임워크 흐름에 맞추어 '국내에서 주목해야 할 인구 현상'에 대해 소개하고자 한다. 인구를 거시적 관점에서만 보면 미래가 어두워 보일 수 있다. 그러다 중간 또는 미시적 관점에서 보면 그 안에 새로운 기회가 드러나며, 나아가 거시적 관점에서 보였던 문제를 극복할 단서도 찾을 수 있다. 바로 이 지점에서 3M 프레임워크는 위기와 기회를 동시에 읽어내는 유용한 전략적 도구가 된다.

Macro_ 멀리 그리고 깊게 내다보는 변화

인구를 단순히 숫자가 아닌 것으로 읽어내기 위한 준비

'인구'라는 데이터의 확장 가능성

인구가 변한다는 것은 누구나 아는 사실이다. 그런데 이것이 우리 산업과 기업에 어떤 영향을 미칠 것인가? 여기에 대한 가설을 세우려 들면 주저하게 된다. 도대체 무엇을 봐야 그 핵심을 짚어낼 수 있을까?

이번 3장은 전체가 하나의 큰 질문에 대한 답을 다루고 있다. 이 장은 연구와 강연을 하면서 의사결정자보다는 실무자들이 궁금해하던 내용이다. 대부분의 실무자들은 강연을 직접 듣기 어려운 경우가 많아, 강연을 들은 리더급 인사의 메모에 의존하게 된다. 그 과정에서 맥락이 생략된 부분이 생겨, 종종 인구에 대한 오류나 오해가 발생한다는 이야기도 들었다.

질문은 크게 두 가지 종류다. 하나는 우리 센터가 어떤 데이터를 활용하냐는 것이고, 또 다른 하나는 데이터를 어떠한 프레임으로 해석하냐는 것이었다. 같은 데이터를 보더라도 해석과 확장의 범위가 달라 보인다는 이야기가 많았다.

사실 이 노하우를 글로 온전히 전달하기는 쉽지 않다. 하지만 현장에서 인구를 기반으로 가설을 세우거나, 인구 데이터를 활용해 설계를 고민하는 이들에게 작은 실마리를 주고자 이번 장을 구성했다.

기본적으로 보아야 할 것은 '규모'의 변화다. 개별 인구 규모와 가구 규모가 모두 해당된다. 인구학의 3요소는 출생·사망·이동이고, 여기에 가구를 형성하는 이벤트로서 '혼인'을 추가해 미래를 추정해보자. 전작《정해진 미래 시장의 기회》에서 대한민국 소비시장의 미래를 결정할 인구 현상으로 8가지를 꼽았다. 초저출산, 만혼, 비혼, 도시 집중, 가구 축소, 수명 연장, 질병 부담 급증, 외국인 유입 축소가 그것이다. 이 중 우리 산업에 더 밀접한 연관이 있는 것은 무엇일지 생각해보자.

일단 초저출산은 어디에나 해당되는 주요 변수일 것이다. 잠깐 부연 설명을 하자면, 여성 인구가 계속 줄고 있기에 출산율이 2030년까지 1.3으로 회복하지 않는 한, 출생아 수 30만 명 선도 쉽지 않다. 이마저도 어느 순간이 되면 합계출산율이 올라도 줄어들게 돼 있다. 이 말은 곧 출산율 회복으로 출생아 수 감소를 극복할 수 있는 시기는 지났다는 뜻이다. (QR코드를  스캔하면, 여러 경로로 초저출산을 벗어날 경우 출생아 수가 어떻게 달라지는지 직접 확인할 수 있다.)

그 밖에 무엇이 주요 변수가 될까? 만약 자동차 회사라면 초저출산 외에 만혼, 비혼, 가구 축소, 수명 연장을 눈여겨봐야 한다. 자동차 산업은 가구원 수가 중요한 지표이기 때문이다. 자녀가 몇 명인지, 한 번에 몇 명을 태우고 다니는지에 따라 차량 구매시기와 차종이 달라진다. 또한 건강을 유지하며 스스로 이동할 수 있는 고령자가 얼마나 증가하며 몇 세까지 그러할지 파악하는 것도 중요하다. 건강수명이 짧아지면 대다수의 인구가 이동 반경을 좁히기 마련이고 자가운전도 어려워진다. 이러한 변화는 결과적으로 이동의 자동화와 생활 지원 기술의 확산을 촉진한다.

이처럼 우리 사업에 중요한 포인트가 무엇인지 짚었다면 실제 수치가 어떻게 변화하고 있는지 데이터로 확인할 차례다. 지난 10여 년간 인구학적 관점을 기업과 기관에 강조하며, 우리나라 통계청의 데이터베이스에 대한 칭찬을 엄청나게 했다. 통계청 데이터는 연령대별 통계는 물론이고 가구의 조합도 제공해 1인가구, 부부가구 등 가구 유형별 통계 산출이 가능하다. 자료는 가구별 가중치를 포함하고 있으며, 가구 규모가 정확하게 추정돼 있어 가구 규모별 가중치를 적용한 분석이 가능하다. 만약 조사를 수행하거나 데이터를 활용할 때 관찰한 현상과 분석 결과가 어딘가 맞지 않는다고 느껴진다면, 이 가구별 가중치를 무시한 데서 비롯됐을 가능성이 작지 않다.

그런데 이런 훌륭한 데이터를 정작 기업에서는 충분히 활용하지 못하고 있는 실정이다. 통계청 데이터는 누구든 접근할 수 있게 공개된 만큼 기업에서도 이를 토대로 한 번 브라우징 browsing 하고서 조사하면 타깃이 명확해지고 한층 정교한 가설을 세울 수 있다. 그럼에도 이런 데이터가 있는지도 모르는 경우가 대다수다. 1장에 소개한 라면 수요 추정 연구에서는 'Z세대는 라면 섭취 빈도는 감소했지만, 상대적으로 단가가 높은 라면을 소비한다'는 가설을 세웠다. 이 가설이 실제로 어느 수준으로 나타나는지 검증하려면 통계청의 '가계동향조사' 자료를 활용하는 것이 유용하다. 지금부터 전개할 내용 역시 통계청 데이터를 기반으로 하며, 인구 데이터를 어떻게 확장하여 활용할 수 있는지 살펴보고자 한다.

앞으로는 가구 수 변화에 더 집중하자

2030년을 준비하며 주목해야 할 인구 규모의 변화 중 가장 중요한 것은 바로 '가구 수'의 변화다. 이제부터는 내가 타깃으로 삼는 인구 집단이 어느 가구 유형에 속하는지, 그리고 그들의 수가 앞으로 어떻게 변화할지를 궁금해하며 읽어보면 좋겠다.

총인구가 이미 정점을 찍고 줄어들고 있으며, 2030~35년에 감소세가 가속화된다는 것은 이미 알고 계실 것이다. 인

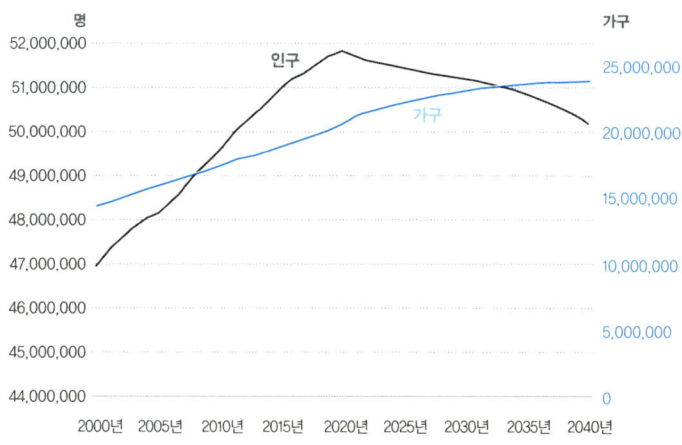

[도표3-1] **총인구수 vs. 총가구 수 추이**

구 감소는 생산인구 감소와 소비인구 감소를 동시에 부른다. 하지만 가구 수는 여전히 증가한다는 사실에 아주 살짝 안도하기도 할 것이다. 우리 일상을 돌아보면 생각보다 가구 단위의 소비가 많다. 가전, 가구, 자동차 등 내구재는 물론이고 보험 상품까지, 가구 단위로 생각해야 할 재화와 서비스가 상당수다. 따라서 가구 수가 늘어난다는 것은 그래도 다양한 방면으로 시장이 커질 여지가 있다는 뜻이다.

다만 모든 가구가 다 똑같은가 하면, 그렇지는 않다. 어쨌거나 우리가 주로 관심 있는 가구는 경제활동이 활발한 가구다. 넓게 보면 가구주 연령이 35~59세인 가구가 이에 해당한다. 이

[도표3-2] **35~59세 가구주 가구 수 추이(전국)**

들이 보험도 가입하고 자동차도 구매하고 부동산도 산다. 이 연령대에 있는 가구가 많아야 내수가 크게 성장할 수 있다. (도표 3-2)를 보면 35~59세 가구주가 있는 가구는 2000~18년 사이에 251만 가구 증가했다. 이렇게 빨리 증가하면 시장은 커질 수밖에 없다. 우리나라 내수시장이 급속히 성장한 시기가 바로 이때였다.

그런데 2018년 이후부터는 이들 가구가 줄어든다. 해당 연령대로 진입하는 인구수도 감소하고, 결혼하여 새롭게 가구를 이루는 비율도 낮아졌다. 그 결과 2023~30년까지 51만 가구가, 그다음 10년 동안 113만 가구가 줄어들게 돼 있다. 앞으로 한국의 내수시장이 작아진다는 전망은 주로 여기서 나온다. 2040년이 지나면 2000년대 초반의 경제 규모로 축소될 수도 있다는 항간의 이야기도 이 변화에 근거한 것이다.

Meso_ 사회 변화와의 상호작용에서 포착하는 산업 변화

Q1. 수요자 규모가 곧 시장 규모로 직결되지는 않던데요?

연구를 하며 받은 질문을 하나 소개하고 싶다. "그런데 영유아를 대상으로 하는 사업도 그렇고 최근 부동산 상황을 봐도 그렇고, 수요자 수가 시장 규모와 곧바로 연계되는 것 같지는 않던데요? 우리가 무엇을 놓치고 있는 걸까요?"

간단하지만 매우 좋은 질문이다. 시장이 인구수 혹은 수요자의 규모와는 다른 궤적을 그리는 현상을 다양한 영역에서 발견하고, 그 이유를 생각해봐야 한다.

인구 변동의 여파가 지금 당장 피부에 와닿는 사람도 있고, 그렇지 않은 사람도 있다. 《인구 미래 공존》에서도 언급했듯이, 인구 변동의 파급 효과는 모두가 동시에 경험하는 것이 아니라 차별적으로 다가온다. 어린 연령대를 대상으로 하는 사업일수록, 그리고 지방에 거주할수록 그 여파를 빠르게 맞게 된다. 그런데 이상하지 않은가? 영유아 시장은 여전히 활황이라 하고, 주요 연령대의 가구 수가 2018년부터 줄어들기 시작했음에도 2018년부터 2021년경 부동산 시장은 오히려 뜨거웠다.

이러한 현상은 인구 규모의 축소가 단순히 수요자의 숫자가 줄어드는 문제에 그치지 않음을 보여준다. 규모가 줄어들면 사회 전반의 위험 회피 성향이 강화되고, 이는 다시 선호 지역으로의 인구 집중을 촉진한다. 이때 정책이 빈번하게 바뀌면 개인의 심리적 불안을 더욱 자극해, 또다시 인구를 특정 지역으로 몰리게 하는 자기강화적 경향을 낳는다. 결과적으로 가구 수가 감소하더라도 '부동산 불패'에 대한 신념은 쉽게 꺼지지 않는 심리적 루프로 고착된다.

따라서 우리가 봐야 할 것은 인구 규모의 변화 자체가 아니라 그 변화가 만들어내는 사회적 재편, 혹은 규모 변화를 야기한 요인에서 파생된 사회 현상이다. 인구의 증감은 단순한 숫자 변화가 아니라, 사람들의 행동방식과 관계 구조, 나아가 산업의 작동 원리를 바꾸는 사회적 신호로 읽어야 한다. 즉 인구 감소를 '수요 축소'로만 해석하기보다는, 그 안에서 새로운 구조와 기회가 어떻게 재조정되고 있는가에 주목해야 한다. 이것이 바로 중간Meso 층위에서 변화를 포착하는 방법이다.

〔도표3-3〕은 수도권에 거주하는 가구주 연령 35~59세인 가구 수다. 전국은 2018년에 이미 정점을 찍었지만, 수도권은 그때가 정점이 아니었다. 오히려 2018년부터 다시 늘기 시작해 2021년까지 3년 동안 거의 40만 가구가 증가했다. 주택 공급이 크게 늘지 않은 상황에서 수요는 계속 늘었으니, 가격

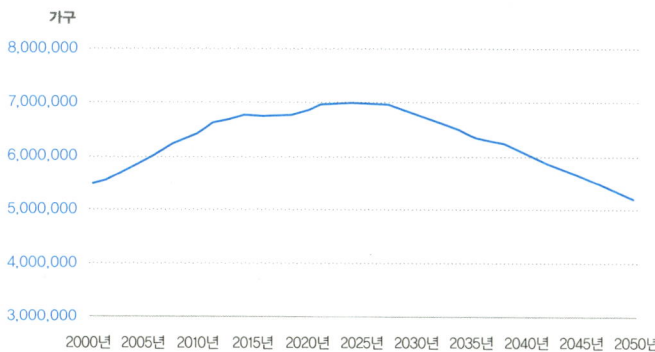

[도표3-3] 수도권 35~59세 가구주 가구 수 추이

이 오를 수밖에 없는 기초 조건이 이미 갖춰져 있었던 셈이다. 여기에 정책의 잦은 변화가 사람들의 심리에 불을 지피면서 수도권을 중심으로 집값이 급등했고, 덩달아 전국적으로 집값이 함께 움직였던 것으로 보인다.

사람들이 수도권으로 이동하는 현상은 앞으로도 계속되겠지만, 그럼에도 수도권 가구 수는 조만간 정점에 이를 것으로 보인다. 수도권의 가구주 연령 35~59세인 가구 수는 2028년경까지 유지되다 2040년이 되면 약 85만 가구가 줄어들 것으로 전망된다. 부동산을 활발하게 사고팔 연령대 가구가 크게 줄어드니, 그때가 되면 집값도 떨어질까? 그렇지 않다. 부동산 가격은 수요만이 아니라 정부 정책, 금융, 심리 등 여러 요인에 의해 결정된다. 다만 인구학적으로 주목할 점은 수도권 전체

가구 수가 12.3% 줄어든다고 해서 서울·경기·인천이 똑같은 비중으로 감소하지는 않는다는 것이다. 인구와 가구가 줄어들수록 사람들은 생존을 위해 핵심 지역으로 재집중하는 경향을 보인다. 지금은 높은 집값 탓에 서울 외곽으로 이동하는 가구도 있지만, 서울의 빈집은 결국 누군가 채우려 들 것이다. 그러니 가만히 있어도 가구 수가 줄어들면 서울의 집값이 안정되리라는 기대는 섣부르다. 오히려 경기·인천과의 자급적 기반을 강화하는 동시에, 기능적 연계성을 높여야 한다. 이를 통해 출퇴근의 분산을 유도하고, 서울로의 재집중을 적극적으로 완화할 필요가 있다. 수도권의 가구 수가 본격적으로 줄어들기 전인 지금이 그 적기일 수 있다.

이번에는 지역을 한번 살펴보자. [도표3-4]는 부산, 대구, 광주에 사는 같은 연령대 가구주 가구의 규모다. 이미 2010년대 초반에 정점을 찍고 하락하는 중이다. 그러나 가구 수 감소에도 불구하고 2018년 이후에도 집값은 상당히 상승했다. 수도권 지역은 인구 재집중 현상이 있으니 현재의 집값을 '버블'이라 하기는 어폐가 있을지 모른다. 반면 수요가 줄어드는데 가격이 오르는 현상을 버블로 정의한다면 지역의 부동산이 그렇지 않을까 싶다. 물론 이 통계 또한 광역시 단위로 바라본 큰 그림일 뿐이다. 모든 사람들이 지방을 떠나서 사는 것은 아니기에, 부산 내에서도 대구 내에서도 특정 지역으로 몰리는 현

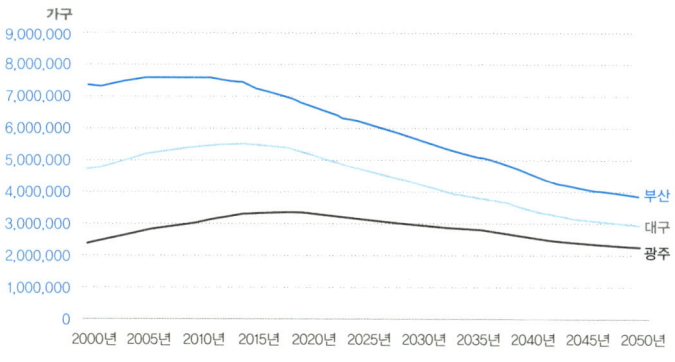

[도표3-4] **부산, 대구, 광주의 35~59세 가구주 가구 수 추이**

상이 반드시 생길 것이다. 이러한 세부 흐름은 통계청이 공개하는 세밀한 자료에서도 확인할 수 있으니, 관심 있는 분들은 꼭 한번 살펴보길 바란다.

영유아 산업과 신귀족주의

영유아 시장에서도 비슷한 현상이 나타나고 있다. 아이의 수는 줄어드는데 시장은 오히려 커지고 있다. 여기에도 인구가 만들어내는 '불안' 심리가 작동한다. 공포는 대상이 분명할 때 생기고, 불안은 막연함에서 생겨난다. 지금 우리가 느끼는 불안이 저출산에 따른 인구 감소에서 비롯된 것인지, 아니면 오히려 그 불안이 인구 감소를 앞당기는 것인지 명확히 구분하기는 어렵다. 다만 분명한 것은, 불안과 인구 감소가 서로 맞물리며 악순환하고 있다는 사실이다. 이 불안은 청년 세대를 무한경쟁으로 몰아넣고, 더 나은 자원을 얻기 위해 수도권으로 향하게 만든다. 수도권 집중은 경쟁을 심화시키고, 합계출산율 0점대라는 결과를 낳는다. 이 과정에서 출산은 특정 계층으로 집중되기 시작한다.

게다가 오늘날은 '액체 근대Liquid Modernity'[1]라 불릴 만큼 모든 것이 빠르게 변화하고 쉽게 해체되는 시대다. 직장은 언제든 사라질 수 있고, 지역 공동체는 삶의 울타리가 되지 못하며, 가족조차 더 이상 안정감의 보루가 아니다. 이런 유동성은 부모 세대의 마음속에 지속적인 불안을 낳는다. 아이를 낳는 행위는 개인의 인생을 건 장기적인 결정을 요구하는데, 사회가 어디로 흘러갈지 알 수 없으니 '과연 내가 지금 아이를 낳아도 괜찮을까?'라는 의구심이 드는 것이다. 설령 아이를 낳더라도 그 불안을 상쇄하기 위해 더 많은 자원을 투입해야 한다는 강박이 생긴다. 동시에 현대 사회의 위험은 결코 평등하지 않다. 소득과 자산, 거주지, 사회적 네트워크에 따라 위험의 수준이 달라지며, 이를 감내할 수 있는 집단과 그렇지 못한 집단이 갈라진다. 누군가는 불안을 이겨낼 자원을 갖추었기에 출산을 감행할 수 있지만, 그렇지 못한 이들은 결국 출산을 포기한다.

센터에서는 이러한 현상을 설명하기 위해 '출산의 아리스토크라시Birth Aristocracy화'[2]라는 표현을 쓴다. 아리스토크라시

Aristocracy란 고대 철학자 플라톤이 그리스어로 'aristokratia'라 명명한 개념으로, '아리스토스(가장 뛰어난)+크라토스(지배)'의 합성어다. 그는 이를 '최선의 사람들이 이끄는 정치 형태'로 정의하며 긍정적인 의미를 담았다. 하지만 역사 속에서 이 말은 라틴어 'aristocratia'를 거쳐 현대 언어로 전해지면서 혈통과 특권을 독점하는 귀족계급을 지칭하게 되었고, 근대 사회로 올수록 불평등과 배제의 상징으로 변질되었다. 즉 처음에는 '최선의 통치'라는 이상을 담았지만, 실제로는 '소수 특권층의 지배'라는 부정적 뉘앙스로 자리 잡게 된 것이다.

오늘날 출산의 영역에서 이 개념이 다시 등장하는 것으로 보인다. 아이를 낳고 기르는 일이 더 이상 누구에게나 열려 있는 보편적 선택지가 아니라, 소득·자산·교육 수준·주거 안정·정보 접근성·문화자본까지 충족한 특정 계층만이 감당할 수 있는 것처럼 바뀌고 있기 때문이다.

이런 흐름은 최근 몇 년의 일이 아니다. 한국경제연구원의 분석에 따르면, 2010년 대비 2019년 출산율 감소율은 소득 하위층이 51.0%, 소득 중위층이 45.3%, 소득 상위층이 24.2%였다.[3] 더 주목할 점은 100가구당 출산 가구 수에서 나타난 격차다. 소득 하위층은 3.21가구, 중위층은 5.31가구, 상위층은 8.22가구로, 하위층의 출산율은 상위층의 39.1%에 불과하다. 이러한 수치는 출산 가구의 중심이 점점 상위소득층으로 이동하고 있음을 보여준다. 2019년 기준 출산 가구 중 고소득층 비중은 54.5%인 반면 저소득층은 8.5%에 그쳤다. 이는 2010년 대비 고소득층 비중은 8.2%p 증가하고, 저소득층 비중은 2.7%p 감소한 결과다.

그런데 이제는 단순히 소득 수준보다 자산과 네트워크 그리고 사회적 이웃 효과neighborhood effect까지도 점차 중요한 요인으로 작용하는 것으로 보인다. 이를 단적으로 보여주는 것이 출생아가 태어나는 공간의 변화다. 코로나19 이후 출생아 수 감소세가 잠시 완화된 2023년, 전국에서 출생아 수 증가폭이 가장 컸던 기초지자체는 서울 강남구였다. 이는 출산이 정책적 지원보다는, 비슷한 생활 수준과 가치관을 가진 사람들 사이에서 생겨나는 신뢰감과 도움의 관계에 더 크게 영향받을 가능성이 높다는 점을 시사한다.

출산은 더 이상 누구에게나 열려 있는 보편적 경험이 아니라, 특정 조건을 충족한 집단만이 누릴 수 있는 특권으로 바뀌고 있다. 이 현상이 영유아 시장의 프리미엄화로 나타났다. 물론 영유아 수가 줄어 규모의 경제가 무너지고, 기업의 독과점 속에 프리미엄화가 일어났다고 볼 수도 있다. 하지만 게리 베커Gary Becker[4]의 이론을 떠올려보면, 그보다 앞서 부모들이 자녀 한 명에게 더 많은 자원을 쏟기 시작한 변화가 먼저였을 것이다.

실제로 국내 키즈 시장은 2002년 8조 원에서 2023년 50

조 원 규모로 급성장했으며, 맥킨지는 이 시장이 2025년 58조 원에 이를 것으로 전망했다.[5] '적은 아이, 더 많은 투자'라는 구조가 자리 잡으면서 시장은 대량 보급형에서 프리미엄 중심으로 빠르게 재편되는 중이다. 그 증거는 이미 곳곳에 나타나고 있다. 데이터 분석기업 유로모니터에 따르면 한국 프리미엄 아동복 시장은 최근 5년간 연평균 약 5% 성장했다. 2023년 신세계·롯데·현대백화점 자료를 보면 아동 명품 매출이 전년 대비 15~28% 늘었고, 270만 원대 독일제 프리미엄 유모차(일명 '송중기 유모차')나 55만 원대 버버리 아동 패딩은 겨울 시즌마다 '완판'을 기록했다. 이제 자녀 양육은 교육을 넘어 주거, 건강, 취미, 외모 관리, 여행까지 아우르는 전방위적 럭셔리 소비로 확장되고 있다.

문제는 이 흐름이 소비 트렌드로 끝나지 않는다는 점이다. 실제로 사회 전반에 예상치 못한 파장이 일어나고 있다. 첫째, 아직 부모가 되지 않은 청년들은 이런 현실 앞에 "우리는 저렇게 키울 자신이 없다"며 출산을 아예 포기한다. 둘째, 고학력 부모들과 교사들 사이의 권력 구조가 빠르게 재편되면서 교육 현장은 전례 없는 갈등에 휘말리고 있다. 교육부 자료에 따르면 최근 5년간 교권침해 사건은 1만 4213건, 2023년 한 해에만 5050건 발생해 4년 사이 2배 가까이 증가했다. 학부모가 정당한 학생 지도를 '아동학대'로 신고하는 사례도 늘고, 급기야 서

이초등학교 사건처럼 젊은 교사가 극단적 선택을 하는 비극까지 벌어지고 있다.

합리적 대안 모델을 펼칠 기회

하지만 우리가 중간Meso 층위에서 주목해야 할 것은 '아이 수가 줄면서 나타나는 사회적 병폐'만이 아니다. 줄어든 규모 속에서도 오히려 커지고 있는 시장의 흐름을 읽어내고, 이를 다른 방향으로 활용할 수 있는지 고민해야 한다.

연구를 하며 흥미로웠던 점은, '왜곡된 아리스토크라시'라고 부르는 이 현상이 소수 상위층에서만 나타나는 게 아니라는 사실이다. 오히려 다수의 부모가 서로 다른 영역에서 저마다의 프리미엄을 추구하면서 생겨난 '동조현상'에 가깝다. 어떤 부모는 교육에, 또 다른 부모는 아동복에, 또 다른 부모는 체험활동에 관심과 투자를 집중한다. 자녀에게 최선을 다하고 싶은 자연스러운 마음이 사회 분위기 속에서 '적어도 한 영역에서는 남들보다 잘해줘야 한다'는 강박으로 이어지고 있다. 이렇게 각자 다른 영역에서 시작된 선택들이 서로 영향을 주고받으며, 전체적인 '프리미엄 경쟁'으로 동조화되는 것이다.

이 말을 뒤집어보면, 많은 부모들의 마음속에는 '꼭 그렇게까지 하지 않아도 된다'는 선택지도 있었다는 뜻이다. 그렇다면 중요한 것은 양육과 소비가 아리스토크라시 일변도로만 흐르지 않도록 다른 선택지를 현실에서 더 다양하게 구현하는 일이다. 선택지의 다양화는 그 자체로 불안을 완화하는 힘이 된다. 더욱이 그런 다양성을 바라는 부모들이 실제로는 더 다수다. 다만 부모들이 바라는 다양성에 부응하려면 공공 서비스만으로는 부족하고 민간 기업이 동참해야 한다. 그런데 영유아 수가 너무 빠르게 감소하는 바람에 다양한 상품 선택지를 제공해줄 기업들이 버티지 못한다는 점이 우리나라 영유아 산업의 다양성을 가로막는 요인이다.

지금 이 시장에는 다양성을 앞세운 기업들의 성공 사례가 필요하다. '가성비 프리미엄'을 내세워 과잉 소비의 대안을 제시하는 키즈 브랜드, 경쟁이 아니라 성장을 축하하는 부모 커뮤니티 플랫폼, 불안을 줄여주는 미니멀 육아 라이프스타일 기업 등이 그 예다. 이런 기업은 사회 문제를 완화하면서도 독자적인 시장으로 성장할 수 있다. 주저하는 후발주자들의 롤모델이 되고, 팬덤을 형성하며, 지속 가능한 수익을 통해 문화를 재생산하는 기업들이 필요하다.

이미 이러한 기업들이 일부 존재한다. 이랜드글로벌의 '밀리밤'은 점차 아이들의 '기본템'으로 자리 잡으며 외부 출점 매장이 1.5~3배 성장을 기록했다. '탑텐키즈'는 합리적 가격과 기본 아이템 상시 프로모션 전략으로 2024년 매출 800억 원을 기록했고, 2025년 1100억 원을 목표로 하고 있다. 11번가의 '키즈키즈' 전문관은 '가치 소비에 맞춘 깐깐한 상품'으로 부모들의 신뢰를 얻고 있다.

물론 영유아 시장의 메커니즘을 파악한 후의 전략적 판단은 각자의 몫이다. 어떤 기업은 현재의 흐름을 밀어붙여 더 강한 프리미엄으로 갈 수도 있다. 실제로 중국, 싱가포르, 일본, 심지어 베트남에서도 호치민과 하노이를 중심으로 유사한 패턴이 나타나고 있다. 그곳에서 프리미엄 전략을 더 공세적으로 펼칠 수도 있다. 그러나 관점을 전환해서, 해외의 흐름이 이러하다면 한국에서 다져진 '합리적 대안 모델'이 해외로 확장될 가능성도 있지 않을까? 어차피 극단의 프리미엄 시장은 글로벌 명품 브랜드들이 장악하고 있으니 말이다.

이 지점에서 '뉴발란스 키즈'는 주목할 만하다. 원래 미국 본사에는 아동 전용라인이 존재하지 않았다. 2013년에 한국이랜드가 한국 부모들의 소비 패턴, 즉 적게 낳아 자원을 집중 투여하되 합리적 가격과 브랜드 신뢰를 동시에 추구하는 현상을 포착해 독자적으로 기획한 모델이다. 단순히 미국 본사의 브랜드를 들여온 것이 아니라, 한국에서 새롭게 만들어낸 비즈니스 실험이었던 셈이다. 이 실험은 성공적으로 안착해 2023년 매출 2000억 원을 달성했고, 현재는 중국에 260개 매장을 운영하는 등 확장을 이어가고 있다. 한국의 키즈 문화가 글로벌 시장에 역수출된 대표적 사례라 할 수 있다.

시장이 극단으로 치닫는 곳에는 언제나 반대 흐름이 생긴다. 육아의 프리미엄화와 동시에 '미니멀 육아', '가성비 프리미엄', '친환경·지속가능성' 같은 새로운 가치가 부상하고 있다. 그렇다면 그 전환은 어느 부모 코호트에서 시작될까? 바로 그 지점을 예측하는 것이 새로운 기회를 잡는 단초가 될 것이다. 그 지점을 포착해 사회문제 해결형 서비스를 제공하는 기업이 등장한다면, 단순한 시장 참여자를 넘어 사회적 불안을 완화하는 주체가 될 것이다.

결국 미래의 승자는 고급화 전략만으로 경쟁하는 기업이 아니다. 부모들의 프리미엄 압박을 덜어주면서, 아이들의 성장과 행복을 담보하는 새로운 균형점을 찾아내는 기업이다. 그리고 그 균형점은 가격을 더 높이는 데서만 오지는 않을 것이다. 요즘 부모들은 점차 똑같은 제품을 소비하는 것에 피로를 느끼고 있다. 남들과 같은 유모차, 같은 패딩, 같은 교육을 선택하는 것은 더 이상 프리미엄으로 인식되지 않을 것이다. 오히려 미래의 승자는 '우리 가족에게 맞는 프리미엄'을 정의할 수 있도록 도와주는 기업이 되지 않을까?

Q2. 지방의 인구 문제를 상쇄할 대안이나 사업 기회는 정말 없나요?

인구 강의에서 지방 이야기를 할 때면 분위기가 그리 밝지 않은 게 사실이다. 우선 너무 오래전부터 제기되어온 문제라 식상해 보이고, 혁신도시가 성공했다는 평가를 받지 못한 이후로는 자신 있게 내세울 만한 사례도 뚜렷하지 않다. 그렇다 보니 '뭘 해도 결국 안 된다'는 냉소가 자리 잡기 쉽다. 청년들이 수도권으로 몰리는 것은 생존본능과 같으므로, 지역 도시를 '수도권처럼' 만들어서는 경쟁력이 없고 오히려 '차별성'을 생각해야 한다고 말하면 "그건 다 아는 이야기고, 그래서 뭘 해야 한다는 건데요?"라는 타박을 듣는다. 그만큼 구조적 흐름이 너무 크고, 반전을 만들기도 벅차 보인다.

게다가 후속 세대가 감소하는 추세를 보면 아이들을 지역에 모두 균등하게 흩어놓는 것도 불가능하고, 그것이 옳은지도 모르겠다. 아이들은 또래와의 교류 속에서 사회를 배워야 하고, 나름의 경쟁 속에서 성장해야 한다. 그러니 아이들을 지역마다 인위적으로 나누어 놓는다고 해서 건강한 사회가 만들어지는 것도 아니다. 물론 지금 이대로 두자는 말은 아니다. 흔히 '지방 소멸'이라고 하지만, 실제로 소멸 단계로 가는 것은 생각만큼 간단하지 않고, 아직은 시간이 남아 있기 때문이다.

우리가 해외여행에서 만나는 유럽의 '꽤 큰 도시'들도 알고 보면 인구 30만 명 남짓인 경우가 많다. 한국에서라면 작은 도시로 분류될 숫자다. 한국인들은 서울, 부산, 대구, 광주처럼 몇몇 거대 도시 중심의 구조에 익숙해 50만 명 규모의 도시조차 크게 보지 않는 경향이 있다. 이는 중규모 도시 네트워크가 아닌 '서울 중심 일극 체계'와, 대도시 간 교류가 원활하지 않은 교통 구조 탓이다. 부산과 광주를 서로 이동하는 것조차 쉽지 않은 게 현실이다.

이처럼 단순히 총인구 감소와 수도권 집중이라는 거시적 현상만이 지방 인구 문제의 전부는 아니다. 정말 중요한 것은 인구 규모의 파급 효과를 상쇄할 수 있는 중간 층위의 변화, 즉 생활권과 이동 패턴의 변화를 어떻게 포착하느냐다. 실제로 사람들의 생활방식과 공간 활용은 빠르게 바뀌고 있고, 그 속에서 새로운 기회가 생겨나고 있다. 이에 대해 살펴보자.

생활인구, 인구 개념 전환의 필요성

인구를 셀 때, 가장 중요한 것은 '어느 공간, 어느 시점을 기준으로 셀 것인가'다. 우리나라는 지금까지 거주지를 기반으로 한 주민등록인구 Dejurepopulation, 즉 '등록상 거주 인구'를 중심으로 정책과 전략을 설계해왔다.

하지만 이렇게 한번 생각해보자. 인구가 줄어드는 동시에 매시간 이동하는 사람의 규모가 늘어난다면, 정말로 국토의 관점에서 인구는 마냥 줄고 있다고만 볼 수 있을까? 이미 우리는 국토를 압축적으로 쓰며, 한 사람이 여러 지역을 마치 홍길동처럼 오가며 살아가고 있다. 그렇게 우리는 활동의 반경을 넓히며, 자산·관계·기회라는 형태의 부를 확장해왔다. 이처럼 우리는 지역의 경계를 넘나들며 생활하고 있지만, 그에 맞는 인구 개념은 아직 제대로 적용되지 않았다. (여기서 인구지체현상을 떠올린 독자는 매우 훌륭하다고 말하고 싶다.)

지금까지는 '한 지역에 거주하는 인구'를 기준으로 공간을 이해해왔지만, 현실에서 인구가 활용하는 공간은 '거주지'만 존재하는 것이 아니다. 이제는 우리가 생활하는 모든 곳, 즉 일하고, 소비하고, 이동하고, 머무는 모든 장소를 하나의 전략 단위로 인식해야 할 때다. 이것이 바로 생활인구, 학문적 용어로는 현주인구 Defactopopulation다.

우리의 일상을 떠올려보자. 내 주민등록상 주소는 한 곳에 고정돼 있지만, 실제로 내게 주어진 1년이란 시간은 여러 공간으로 분산이 가능하다. 관악구에서 3000시간, 마포구에서 2000시간, 그리고 대구에서 1000시간을 보낼 수도 있다. 과거에도 우리는 이렇게 생활했지만, 실제로 어느 지역에서 얼마나 시간을 보내는지 측정할 방안이 없어 개념화할 수 없었다. 그런데 지금은 누구나 스마트폰을 들고 다니면서 자신의 위치 정보를 남기고 있으니, 이를 기반으로 측정이 가능해졌다. 이 데이터는 개인을 식별할 수 없는 익명 정보로 처리되므로, 개인정보 침해의 우려 없이 개인이 아닌 인구 집단의 실제 이동과 분포를 파악할 수 있다. 그 결과 나온 것이 생활인구라는 개념이다. 이것이 중요한 이유는 두 가지다.

첫째, 전국 226개 지자체에 거주할 인구가 절대적으로 부족하기 때문이다. 단순히 계산해보면, 2024년에 약 24만 명이 태어났으니 그들이 청년이 되었을 때 226개 지자체에 나누어 보내도 지자체당 평균 1062명 정도밖에 되지 않는다. 그런데 실제로는 수도권에서 54%인 13만여 명이 태어났으니 11만 명이 나머지 지역에 얼마나 분포될 수 있겠는가? 이런 상황에서 모든 지자체가 '정주인구 늘리기' 경쟁을 벌이는 것은 실효성 없는 제로섬 게임일 뿐이다.

둘째, 기술이 시공간 압축을 가속화하고 있기 때문이다. 5G 네트워크, 고속철도 그리고 곧 상용화될 자율주행차까지, 모든 기술이 어디서든 일하고 생활할 수 있는 환경을 만들어가고 있다. 실제 데이터를 보면 20~30대는 기성세대보다 국토를 훨씬 넓게 쓴다. 여러 지역을 돌아다니며 행동반경을 넓게 살고 있다는 것이다.

지역에 활력이 돌려면 경제활동을 활발히 하는 청년 인구가 있어야 하는데, 그 청년들은 어디서 올까? 애초에 지역에서 태어난 청년이 적으니 외부에서 지역으로 생활하러 오는 '생활인구' 청년이 많아져야 하며, 그에 맞는 인프라 정책으로 전환되어야 한다.

이러한 체질 개선이 이루어지려면 토목 산업의 방향 전환과 모빌리티 산업의 전략적 재편이 필요하다. 철도 등 대규모로 사람을 이동시키는 교통 서비스는 서울 및 수도권 중심이 아니라 광역권 간 연결성 강화에 초점을 맞춰야 한다. 반면 개인 모빌리티는 택시 외에도 다양한 형태의 서비스가 등장할 수 있는 생태계를 조성해야 한다. 물론 이를 위해서는 규제 완화와 정책적 지원이 필수적이지만, 산업 스스로도 대비해야 정책-산업 간 시너지를 통해 실질적인 변화를 만들어낼 수 있다.

현재 KTX나 SRT와 같은 대중 교통망은 각 광역시와 서울 간 왕복은 용이하지만, 광역시 간 이동은 여전히 제한적이다. 또한 개인 모빌리티 산업도 충분히 다양화되지 못해 청년층의 진입 일자리 entry job로 기능하지 못한 측면이 있다. 낯선 도시에서도, 특별한 기술이나 큰 자본 없이도 시작할 수 있는 대표적인 분야가 바로 모빌리티 서비스업임을 감안하면 안타까운 일이다. 결국 광역 간 네트워크의 약화, 그리고 지역 내부 공간의 연결성 부족이 오늘날 지역 성장의 주요 걸림돌 중 하나로 작용하고 있다.

생활인구를 활용한 공장 입지 분석

생활인구는 이제 막 논의되기 시작한 개념이라 기업이 어떻게 활용해야 할지 다소 생소할 수도 있다. 그러나 행정구역의 경계를 허물어 생활인구의 관점으로 사고하는 것만으로도 기업의 많은 고민을 해결해줄 수 있다. 다음 사례를 보자.

B기업은 생산공장을 추가로 지으려다 고민에 빠졌다. 어디에 지어야 물류 비용이 절감될지 등에 대해서는 검토를 어느 정도 마친 상태였고, 후보지도 몇 군데 정해둔 터였다. 공장은 수도권이 아닌 지역에 지을 수밖에 없는데, 문제는 최근 들어 지역 공장은 관리직 구하기가 힘들다는 것이었다. 예전에는 서울에서 채용하더라도 지방 공장으로 파견을 보내는 데 문제가 없었는데, 이제는 지역에 가기를 꺼리는 분위기가 확산되는 추세라고 했다.

후보 지역 중에는 천안과 아산도 있었는데, 2022년 당시 이 두 지역에서 평택으로 이사를 많이 갔다. 특히 자녀가 있는 3~4인가구가 많이 이동했다. 언뜻 보면 주요 인구가 유출되므로 부정적으로 평가할 수 있는 지점이다. 그렇지만 주민등록인구 이동과 더불어 생활인구를 면밀히 분석해보니, 평택과 아산

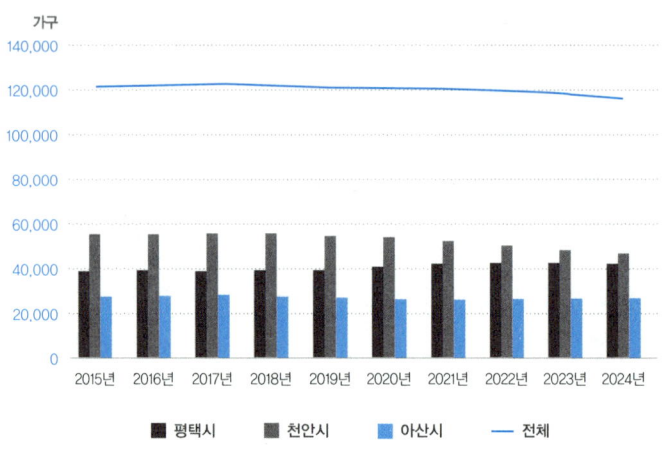

[도표3-5] 평택, 천안, 아산의 가구주 연령 30~49세인 3~4인가구 수

및 천안은 이미 하나의 생활권역으로 묶여 있었다. 비록 경기도(평택)와 충청남도(아산과 천안)로 행정구역은 다르지만, 평택은 거주 및 생활 인프라를 담당하고 아산은 주요 출퇴근지이며 천안은 소비 여가형 지역으로 나타났다.

아마 평택에 삼성전자 반도체캠퍼스가 들어서면서 첨단 제조업 일자리가 늘어나 교육 수준이 높은 젊은 인구가 몰리기 시작했을 것이다. 그러면서 생활 인프라가 향상되자 인근의 천안, 아산 등지에서 젊은 층이 평택으로 이동한 것으로 보인다. 도로가 막혀도 30분이면 갈 수 있는 거리니, 평택에 살면서 아산과 천안으로 출퇴근해도 부담스럽지 않다.

이처럼 행정 경계를 넘어, 세 지역은 이미 하나의 도시처럼 움직이고 있었다. 현재 평택·천안·아산에 거주하는 30~49세 가구주 중 자녀가 있는 집만 따져도 10만 가구 수준이다. 이 규모는 대전광역시나 울산광역시의 유자녀 가구 수를 훌쩍 넘는다. 그리고 이 규모가 큰 변동 없이 꾸준히 유지된다. 게다가 젊다. 젊은 가구가 만들어낸 통근과 거주라는 생활인구 흐름을 발견한 기업은 공장 근처에 기숙사를 짓는 대신 최대한 통근을 편하게 할 수 있는 환경을 만들어 이를 활용해보기로 했다.

이 외에도 거창의 한 공장은 대구광역시가 실질적 생활권임을 인식하고, 통근버스를 운행하는 등 생활인구를 적극적으로 활용하고 있다. 이처럼 기업이 생활인구를 기반으로 한 경영 전략을 시도하는 사례가 점차 늘고 있으며, 지자체 또한 관광을 넘어 생활인구를 중심에 둔 사업을 추진 중이다. 물류 서비스 권역을 재설정한 기업 사례도 등장하고 있다.

이제는 '지방 소멸'이라는 프레임을 넘어, 생활인구라는 관점에서 기회를 포착할 때다. 인구는 줄어들고 있지만 사람들의 움직임은 오히려 더 활발해지고 있으며, 기술은 그 이동을 한층 자유롭게 해준다. 관건은 이 변화를 얼마나 빨리 포착해 거대한 흐름으로 만들어내느냐다. 정부의 정책 방향 역시 이러한 흐름에 맞춰지고 있으므로, 기업 역시 행정 경계를 넘어선 공간 단위의 사고를 전제로 방향성을 설정할 필요가 있다.

Micro_ 우리 일상 속 크고 작은 변화

Q3. 인구 변화를 비즈니스에 반영하려면 무엇을 봐야 하나요?

앞서 인구 규모의 변화Macro에서는, 그 변화로 나타날 공통의 현상이 무엇인지 생각해보는 것이 중요하다고 했다. 그중에서도 '가구 수 변화', 특히 경제활동이 활발한 가구의 추이를 살펴보았다.

이어 중간Meso 층위에서는 '인구 이동'과 '영유아 수 감소'라는 인구 현상을 다루며 '불안'이라는 사회적 정서의 변화를 예로 들었다. 때로는 불안을 이용한 제품과 서비스가 생겨나기도 하지만, 반대로 그 불안을 완화하는 방향의 제품과 서비스로 발전할 수도 있다는 점을 살펴보았다. 아울러 인구 규모의 변동이 초래한 사회적 반응과 그로부터 예상되는 대응을 생활인구 개념을 중심으로 검토하고, 이를 활용한 사례를 살펴보았다. 이번에는 미시적 층위Micro로 시선을 옮겨, 개인과 가구의 라이프스타일에서 어떤 변화를 읽어내야 하는지를 생각해볼 차례다.

사실 거시 층위와 중간 층위에서 세운 가설은 당장 눈에 보이는 결과로 확인하기 어렵다는 한계가 있다. 그만큼 구조적이고 장기적인 변화를 다루기 때문이다. 이와 달리 미시 영역은 누구나 쉽게 상상하고 접근할 수 있는 부분이다. 우리 모두 한 번쯤은 '저렇게 사는 사람이 얼마나 될까?', '이렇게 사는 사람은 앞으로 늘어날까, 줄어들까?' 같은 생각을 해본 적이 있을 것이다. 쉽게 말하면 트렌드를 읽는 영역이라 할 수 있다.

다만 트렌드의 지속성이나, 특정 트렌드가 다른 영역으로 어떻게 분화·확장되는지를 이해하려면 미시 영역만으로는 충분하지 않다. 앞서 말했듯, 미시적 변화가 모여 거시적 변화를 만들어내기도 하고, 반대로 거시적 변화가 지속되면서 미시적 변화가 굳어지는 경우도 있기 때문이다.

Q4. 어떻게 조사하고, 어떻게 데이터를 읽나요?

기업 실무자들에게 가장 많이 듣는 질문은 이것이다. "연구 설계 단계서부터 인구 변동을 감안하면 현재 어디를 보아야 하고 앞으로는 어디를 보아야 하는지를 명확하게 알 수 있을 텐데, 어떻게 해야 하는지 잘 모르겠다"는 것이다. 기업뿐 아니라 공공부문 실무자들도 같은 고민을 토로한다. 물론 서비스나 제품의 성격에 따라 구체적인 조사 방법은 달라질 것이다. 여기서는 인구통계와 사회 현상을 어떻게 읽는지 안내하고, 그 과정에서 일어나는 생각의 흐름과 관점을 공유해보려 한다.

인구통계를 읽는 단위는 (도표 3-6)에 제시된 표와 같다. 《인구 미래 공존》에서도 소개된 가구 세그먼트[6]인데, 이 책에서는 세대별 가구 유형의 추이를 센터의 자체 추계 데이터로 설명할 예정이다. 한 가구 내에 몇 명이 함께 살고 있는지, 어떤 조합으로 함께 살고 있는지, 어떤 연령대가 가구주 역할을 하는지에 따라 가구를 여러 개의 세그먼트로 나누어본 결과다. 이렇게 해서 도출한 14개 세그먼트는 (가구주 연령 기준 Z세대부

세대	가구원 수	가구 구성	현재 연령대
베이비붐 1세대	1인 2인 3인 이상	1인 부-부 부모(부 혹은 모)+자녀	60대
베이비붐 2세대	1인 2인 3인 이상	1인 부-부 부모(부 혹은 모)+자녀	50대
X세대	1인 2인 3인 이상	1인 부-부 부모(부 혹은 모)+자녀	40대
밀레니얼	1인 2인 3인 이상	1인 부-부 부모(부 혹은 모)+자녀	30대
Z세대	1인 2인	1인 부-부	20대

[도표3-6] **가구 다양성을 반영한 세그먼트 예시**

터 베이비붐 1세대까지) 2020년 기준으로 우리나라 전체 가구의 약 70%를 포괄하며, 2030년대에는 약 80%까지 포괄한다.

다만 독자 여러분이 통계청 KOSIS 데이터를 활용해 추이를 살펴볼 때는 이처럼 세밀하게 가공하기가 쉽지 않을 것이다. 그럴 경우에는 연령 단위로 변화를 관찰하되, 연도별로 각 연령대의 '주인공 세대'가 바뀐다는 사실을 염두에 두고 그래프를 해석하면 도움이 될 것이다. 이렇게 보면 코호트(세대) 효과와 연령 효과를 동시에 관찰할 수 있다. 즉 세대에 따라 연령별 변화가 어떻게 달라지는지를 한눈에 비교할 수 있다.

1인가구를 넘어 1인체제로의 전환

　미시적 층위에서 특히 주목해야 할 인구 변동 현상을 하나만 꼽으라면, '1인가구를 넘어 1인체제로의 전환'을 들겠다. 실무자를 대상으로 한 강의에서 가장 많이 받는 질문 중 하나가 1인가구에 대한 것이고, 실제로도 앞으로 주목해야 할 인구 현상이므로 이에 대한 이야기부터 풀어보고자 한다.

　'1인체제'라는 단어는 2017년에 출간된 《1코노미》[7]라는 책에서도 이미 소개된 바 있다. 실제로 한국의 생애미혼율[8]은 2030년 중반에 일본을 추월해 세계에서 가장 빠르게 독신 사회로 진입할 것으로 전망된다.

　그런데 여기서 중요한 사실이 있다. 단순히 혼자 사는 사람이 늘어나는 것이 아니라, 함께 살아도 개인화된 생활방식이 확산된다는 점이다. 지금은 성인이 되어도 결혼하지 않고 부모와 함께 사는 이들이 증가하는 추세이긴 하지만, 성인은 같이 살아도 경제적·심리적으로 독립한 상태이므로 개인의 라이프스타일을 추구하게 돼 있다. 부모님과 함께 살지만 식사도 각자 해결하고, 여가도 각자 보내며, 심지어 택배도 따로 받는다. 물리적으로는 3인가구이지만, 실질적으로는 3개의 1인체제가 한 집에 병렬로 존재하는 셈이다. 사회가 '1인체제'로 전환되는 흐름은 이미 정해진 수순에 가까운데, 2050년이면 성인 인구의 약 3분의 1이 1인체제 속에서 살아가게 될 전망이다.

'1인체제'라고 하면 어떤 모습이 그려지는가? 혼자 살아도 여유롭고 자기 세계가 뚜렷한 '힙한 라이프스타일'이 떠오르는가, 아니면 반대로 고립과 불안이 짙은 사회의 단면을 먼저 떠올리게 되는가?

만약 사회가 고립과 불안이 짙은 방향으로 흐른다면, 그에 맞는 연결성과 가성비를 갖춘 네트워크형 서비스가 필요할 것이다. 반대로 여전히 '힙한' 개인주의가 강하다면, 그런 라이프스타일에 어울리는 제품과 서비스의 시장이 커질 것이다. 혹은 겉으로는 '힙해' 보이지만, 실제 속성은 고립과 불안을 완화해주는 제품과 서비스가 각광받을 수도 있다.

1인체제의 대표적 형태인 1인가구를 예시로 이야기를 이어가 보자. 현재는 20~30대가 1인가구의 수를 주도하고 있지만, 2027년을 기점으로 그 중심축이 20~30대에서 65세 이상 고령층으로 이동하기 시작한다.

많은 분들이 이미 알고 있듯, 20~30대 1인가구는 '나를 위한 투자' 성향이 강하다. 그러나 이제는 단순히 이 한 문장으로 설명하기 어렵다. 같은 20~30대라도 '나를 위한 투자'의 구체적인 모습은 세대별 특성과 목적에 따라 세세하게 달라지기 때문이다. 예를 들어 현재 20대를 지나고 있는 Z세대 1인가구와 30대를 지나고 있는 밀레니얼 1인가구는 전혀 다른 양상을 보인다. 즉 밀레니얼이 20대였을 때의 1인가구 모습과, 오늘날

Z세대의 1인가구 모습은 다르다. 그리고 그 차이가 왜 발생하는지를 이해하는 것이 핵심이다.

특히 1인가구로 독립하게 되는 배경과 부모 세대와의 관계를 주목해야 한다. 세대를 분석할 때, 특정 세대만을 고립된 연구 단위로 바라보는 것은 충분하지 않다. 그보다는 가구 단위에서 세대 간 관계성과 독립의 맥락을 함께 살피는 접근이 필요하다. 예컨대 Z세대는 부모 세대와 '친구 같은 관계'를 형성하며 정서적으로 연결되어 있지만, 생활면에서는 자율성을 보인다. 이들은 가족을 돌봄이나 의무의 단위로 보기보다, 서로의 자율성을 존중하는 느슨한 연결 구조로 인식한다. 반면 밀레니얼은 부모 세대의 자산 세습 구조나 주거 및 취업 환경의 압박 속에 독립을 경제적·생존적 과정으로 인식하는 세대다. 이는 거주 지역에 따라 조금씩 차이가 있긴 하지만, 소득이나 자산 수준의 차이를 감안해도 꽤 뚜렷하게 나타나는 특징이다.

1인가구라도 세대별 특성이 다르다면, 시기별로 1인가구의 '주인공'이 어떻게 바뀌는지 살펴야 한다. [도표3-7]은 최근 새로 추계한 세대별 1인가구의 추이다. 그래프에서 보듯이 2028년을 기점으로 1인가구의 본격적인 주인공은 Z세대가 된다. 이때부터는 젊은 연령대의 1인가구를 타깃으로 한다면 누구를 더 많이 관찰해야 하는지가 한눈에 보일 것이다.

다만 사회 전체적으로 보면 이야기가 조금 다르다. 그래

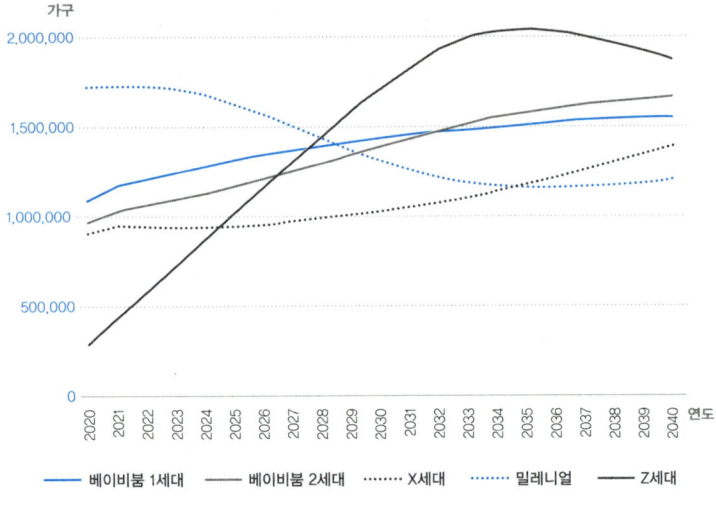

[도표3-7] **세대별 1인가구 추이**

프에서도 보이듯이 베이비붐 1세대와 2세대의 1인가구 규모가 워낙 크기 때문이다. 반면 Z세대는 규모 자체가 크지 않아서, 이들이 1인가구로 살아가는 규모를 최대치로 잡아도 210만 가구를 넘기기 어렵다. 앞으로는 20~30대 1인가구를 모두 합쳐도 고령화된 베이비붐 세대가 만들어내는 1인가구의 크기에 미치지 못할 것이다. 그렇다면 "1인가구 시장의 주인공은 Z세대다"라고 간단하게 말하기엔 다소 무리가 있다. 밀레니얼이 1인가구 시장을 주도하던 때와는 확실히 다르다는 이야기다.

기존과는 달라진 1인가구의 모습에서 무엇을 읽어야 할

까? 세대별 1인가구를 하나하나 세밀하게 들여다보는 것도 중요하지만, 그보다 더 중요한 건 변화의 흐름 전체를 아우르는 사회적 니즈가 무엇인지를 읽는 일이다.

'가족'이라는 관계의 외주화와 '신뢰 구매 사회'

그렇다면 1인체제 시대에 세대를 막론하고 주목해야 할 핵심은 무엇일까? 우선 우리가 그동안 '가족 중심 체제' 속에서 살아왔다는 점부터 짚어볼 필요가 있다. 전통적으로 가족은 혼인·혈연·입양으로 맺어진 사람들의 집단을 뜻한다. '가족관계등록법'에서도 이를 중심으로 가족을 정의하고 있으며, 통계청 또한 가구 내 구성원의 법적 관계를 기준으로 가족을 구분한다.

그러나 현실 속 가족은 훨씬 더 넓은 의미로 사용되어왔다. 한때는 일터에서도 '내 가족처럼 생각한다'는 말이 자연스러웠을 만큼, 한국 사회에서 가족은 사회적 관계의 은유로 확장되었다. 사회학에서는 이런 점을 반영해 가족을 '지속적이고 상호의존적인 돌봄과 정서적 관계망'으로 정의한다. 즉 법적 관계가 아니더라도 서로 돌보고, 생활을 공유하며, 신뢰를 형성하는 관계라면 가족이라 할 수 있다. 오늘날 가족은 '형태'가 아니라 '관계의 질'로 정의되는 셈이다.

그런데 1인체제 하에서는 이러한 관계의 선이 약화된다. 관계를 선으로 표현한다면, 가짓수는 늘어날 수 있겠지만 각각의 선은 약해지는 것이다. 즉 현재의 '1인체제'란 단순히 혼자 사는 사회가 아니라, 신뢰를 기반으로 삶에 밀접히 관여하는 관계가 줄어드는 사회를 뜻한다. 다만 인간이 '호모 사피엔스', 즉 사회적 존재라는 점을 감안하면 관계의 해체가 능사는 아닐 것이다. 이러한 변화 속에서 우리가 본능적으로 어떻게 반응할지, 그 결과 어떤 관계 형태가 새롭게 나타날지 생각해볼 필요가 있다.

과거 가족이 담당하던 돌봄, 정서적 지지, 경제적 협력 등이 이제는 사회적 서비스로 상당 부분 이전되었다. 고령 부모를 돌보는 일, 아이를 키우는 일, 가사노동까지도 외주화되면서 돌봄은 더 이상 관계 속의 상호 행위가 아니라 비용을 지불하는 서비스가 되었다. 이런 서비스를 공공영역에서 무상으로 제공한다 해도 우리 세금이 쓰이는 것이므로 어쨌거나 비용 지불이다. 즉 가장 큰 변화는 '관계에 대한 비용 지불'이다. 과거에는 신뢰와 정서적 유대라는 무형의 자본으로 이루어졌던 돌봄이, 이제는 거래 가능한 신뢰의 서비스로 대체되고 있다. 사람들은 '누가 나(혹은 우리 가족)를 돌봐줄까?'가 아니라 '누구에게 안심하고 맡길 수 있을까?'를 고민한다.

여기서 중요한 것은 가격이 아니라 '안심'이라는 감정적 가치다. 오늘날 사회는 신뢰를 구매하는 사회로 이동하고 있다. 이러한 변화가 공공의 시각에서는 '가족 해체와 개인주의 확산'으로 보일 수 있지만, 한편으로는 '가족 관계의 외주화' 속에 새로운 산업과 비즈니스 기회가 생겨나는 것으로도 볼 수 있다. 예컨대 가족이나 친지, 이웃이 담당하던 정서적 지지는 이제 SNS 커뮤니티, 온라인 모임, 팬덤 문화로 확산되고 있다. 공통의 관심사를 중심으로 한 연결망은 전통적 가족보다 더 깊은 공감과 헌신을 낳기도 한다. 이처럼 '가족 기능의 외주화'는 이미 하나의 거대한 시장으로 성장했다.

다만 앞으로의 관건은, 이 흐름이 초개인화로 치닫게 둘 것인지, 아니면 반작용을 통해 새로운 사회적 무드와 균형점을 만들어낼 것인지다. 신뢰의 시장화는 '평점'과 '추천'이라는 체계로 이어졌고, 어느덧 우리는 일상적으로 '평가받는 사회' 속에 살게 되었다. 이러한 피로감 자체가 또 하나의 사회적 욕구를 낳고 있다. 끊임없이 평가받지 않아도 되는 관계, 신뢰가 점수나 데이터가 아닌 감정과 시간으로 형성되는 관계를 향한 바람이 그것이다. 이 '평가 피로의 반작용' 속에서 새로운 형태의 안심과 신뢰를 제공하는 서비스가 등장할 가능성도 크다.

이처럼 인구 변동에 따른 사회 변화를 미시적 층위에서 관찰한다는 것은, 아직 제도나 상품으로 만들어지지 않은 새로운 욕구의 움직임을 읽는 일과 같다. 즉 시대가 바뀌면서 생겨난 작은 불편함과 결핍 속에서 사람들이 진짜로 원하는 것이 무엇인지 찾아보는 일이다. 이때 중요한 것은 단지 '뜨고 있는 것'에 올라타는 감각만이 아니다. 오히려 그 유행 반대편에서 나타나고 있는 반동이 언제 어떤 형태로 규모의 경제를 이루며 수요로 전환될지 예측해보는 것 또한 인구 변동의 원리를 통해 생각할 수 있다.

3M 프레임워크와 APC 방법론을 활용한 김치 수요 분석

1인가구가 빠르게 증가하고 있지만, 여전히 한국 사회의 또 다른 축은 '유자녀 가구'다. 자녀의 발달 단계(영유아기, 학령기 등)에 따라 가구를 세분화해보면, 혼인과 출산 연령이 다양해지면서 나타나는 부모 세대의 라이프스타일 차이가 훨씬 뚜렷하게 드러난다. 여기에서는 큰 흐름을 보기 위해 부모의 연령대를 기준으로 시기별 '유자녀 가구의 주인공'을 정리해보았다.

현재 유자녀 가구 중 가장 크기가 큰 베이비붐 2세대는 자녀 독립기를 맞이하고 있다. 이제부터는 X세대가 유자녀 가구의 주인공인데, 이들의 자녀들이 생각보다 꽤 어리다. 상당수가 초중학생 정도의 자녀를 키우고 있다. 2034년까지는 이들이 유자녀 가구의 주인공이다. 밀레니얼은 결혼과 출산이 늦어진 만큼, 그 이후 시점부터 본격적으로 중심에 자리하게 될 것이다.

1인체제가 확산되며 가족 관계가 점점 파편화되는 듯 보이지만, 유자녀 가구를 중심으로 가족의 행복을 표현하는 소비

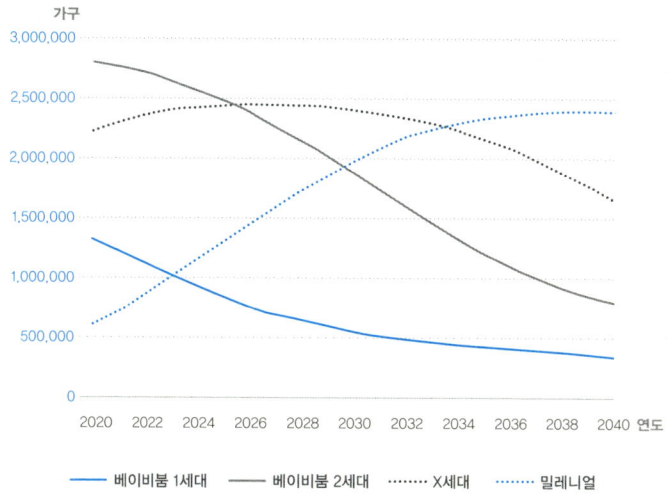

[도표3-8] **세대별 유자녀 가구 추이**

는 여전히 강하게 남아 있다. 특히 주거·가전·자동차 같은 내구재 영역에서는 할머니·할아버지까지 참여하는 3세대적 소비 구조가 나타나기도 한다. 가족 간의 유대를 지키려는 본능이 소비 행태로 드러나는 것이다. 하지만 이런 현상이 단지 내구재에만 국한되지 않는다. 일상의 식탁에서도 '가족형 소비'는 존재한다. 그 대표적인 예가 바로 한국 헤리티지형 식품의 상징인 '김치'일 것이다.

지금부터는 2장에서 살펴본 APC(연령-시기-코호트) 방법론에 더해, 3M 프레임워크Macro-Meso-Micro가 실제 연구에서 어떻게 활용되는지를 아주 간략히 살펴보겠다. 간단히 말하면, APC 방법론은 '해당 재화나 서비스를 이용할 인구를 수량으로 추정하는 통계적 도구'이고, 3M은 그 결과를 해석할 때 활용하는 사고의 틀이다. 즉 3M 프레임워크는 방법론이라기보다는 사회 현상을 거시·중간·미시의 세 층위에서 나누어 생각해보는 관점이다. 분석의 순서가 정해져 있는 것은 아니며, 어떤 층위에서 출발하든 핵심은 이 세 레벨이 어떻게 연결되어 있는지를 이해하는 것이다. 이런 관점으로 리서치를 설계해볼 분들은 세 층위를 순서대로 보기보다는 어떤 층위를 분석의 중심에 둘지, 그리고 미래를 어느 범위까지 확장할 것인지만 명확히 설정하면 된다. 이제 이러한 틀을 바탕으로, 실제 연구 과정이 어떻게 전개되는지를 김치 수요 분석 사례를 통해 살펴보겠다.

한국이 '김치 종주국'이라는 자부심을 지켜가는 한 회사가 있다. 전통적으로 가정에서 담가 먹던 김치가 최근 나름대로 간편식화되면서 '상품 김치' 시장은 커지는 추세다. 김치를 담가 먹던 세대가 점차 나이 들면서 손을 놓게 되는 요인도 있고, 젊은 사람들은 아무래도 직접 만들어 먹기보다는 사 먹을 테니 상품 김치 입장에서는 이래저래 호재다.

그런데 김치도 나이가 들면 먹기가 다소 힘든 음식 중 하나다. 이 기업은 연구를 통해 이 사실을 일찌감치 알고 있었다. 그렇다면 사회가 고령화되면서 언젠가는 상품 김치 소비도 줄어들지 않을까? 김치도 K푸드라는 글로벌 흐름에 올라타야 할 텐데, 그때까지 내수시장이 버텨줄 수 있을까? 즉 내수의 시계가 어디까지 왔는지가 걱정이었다. 게다가 요즘 밀레니얼과 Z세대는 김치를 반찬으로 먹기보다는, 김치찌개나 볶음처럼 조리된 형태로 즐기는 경우가 훨씬 많다. 그러니 자연스레 '그 자체로 먹는 김치'의 소비는 줄어들 수밖에 없다. 김치를 즐겨 먹는 이들은 고령화되고 젊은 세대의 수요는 줄어들고, 혹시 김치 내수시장이 1장에서 살펴본 라면보다 더 어려운 것은 아닐까 하는 걱정이 생겼다. '걱정'이라고 표현했지만, 사실은 꽤 좋은 연구 가설이다. 이제 이 걱정을 어떻게 연구로 풀어가는지 함께 살펴보자.

먼저 규모의 측면에서는 김치 '섭취' 자체가 줄어들고 있는지, 그 감소세가 앞으로 더 빨라질지를 확인할 필요가 있었다. 동시에 섭취가 줄어들더라도, 상품 김치가 차지하는 비중은 그 안에서 오히려 높아질 수도 있으니 그 가능성도 살펴보아야 했다. 마지막으로 상품 김치의 비중이 높아질 가능성이 어느 가구에서 어떤 맥락으로 발생할 수 있는가를 알아보고자 했다.

섭취량은 말 그대로 사람 몸에 들어오는 양이기에 '인구' 단위로 측정이 가능하다. 즉 인구 구조 변화가 미치는 영향을 명확하게 보여주는 지표다. 2장에서 소개한 국민건강영양조사에는 세대별, 가구 유형별, 음식 종류별 섭취량을 보여주는 자료가 존재한다. 전체 김치 섭취량은 2025년부터 2043년 사이에 절반 이상 줄어드는 것으로 예측됐다. 언뜻 생각하면 라면과 같이 고령자들이 먹지 못해서 그렇다고 생각할 수 있으나, 연령 효과보다는 1980년대생을 기준으로 뚜렷한 코호트 효과를 보였다. 이때를 기점으로, 이후 출생 세대일수록 김치 섭취량이 급격히 감소하는 경향이 나타났다. 특히 밀레니얼과 Z세대를 중심으로 '영(零) 섭취', 즉 김치를 반찬으로도, 요리 재료로도 전혀 먹지 않는 날이 급증했다. 고령자가 덜 먹는 효과보다는 밀레니얼과 Z세대가 먹지 않아서 감소하는 효과가 더 큰 것이다. 그래도 다행(?)인 것은 섭취량이 아무리 줄어도, 현재 국내에서 상품으로 유통되는 김치 총량을 훨씬 넘어선다는 것이다. 미래에 김치 섭취량이 절반으로 줄어든다는 사실이 김치 종주국의 자부심을 지키는 데에는 굉장한 무리가 있겠지만 말이다.

그렇다면 우리가 먹는 전체 김치 가운데 상품 김치의 비중을 얼마나 키워갈 수 있을지가 관건일 것이다. 우리가 김치를 먹는 방법은 크게 집에서 먹는 내식과 음식점이나 배달로 먹는 외식으로 나눌 수 있다. 그중 상품 김치는 당연히 내식과 관련이 높다. 그렇다면 아무래도 내식 비중이 큰 세대 혹은 가구가 상품 김치의 메인 수요층이 될 확률이 높을 것이다. 내식 비중은 나이가 들수록, 다른 가족과 함께 살수록 높아진다는 특징이 있다. 즉 이 유형에 해당하면서 아직 상품 김치를 덜 먹는 가구 세그먼트가 김치회사의 주요 타깃이 되어야 할 것이다.

그런 가구가 누구일까? 상품 김치를 섭취량으로 환산하는 것은 통계청의 가계동향조사를 통해 충분히 가능하다. 앞서 제시한 가구 세그먼트별로 모두 가공이 가능할 정도다. 통계로 확인하는 것도 당연히 중요하지만 한번 추론을 해보자. 밀레니얼과 Z세대는 섭취량 자체가 매우 적다고 했다. 설령 이들이 모두 김치를 사서 먹는다고 해도 핵심 소비자가 될 가능성은 크지 않을 것이다.

베이비붐 1세대의 경우 차차 70대에 접어들기에 연령의 벽에 마주하게 된다. 베이비붐 2세대와 X세대는 어떠할까? 이들은 김치를 상당히 많이 먹어서, 상품 김치도 많이 구매하지만 전체 섭취량은 그 이상이다. 그렇다고 직접 담가 먹는 것도 아니었다. 그렇다면 이들의 김치는 과연 어디서 올까? 바로 이들의 부모인 산업화 세대다. 70대 이상이신 이분들은 본인이 많이 드시진 못하지만, 김치를 만들어 자녀에게 꾸준히 주고 계셨던 것이다. 아이도 봐주고, 김치도 만들어주는 그야말로 내리 사랑을 계속 하고 계셨던 것이다.

그렇게 본다면 이 기업이 걱정할 점은 단순히 '국내 소비가 줄면 어떡하지?'가 아니게 되었다. 이들의 과제는 '더 많이 판매하는 것'이 아니라, '집에서 담근 김치를 먹던 세대가 상품 김치를 자연스럽게 받아들이게 하여 규모의 경제를 상당 기간 유지하는 것'과 동시에, '김치를 덜 먹어온 밀레니얼과 Z세대가 완전히 김치 소비를 끊어버리지 않도록, 새로운 소비 경험을 설계하는 일'이 되었다. 길게 본다면 '김치 종주국으로서의 자부심을 지키려면 무엇을 해야 할까?'로 이어지는 고민이다. 결국 김치 시장의 미래는 '누가 김치를 먹는가'보다 '누가 김치 문화를 이어가게 할 것인가'의 문제로 옮겨가고 있는 셈이다.

3M 프레임워크를 통해 우리는 상품 김치의 미래에 대해 다음과 같은 점을 검토했다.

- Macro(구조적 변화): 인구 고령화와 가구 축소, 전통식 소비 감소 등 사회 구조의 변화
- Meso(제도적·행태적 변화): 유통 구조의 변화, 가정 내 조리·저장 문화의 약화
- Micro(개인적 변화): 세대별 식습관, 건강 인식, 전통 음식에 대한 가치 태도

이러한 다층적 접근을 통해 우리는 김치 소비를 단순한 식품시장의 현상이 아닌, 인구 구조 변화와 세대 교체가 만들어내는 생활양식 전환의 지표로 읽을 수 있었다. 더 나아가 APC

분석의 결과를 3M 구조 속에 배치함으로써 어떤 세대와 가구가 장기적으로 김치 수요를 지탱할 핵심 집단이 될지, 인구학적 기반 위에서 시나리오를 제시할 수 있었다. 요컨대 APC 방법론과 3M 프레임워크가 서로 보완적으로 작동할 수 있음을 보여주는 사례라 할 수 있다.

3M 프레임워크 실전 적용 가이드

지금까지 3M 프레임워크에 대해 이론적 설명과 사례 그리고 현실적 고민까지 함께 살펴보았다. 여기서는 여러분이 실제로 3M 프레임워크를 어떻게 활용할 수 있는지 아주 간략하게 가이드라인을 표현해보았다.

1단계: 현재 위치 진단

가장 먼저 할 일은 우리 조직이나 사업이 어느 층위의 변화에 가장 민감한지 파악하는 것이다.

- 거시적Macro 층위 민감형 업종
특징: 총인구수, 특정 연령대 인구수가 직접적으로 매출에 영향
해당 업종: 교육, 의료, 생활필수품, 금융, 보험, 식품 등
핵심 질문: "우리 고객층의 절대적 숫자가 늘고 있나, 줄고 있나?"

주요 지표: 연령별 인구수, 가구 수, 출생아 수, 지역별 인구 분포

- 중간 Meso 층위 민감형 업종

특징: 공간과 이동, 집중과 분산이 사업 성패를 좌우
해당 업종: 부동산, 교통, 물류, 유통, 지역 서비스업 등
핵심 질문: "사람들이 어디에 모이고, 어떻게 움직이고 있나?"
주요 지표: 인구 이동, 생활인구, 교통량

- 미시적 Micro 층위 민감형 업종

특징: 라이프스타일과 개인 취향, 소비 패턴이 핵심
해당 업종: 패션, 문화, 개인 서비스, 플랫폼, 콘텐츠 등
핵심 질문: "고객들의 생활방식이 어떻게 달라지고 있나?"
주요 지표: 가구 형태, 세대별 특성, 소비 패턴, 관계 형성 방식

- 복합 민감형

대부분의 사업은 실제로는 세 층위 모두에 영향 받는다. 중요한 것은 어느 층위의 변화가 가장 결정적인 영향을 미치는지 우선순위를 정하는 것이다.

2단계: 구조화

수집한 데이터를 다음과 같이 육하원칙으로 구조화한다.

누가: 우리 고객은 누구이며, 어떤 세대와 가구 형태인가?

언제: 언제 구매하고, 언제 이탈하며, 생애주기상 어느 시점인가?

어디서: 어느 지역에 거주하며, 어떤 공간에서 소비하는가?

무엇을: 어떤 제품/서비스를 구매하며, 어떤 가치를 추구하는가?

왜: 구매 동기와 목적은 무엇이며, 어떤 문제를 해결하려 하는가?

어떻게: 어떤 방식으로 구매하고, 어떤 채널을 선호하는가?

실제 적용 시 주의사항

1. 과도한 복잡성 피하기

    처음부터 모든 데이터를 다 보려고 하지 말고, 우리 사업에 가장 중요한 한두 개 지표부터 시작하자.

2. 양적 데이터에만 의존하지 않기

    수치만으로는 포착되지 않는 질적 변화에도 주의를 기울여야 한다. FGD, FGI 등의 질적 데이터 수집도 동시에 하기를 권한다.

3. 지나친 예측 경계

  인구 데이터는 비교적 예측 가능하지만, 인구가 미치는 경로의 다양성을 반드시 고려해야 한다. 비즈니스에 미치는 영향은 다양한 변수에 따라 달라질 수 있다.

4. 조직 내 공감대 형성

  3M 분석 결과를 실행으로 옮기기 위해서는 구성원들의 이해와 공감이 필수다.

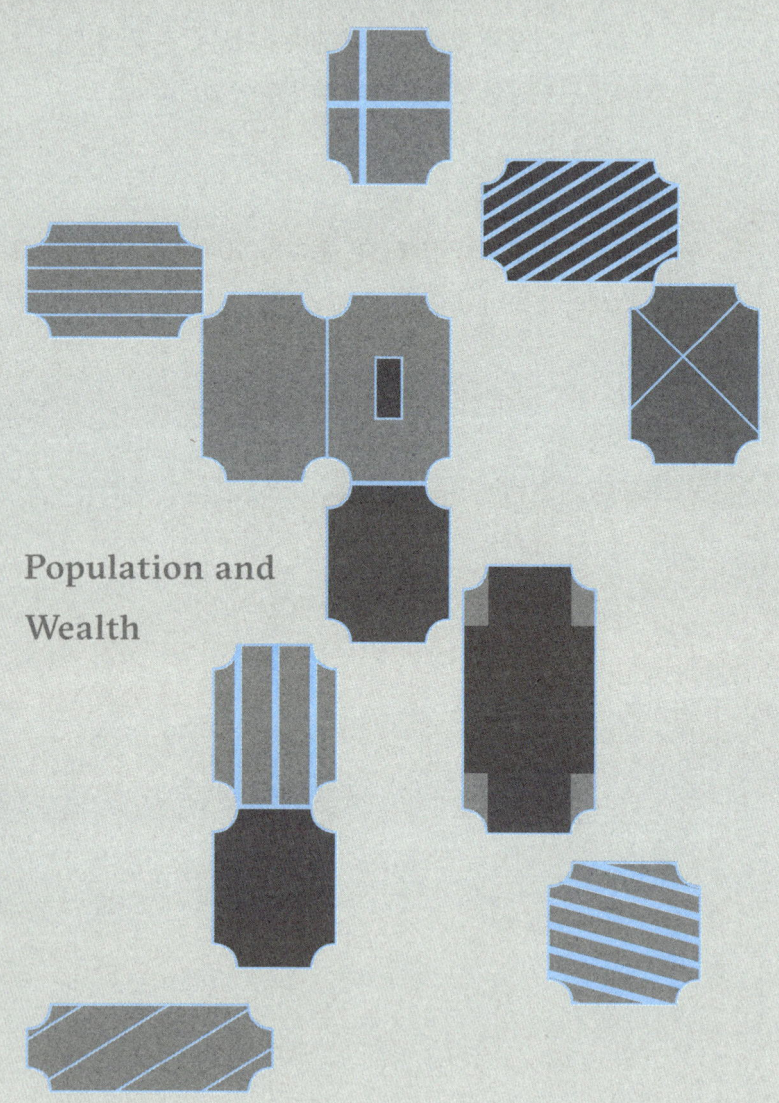

Population and Wealth

4장

해외 진출 전략:
인구 역동성을 읽자

'인구배당'을 잇는 '번영배당'을 준비하자

인구 관련 이야기를 나누다 보면 어김없이 따라붙는 것이 외국인과 해외시장 이야기다. 합계출산율이 2를 회복한다 해도 내국인 인구가 줄어드는 시점은 반드시 찾아오고, 객단가가 아무리 높아져도 내수가 줄어드는 흐름을 피할 수 없다는 사실을 받아들이고 나면, 사람들은 늘 두 가지 질문을 던진다. 하나는 "그럼 외국인이 오게 하면 되는 것 아닌가?"이고, 또 하나는 "해외 진출, 막막한데 도대체 어떻게 해야 하나?"라는 것이다. 전자에 대해서는 5장에서 살펴보고, 4장에서는 후자에 대해 먼저 이야기 나누고자 한다.

글로벌 관점의 인구학은 지금까지 '해외시장 진출을 위한 도구'라기보다는 국제 개발과 국제 보건의 언어에 가까웠던 게 사실이다. 센터 역시 서울대 보건대학원에 기반을 두고 있기에 처음에 '국제 인구'를 다룰 때는 연구의 관심이 모성 건강 서비스를 제대로 받지 못하는 인구가 얼마나 되는지, 예방접종을 필요로 하는 인구가 얼마나 되는지, 혹은 가족계획을 도입하려는 나라에 어느 전략이 맞는지를 살피는 데 초점이 맞춰져 있었다. 이 과정은 국가 발전 단계상 반드시 필요하고, 여전히 중요하다. 그런데 이런 질적 조건이 형성되는 과정은 보건 차원을 넘어 한 국가가 성숙해가는 경로를 보여주기도 한다. 그렇다면 시장의 성숙도 또한 이러한 과정과 긴밀하게 연결되어 있지 않을까?

실제로 국제 보건·개발 프로젝트 현장에서 목도한 일본이나 중국의 행보는 단순한 원조 사업이 아니었다. 이들은 원조를 통해 수혜국의 발전 속도를 면밀히 추적하고 장차 그 나라가 어떤 경로로 나아갈지 전망하면서, 자국의 이익에 도움 되는 산업을 어떻게 진출시킬지 미리 설계한다. 누군가는 이를 새로운 형태의 식민 지배라 비판할지 모르겠지만, 국제질서는 국내보다 훨씬 차갑고 경쟁적인 게 현실이다. 이 냉혹한 장場에서 일본과 중국은 정부가 앞장서 그 나라의 인구 구조와 질적 조건을 읽어내며 시장의 방향을 예측하고 있었다. 그에 비해 우리나라는 어떤 정부가 들어서든 '착한 나라'라는 이미지를 표방했고, 그 안에서 우리 기업들은 각자도생의 길을 찾고 있었다. 최근 5~6년 동안 그래도 변화를 꾀하는 움직임이 있었지만, 이미 수십 년 전부터 해외시장이라는 야전을 뛰어본 나라와 그렇지 않은 나라가 보이는 태도의 간극은 쉽사리 좁혀지지 않고 있다.

세계에서 인구배당 조건을 가장 빠르게 충족한 나라

인구는 경제성장의 충분조건sufficient condition이 아닌 필요조건necessary condition에 가깝다. 경제성장을 위해서는 나름의 인구 조건이 필요하다. 첫째는 25~49세 인구 비중이 높아야 하고, 둘째로 이들의 교육 수준이 높아야 한다. 여기에 더해, 교육 수준이 빠른 속도로 향상된다면 인구가 경제성장을 추동할 가능성은 더욱 커진다.

그러나 이 3가지 조건을 모두 충족하기가 결코 쉽지 않다. 특히 '25~49세 인구 비중이 높다'는 것은 단순히 젊은 인구가 많다는 의미와는 다르다. 경제성장에 유리한 것은 청년 인구가 무작정 많은 게 아니라, 사회와 경제의 핵심 노동 연령대인 25~49세 인구가 두텁게 존재하는 구조다. 또한 이들의 교육 수준이 높다는 것은, 높은 확률로 국민 대다수가 고등 교육을 받았다는 사실을 의미한다. 교육 수준이 빠르게 향상되는 것은 특정 세대만 잘 교육받는 것이 아니라 여러 세대의 수준을 짧은 기간에 동시에 끌어올려야 가능한 결과다. 인구 3000만 명 이상인 국가에서는 이 조건을 충족하기가 더욱 어렵다. 인구가 많을수록 전체의 평균 수준을 단기간에 끌어올리는 것이 구조적으로 쉽지 않기 때문이다.

그런데 이 어려운 조건을 30여 년 만에 충족한 나라가 있다. 바로 대한민국이다. 그리고 우리는 여전히 인구에 대한 투자로 '배당기'를 누리는 중이다. 무슨 말인가 싶을 것이다. 성장세가 날로 꺾이는 것 같은데 지금도 인구배당기를 누리고 있다니.

알다시피 '인구배당기'는 생산가능인구(15~64세)가 많아 부양인구(65세 이상) 비율이 낮아지면서 경제성장이 촉진되는 현상을 가리킨다. [도표4-1]은 우리나라의 인구 총부양비와 인구배당기를 함께 표현한 것이다. 우리나라는 1970~97년까지 생산인구 비중이 크게 증가해 1차 인구배당기를 경험했다. 1차 인구배당은 생산인구의 교육 수준이 어느 정도 높아져야 가능한데, 당시 우리나라 국민 상당수가 고등학교까지는 교육을 받은 덕에 제조업의 생산성이 상당히 높았다. 이후 대졸자가 많아지는 추세에 맞춰 국가도 미래 신산업을 준비했기에 국가 차원에서 2차 인구배당도 확실하게 받을 수 있었다. 특히 교육 수준이 그저 높아지는 것이 아니라 '빠르게' 높아지면서 생산성이 상승한 덕에 2차 인구배당을 굉장히 빠르게 받을 수 있었다. 우리나라가 IMF 외환위기를 비교적 단기간에 극복하고 선진국 반열에 오른 숨은 저력이 여기서 나왔다고 할 수 있다. 아무리 현 상황이 위기라고는 하지만 그래프를 보면 아직까지는 맷집(?)이 남아 있음을 알 수 있다.

그러나 2030년대 중반 이후부터 가팔라지는 부양비 곡선을 보면 알겠지만, 그 시기부터는 우리 자체적인 힘만으로는 인구배당 효과를 누리기가 어렵다. 우리나라의 1960~70년대

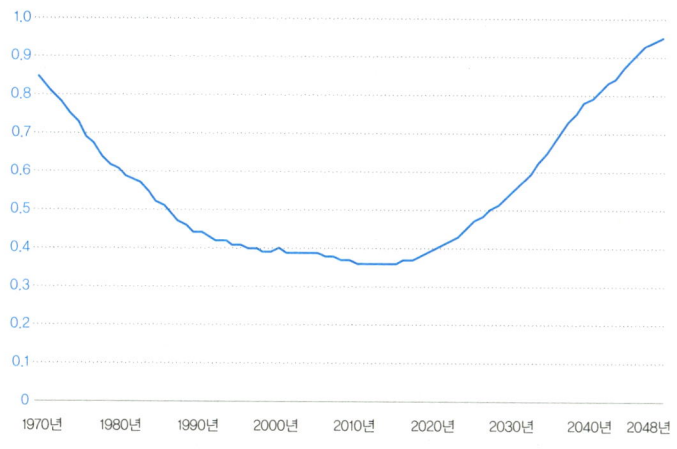

[도표4-1] **인구 총부양비 전망 및 인구배당 효과**
부양비=(0~14세+65세 이상 인구)/(15~64세 인구), 출처: 통계청 장래인구추계

를 생생히 기억하는 분들께 이 그래프를 보여드리면 하나같이 너무 두렵다고 하신다. 인구부양비로만 보면 2030~40년대에는 과거의 그 시절로 돌아가는 것이기에, 당시 극심한 가난에 시달렸던 기억이 떠오르는 것이다. 물론 2040년대는 본인들이 경제주체로서 살아갈 시대가 아니고, 복지와 보건 시스템이 전혀 없던 과거와 미래를 단순 비교할 수도 없겠지만, 손자·손녀 세대가 그런 세상에 살아간다고 생각하면 마음이 무겁다고 한다. "그저 열심히 살며 나라가 발전하는 것이 기뻤는데, 무엇이 잘못되었기에 이렇게 된 것일까" 하고 되물으신다.

　우리나라 인구가 5000만 명에 그치리라는 사실은 기업

일선에서 누구보다 일찍 자각한 터다. 교육 수준도 이미 최고 수준이다. 즉 우리나라는 인구 구조상의 인구배당을 더 이상 기대하기 어렵다.

그렇다면 과거로 회귀할 것을 두려워하며 앉아서 기다려야 할까? 그럴 수는 없다. 이제는 '배당dividend'을 넘어 후속 세대를 위해 '번영prosperity'으로 이어갈 방안을 모색할 때다. 그러려면 우리의 시야가 더 넓어져야 한다. 같은 초고령사회라도 일본은 인구가 1억 명에 달해 내수가 상대적으로 탄탄하므로 우리와는 사정이 다르다는 시각이 있지만, 일본이 고령화의 충격에 휘청이지 않은 것은 내수시장 때문만이 아니다. 지난 수십 년간 꾸준히 해외 진출과 투자를 전략적으로 확대하며 고령화의 충격을 완화해온 덕분이다.

이번 장에서는 우리에게 익숙한 기존의 해외 진출 프레임에 '인구'라는 관점을 덧붙여보려 한다. 왜 지금 글로벌 시장의 중요성이 더욱 커지고 있는지, 그리고 어떤 시각으로 접근해야 하는지를, 그동안 받아온 많은 질문과 그에 대한 답을 통해 풀어보겠다.

Q1. 어느 나라로 가야 할까요?

해외 진출에 대해서는 어느 나라로 갈지 추천해달라는 질문이 압도적으로 많다. 질문하신 분들의 머릿속에도, 지금 독자분들의 마음속에도 베트남, 인도네시아, 최근 떠오르는 인도 등 미디어를 통해 접해본 후보가 여럿 떠오를 것이다. 이 질문에 뒤이어 나오는 것은 '진출하는 국가의 인구수'에 관한 질문이다. 이미 이 단계를 넘어선 분들도 있겠지만, 상당수는 이 두 질문으로 출발한다. "중국이나 인도처럼 인구가 많은 나라에 진출해야 하는 것 아닌가요? 그런 나라에서는 싸게 팔아도 많이 팔리니 이익이 나잖아요." "포스트 차이나로 생각할 수 있는 나라는 어디일까요? 젊고 저렴한 노동력이 많은 나라요."

틀린 말은 아니다. 인구가 가져다 주는 규모의 경제는 해외 진출에서 무시할 수 없는 조건이고, 젊고 값싼 노동력은 제조업의 필수요건이다. 지금까지 해외 진출 전략이 그렇게 움직여온 것도 사실이다.

숫자가 아닌 인구를 보라

그러나 인구는 크기로만 보아서는 안 된다. 해외 진출 시에는 더욱더 그렇다. 오히려 국내시장을 분석할 때보다도 훨씬 면밀하게 '인구 특성'을 살펴야 한다. 이 말은 그 나라의 발전을 이끌어가는 주력 세대가 누구인지, 그 나라의 사회 구조가 어떻게 변화하고 있는지 인구를 통해 들여다봐야 한다는 뜻이다. 이렇게 바라볼 때 미래 전략을 위한 실질적인 경로를 그릴 수 있다.

이미 해외시장을 분석할 때 그 나라의 법률 규제, 세금 혜택, 인프라와 운영 환경, 정치적·경제적 안정성 등은 잘 살피고 있을 것이다. 여기에 물론 인구도 소비자 규모 측면에서 고려했을 것이다. 이때 단순히 '숫자'만 헤아리고 넘기지 말고, 인구를 해외시장을 파악하는 퍼즐의 한가운데에 놓아보자. 앞에서부터 강조했듯이 인구는 사회를 움직이는 동인 중 하나다. 인구의 크기와 특성이 바뀌면 해당 국가의 정책도, 시장 및 소비자도 변화한다. 즉 인구가 해당 국가의 환경 변화를 예측할 수 있는 단초가 된다는 것이다.

그렇다면 질문을 이렇게 바꾸어보면 어떨까?

"인구가 많은 나라를 고려하는 것은 당연합니다. 규모의 경제가 작동하기 쉽기 때문이지요. 그렇다면 우리 상품과 서비스가 들어갈 타이밍은 언제가 적절할까요? 국가가 발전하면서

[도표4-2] **해외 진출 시 고려 요인**

그 나라 기업들도 빠르게 성장할 테고, 그 과정에서 생산비나 인건비도 올라갈 텐데요. 이런 변화 역시 인구로 예측할 수 있을까요?" 이렇게 포문을 열 때 비로소 '근거 있는 꿈'을 이야기할 수 있고, 시장을 지속적으로 개척할 가능성도 높아진다.

예를 들어보자. 최근 인도에 대한 관심이 커지고 있다. 한국 대기업들이 인도에 제조공장을 세우고, 2023년에는 인도가 세계 최대 인구 국가가 되었다는 소식도 쏟아졌다. 〈뉴욕타임스〉는 "인도가 인구에서 중국을 제쳤다"[1]라는 기사를 내보냈고, 한국 언론도 같은 제목을 달았다.[2] 그런데 뒷부분은 달랐다.

우리 언론은 "경제대국도 보인다"라고 한 반면 〈뉴욕타임스〉는 "경제도 과연 그럴 수 있을까?Can its economy ever do the same?"라며 회의적인 시선을 던졌다. 인구가 많아졌으니 경제대국이 되는 것은 당연한 수순이라는 관점과, 사회 구조가 그대로인 채 인구 규모만 커지는 것은 더 큰 문제라는 관점의 차이다.

이런 시각 차이는 2004년의 브릭스 펀드를 떠올리게 한다. 브라질, 러시아, 인도, 중국 등 신흥 4개국의 펀드가 한때 큰 인기를 끌었지만, 결국 중국을 제외한 나머지는 펀더멘털이 약하다는 게 드러났다. 기업에 펀더멘털이 있듯, 국가에도 '인구 펀더멘털'이 있다. 이 점을 고려하지 않은 채 해외에 진출했다가는 낭패를 볼 수 있다.

과거 우리나라 기업들은 해외에 나가면서 국내 일자리를 급격히 줄이는 바람에 거센 비판에 직면하곤 했다. 실제로 그 여파로 인력 수급의 미스매치가 생기고 청년 고용이 어려워지기도 했다. 그렇게 무리하며 진출한 나라에 유효한 인력이 많지 않거나 몇 년 뒤 인건비가 급격히 오르면 해외 진출의 의미가 있겠는가? 인구의 역동성을 관찰하는 것은 이런 근시안을 피하고 장기적인 사회 변화의 정보를 얻기 위해 반드시 필요하다.

Q2. 생산기지로 진출해야 할까요, 소비시장으로 진출해야 할까요?

자, 그렇다면 본격적인 질문으로 들어가 보자. 어느 나라로 가는 게 유리한지 묻는 질문을 한 단계 깊이 들어가면 '생산기지'로 진출하는 것이 좋을지, '소비시장'으로 진출하는 것이 좋을지를 염두에 둔 질문이었을 것이다. 실제로 '어느 국가에 진출할지'와 더불어 많이 묻는 것이 바로 이 질문이다.

물론 인구학적으로 볼 때 가장 좋은 곳은 인구 규모가 매우 커서 인건비 상승이 상대적으로 더디고 동시에 재력이 상당한 소비층도 있는, 이런저런 환경이 모두 갖춰진 나라일 것이다. 이런 나라는 전 세계에 두 곳밖에 없다. 바로 중국과 인도다. 놓치지 말아야 할 시장인 건 분명하지만, 결코 진출하기 쉬운 곳은 아니다. 중국은 이미 많은 기업이 진출했다가 어려움을 겪기도 했다. 그렇다면 이들 외의 국가들은 어떠한가? 생산기지로 봐야 할까, 소비시장으로 봐야 할까?

신흥국 소비시장은 예상보다 빨리 열린다

　제조업 기업이 해외 진출을 모색할 때는 일차적으로 생산기지로 접근하는 편이다. 국내 노동인구가 줄어들고 인력난이 심해지니 상대적으로 젊은 인구가 많고 인건비가 저렴한 나라에 공장을 짓는다는 구상이다. 처음에는 중국으로 갔다가 중국에서 어려워지니 베트남으로 많이 옮겨 갔고, 지금은 인도네시아가 '제2의 베트남'으로 부상하고 있다. 최근 들어 대기업 중심으로 현지 내수시장을 가늠하며 진출하는 전략을 펼치기 시작했지만, 국내에서 OEM 위주로 사업을 전개해온 기업들에는 여전히 현지의 내수보다 생산 단가가 훨씬 중요한 고려 요인이다.

　그런데 아이러니하게도 '노동자'도 '소비자'도 결국 같은 인구이며, 소비시장이 열리는 변곡점인 '중산층의 성장'은 노동자의 생산성이 높아지고 급여가 상승하는 과정과 맞물려 나타난다. 또 하나 고려해야 할 흥미로운 점은, 신흥국에서는 소득 수준을 뛰어넘는 소비가 종종 나타난다는 사실이다. 즉 소득 수준 추이를 보고 예상한 것보다 소비시장이 일찍 열리는 경우가 있다. 그 이유를 몇 가지 유형으로 설명할 수 있다.

　첫째, 통계 착시가 있다. 국가적 시스템이 아직 완비되지 않아 소득의 투명성이 떨어지는 경우다. 통계에 잡히지 않는 소득이 있어 외부에서 예상한 것보다 소비력이 크게 나타난다. 실제로 베트남에서 수입원을 이야기할 때 'lương lộc(느

영락)'이라는 표현을 쓰는데, 'lương(느엉)'은 공식적인 월급을, 'lộc(락)'은 보너스, 부수입을 뜻한다. 월급 외의 수입원이 정확하게 통계로 잡히지 않는 측면이 있다.

둘째, 상향 지향적인 소비 패턴이 형성되어 소비시장이 열리는 경우다. 특히 합계출산율이 빠르게 하락하는 도시 지역에서 이러한 현상이 두드러진다. 합계출산율은 단순히 자녀 수만이 아니라 가계의 소비 구조를 보여주는 지표다. 자녀가 많을 때와 적을 때, 아이 한 명에게 쓰는 소비와 부모 자신에게 쓰는 소비 모두 크게 달라진다. 그 변화가 가장 먼저 드러나는 것이 건기식과 내구재 시장이다.

셋째, 도약형 소비 leapfrogging consumption 때문이다. 말 그대로 발전 단계를 하나하나 밟지 않고 곧장 상위 단계로 뛰어오르는 소비방식을 가리킨다. 예를 들어 한국의 냉장고는 위칸이 냉동고, 아래칸이 냉장고인 톱 프리저 Top Freezer 형태로 시작해 바텀 프리저 Bottom Freezer로, 그다음엔 양문형 및 4도어 형태로 발전했다. 전형적인 진화 단계를 매우 빠르게 밟아 나가는 방식이었다. 하지만 베트남은 중간 단계를 건너뛰고 곧바로 가장 최근 형태의 냉장고를 구매하는 양상이 두드러진다. 한 가전회사는 베트남 내수시장을 겨냥하며 보급형만 진출할지, 아니면 한 단계 높은 라인업까지 준비해야 하는지 저울질하던 시기에 이 점을 적극적으로 활용했다. 소비자들에게 프리미엄 경험을 더 구체적으로 심어주기 위해 호치민 같은 대도시에 체험관을 열고, "당신의 집도 가전 하나로 이렇게 럭셔리해질 수 있다"는 메시지를 소비자들에게 직접 전해 호응을 얻고 있다.

유통도 마찬가지다. 한국이 동네 슈퍼에서 편의점으로 그리고 할인마트에서 대형마트나 몰mall 형태로 발전했다면, 베트남은 대형몰, 유기농마트, 근린마트가 동시에 우후죽순 생겨나 발전하고 있다. 아마 중국에서는 결제 방식에서 이러한 변화를 실감한 분들이 많을 것이다. 베트남도 인도네시아도 점차 모바일 페이 결제가 일상화되어 '현금 없는 날No Cash Day'까지 생겼다. 불과 10여 년 전만 해도 "이 나라가 현찰을 안 쓰겠어?"라는 말이 나왔지만, 지금은 노인들조차 페이를 능숙하게 사용한다.

그리고 여기에 최근 또 하나의 축이 생겨나고 있는데, 바로 '미래를 선지불하는 소비'다. 한때 우리는 이를 '욜로YOLO'라 부르기도 했지만, 최근 신흥국 중심으로 커가는 소비는 '순간을 즐기는' 식의 선지불형 소비는 아니다. 오늘의 소득만으로는 설명되지 않지만 내일 더 벌 자신이 있다는 믿음, 내 아이는 나보다 더 나은 삶을 누릴 거라는 기대하에 이루어지는 투자형 소비다. 이 책에서 주목하는 신흥국들은 기본적으로 성장 잠재력이 높은 나라들이기에, 이들의 소비에는 '더 나아질 미래의 나와 자녀'가 전제조건처럼 자연스럽게 깔려 있다. 우리도 과거에 그랬던 것처럼 말이다.

이런 흐름은 기업 전략에도 변화를 불러왔다. 신흥국 시장에 진출해 가성비 제품을 앞세워온 내구재·화장품 기업도, 센터와의 공동 연구 과정에서 현장을 확인한 뒤 전략을 바꾸게 되었다. 신흥국 시장에 매스 프리미엄 라인으로 먼저 진출하고, 곧이어 바로 프리미엄 제품을 내놓은 것이다. 이 전략은 의도한 성과를 거둔 것은 물론이고, 최근 중국 기업이 치고 올라오고 있는 저가 라인과 차별화하는 효과로도 이어졌다고 한다.

이렇게 보면, 신흥국을 값싼 생산기지로만 여기는 전략은 생각보다 빨리 한계에 부딪힌다. 공장을 세운다는 것은 적어도 20년, 길게는 30년을 내다보는 결정일 텐데, 그 사이 노동자는 곧 주요 소비층으로 성장하고, 소비시장이 열리는 순간 임금 상승 압박이 동시에 따라온다. 발전 가능성이 높다고 평가되는 나라는 언젠가 이 전환을 겪기 마련이다. 그렇기에 단기적으로는 생산비 절감을 노리더라도, 중장기적으로 내수시장의 개화를 대비하는 전략적 안배가 필요하다.

하지만 모든 신흥국이 같은 속도로 이 변화를 겪는 것은 아니다. 인구배당을 빠르게 누리는 나라도 있고, 인구 구조는 배당받을 수 있는 형태가 되었으나 교육 수준 향상이 더뎌 인구배당을 누리기도 전에 고령화에 접어드는 경우도 존재한다. 인도와 같이 규모가 큰 국가는 주州마다 인구 전환의 속도가 천차만별이다.

그렇다면 우리는 어디에서 내수시장 개화의 가능성을 읽어낼 수 있을까? 좀 더 직관적으로 이정표를 찾는 방법은 없을까?

'대한민국 베이비부머' 같은 세대를 찾자

성장의 이정표를 말할 때 한국만큼 드라마틱한 사례는 없다. 한국은 전 세계적으로도 보기 드문 고속 성장 궤적을 그려온 나라다. 산업화 세대의 노고가 토대를 만들었다면, 그 위에서 성장을 폭발적으로 끌어올린 주역은 다름 아닌 베이비붐 1세대다.

이 세대의 특징은 분명하다. 아무 기반도 없는 맨땅에서 시작했지만 인구 규모가 컸고, 부모 세대보다 교육 수준이 높았다. 도시로 몰려들며 일자리와 생활 밀집도가 높아졌고, 무엇보다 중요한 건 4인가구를 형성했다는 사실이다. 부모 세대가 6~7명을 낳던 것과 달리, 이들은 2~3명만 낳았다. 자녀 수가 줄자 가처분소득이 늘었고, 그 돈으로 집을 사고 자동차를 사고 투자도 하고 자녀교육에도 집중할 수 있었다. 이 구조가 한국 경제를 단숨에 도약시켰다.

그렇다면 해외에 진출할 때는 무엇을 봐야 할까? 그 나라에도 우리나라의 베이비붐 세대와 같은 역할을 하는 세대가 있는지부터 확인해야 한다.

2022년, 베트남 가전시장을 분석해달라는 의뢰가 있었다. 그 기업은 이미 베트남에 대규모 공장을 세워 완성품을 한국과 유럽에 수출하고 있었다. 공장을 더 확장하려고 하는데, 수출 확장용 공장이어야 하는지 아니면 베트남의 성장 속도가 심상치 않으니 그에 대한 대비를 해야 하는지 고민이 되었다고 했다. '베트남 내수시장도 본격적으로 커지는 것 아닐까? 만약 그렇다면 누가 그 시장을 이끌 것인가?'라는 질문을 던진 것이다.

연구 결과, 내수 개화 시기와 그 주인공은 의외로 명확했다. 베트남에도 한국의 베이비붐 세대와 유사한 궤적을 밟고 있는 집단이 있었는데, 바로 도이머이 세대(1986~95년생)였다. 당시 한국에서는 '밀레니얼'이 급부상하고 있었지만, 베트남에서는 이 용어가 낯설게 다가왔다. 우리 연구진은 2015년부터 베트남 인구국 및 사회과학원VASS과 교류를 이어왔는데, 그들에게 한국의 베이비붐 세대, X세대, 밀레니얼 개념을 소개했더니 "베트남은 종전終戰이 1970년대였으므로 그와 같은 틀을 적용하기 어렵다"라는 답변이 돌아왔다. 이를 계기로 베트남 학자들과 함께 자국의 세대 구분을 해보자는 논의가 본격화되었고, 연구를 의뢰한 기업도 이를 적극 지원했다. 그 결과 [도표4-3]에 보이는 베트남의 인구 피라미드와 세대 구분이 탄생했다.

도이머이 세대의 등장은 베트남 현대사와 맞닿아 있다. 베트남은 1945년 독립 이후 1955년부터 1975년 통일까지 20

[도표4-3] **베트남의 인구 피라미드(2020년 기준)**

년 동안 전쟁을 치렀고, 그 후에도 10여 년간 중국과 국경 전쟁을 했다. 캄보디아에 군대를 주둔시키기도 했다. 국지전이 끝나갈 무렵인 1986년, 베트남은 '도이머이Doi Moi'라 불리는 개혁개방 정책을 선언했다. 폐허 위에서 새로운 국가 건설을 시작

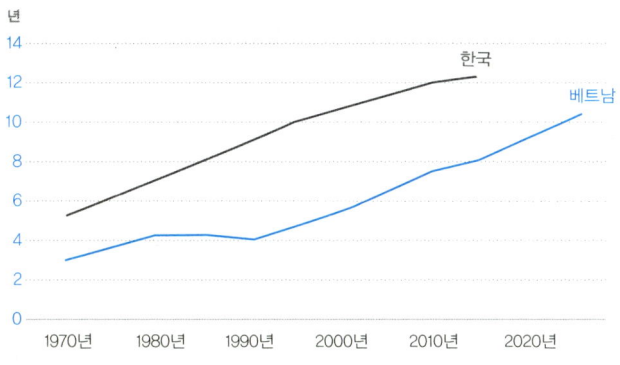

[도표4-4] **한국과 베트남의 평균 교육 기간(25~49세 인구)**

한 것이다. 도이머이 세대는 바로 이 시기에 태어났다. 전쟁을 직접 겪지 않은 첫 세대인 이들은 전쟁의 상흔보다 성장과 변화를 삶의 기본 조건으로 체득하며 자라났다.

이 세대는 인구 규모도 크다. 1986~95년 사이에 태어난 이들은 베트남 인구 피라미드에서 뚜렷하게 돌출된 층을 이루고 있다. 또한 부모 세대보다 훨씬 높은 교육을 받으며 성장했다. (도표4-4)를 보면 1990년대 이후 베트남의 교육 수준 향상 속도가 1980년대 한국과 놀라울 정도로 비슷하다. 1990년대 35%에 불과했던 상급학교 진학률이 2000년대 이후 급격히 상승해, 지금은 대도시의 평균 교육 기간이 11~12년에 도달했다. 하노이는 이미 한국의 2012년과 비슷한 11.7년, 호치민도 10.5년에 이르고 있다.

현재 도이머이 세대는 대부분 혼인 및 출산기에 들어서서, 연구를 시작할 당시보다도 소비의 궤적이 넓어졌다. 자녀를 2명 낳는 것이 일반화되고, 자녀교육에 대한 투자도 늘리고 있다. 주거 형태에서도 변화가 보인다. 아직은 주택에 거주하는 경우가 많지만 아파트에 살고 싶어 하는 열망은 뚜렷하다.

이처럼 여러 측면에서 도이머이 세대는 베트남에서 한국의 베이비붐 세대와 같은 역할을 맡고 있다. 물론 연령대는 다르다. 한국의 베이비붐 1세대가 지금 60~70대라면, 도이머이 세대는 20~30대로 젊다. 하지만 큰 인구 규모, 빠른 교육 향상 속도, 도시화, 2자녀 가구 구조라는 성장의 4가지 조건은 그대로 겹친다. 한국의 베이비붐 세대가 그랬듯이, 도이머이 세대는 베트남 경제의 현재와 미래를 동시에 이끄는 집단이자 해외 기업이 주목해야 할 핵심 세대임이 분명하다.

Q3. 인종과 문화가 너무 다양하면 발전이 늦지 않나요?

베트남 다음으로 질문이 많이 나오는 나라는 단연 인도네시아다. 축구 경기로 보면 인도네시아는 말레이시아를 반드시 이겨야만 하는 관계이고, 베트남은 태국을 반드시 이겨야만 하는 존재로 생각한다. 하지만 우리 기업 입장에서는 태국과 말레이시아를 비교하게 되고, 베트남과 인도네시아를 비교하게 되는 경향이 있다.

한번은 아세안 시장을 함께 둘러본 어느 기업 회장님에게 "인도네시아는 어떻게 보십니까?" 하고 묻자 흥미로운 대답이 돌아왔다. 10년 전 인도네시아를 봤을 때 '이 나라 뜰 것 같다'고 느꼈고, 5년 전에도 '뜰 것 같다', 그리고 이번에도 여전히 '뜰 것 같다'는 것이다. 인도네시아는 예전부터 꾸준히 유망주로 불려왔지만, 막상 뜰 듯 말 듯하여 기업들이 진출 타이밍을 쉽게 정하지 못했던 나라다. 대기업만 망설이는 것이 아니라 상당수의 스타트업 창업자들도 베트남과 달리 주저하는 포인트가 많은 국가다.

왜 그렇게 망설이게 되는지 물어보면, 인도네시아는 뭔지 모르겠으나 섬나라이고, 인종도 너무 많고, 국가 내에서도 문화 다양성이 높아 왠지 복잡한 것 같고… 구체적으로 표현하긴 어려우나 거리감이 있다는 것이다.

해외 진출을 할 때 업종을 막론하고 그 나라의 자동차 신차시장 규모나 가전시장 규모를 참고하곤 하는데, 자동차 시장만 보아도 차이가 뚜렷하다고도 했다. 실제로 2020~22년 베트남의 인구는 약 1억 명에 연간 신차 판매량이 30만~40만 대 수준이었는데, 인도네시아는 인구가 3억 명에 가까움에도 불구하고 연간 판매량이 80만~90만 대에 머문다는 것이었다. 인구 규모를 감안하면 베트남은 인도네시아보다 훨씬 높은 자동차 보급 밀도를 보여주는 셈이다. 이렇다 보니 인도네시아가 늘 '잠재력은 크지만 발전 속도가 더디다'는 평가를 받는 반면, 베트남은 시장이 더 일찍 열린다고 이야기된다. 이는 인도네시아가 섬나라이자 다인종 국가라는 특성 탓에 성장 모멘텀이 분산된다는 인식과도 맞닿아 있다.

그런데 최근 인도네시아가 다시 주목받는 계기가 있었다. 바로 현대자동차의 진출이다. 현대차는 2022년, 일본 브랜드가 99%를 차지하던 인도네시아 자동차 시장에 도전장을 냈다. 자카르타 인근 브카시Bekasi에 연간 25만 대를 생산할 수 있는 공장을 세우고 첫해부터 판매를 시작해 1년 만에 시장점유율을 1% 미만에서 4%까지 끌어올렸다. 정말 철옹성 같던 시장에서 거둔 고무적인 성과다. 그런데 인도네시아 신차시장이 80만 대 수준이라 할 때 4% 점유율은 약 3만 2000대 정도다. 생산 능력 25만 대를 준비해놓고 3만여 대를 판 것이라면 그 성과를 좋다고 보기는 어렵다. 하지만 앞서 이야기했듯이 국내시장도 개척이 어려운데, 하물며 홈그라운드도 아닌 곳에서 단기간에 만족할 만한 성과를 내기란 쉽지 않다. 그리고 우리나라 내수가 지금보다 좋아질 수는 없다는 것이 분명하므로 어떻게든 글로벌 공급망을 갖추어야 한다는 것은 맞는 판단이다.

이런 상황이라면, 어디를 먼저 가느냐 하는 우선순위는 있을지언정 인도네시아든 베트남이든 결국 모두 진출해야 한다. 그렇다면 진출을 망설이게 하는 요인들은 어떻게 극복해야 할까? 인종과 문화, 언어가 다양한 곳은 어떤 관점으로 접근해야 할까?

다양성을 넘어서는 다원주의

우리나라 사람들이 가지고 있는 인도네시아에 대한 직관은 나름의 타당성이 있다. 섬나라에다 인종과 언어도 다양하니 국가가 체계화할 부분도 많고, 심지어 반드시 표준화해야 하는 것과 그렇지 않은 것 사이의 갈등도 다반사일 것이다. 어느 사회에나 있기 마련인 이러한 갈등이 우리나라는 그래도 적었던 편이었고, 갈등보다는 발전에 힘쓰자고 사회적으로 합의되어 온 측면도 있다.

그러나 세계 대부분의 국가는 다민족 사회다. 국가별 인종 다양성 지수 Historical Index of Ethnic Fractionalization, HIEF 를 보면, 무작위로 두 사람을 뽑았을 때 서로 다른 인종일 확률이 미국은 52%, 독일은 18.9%, 전 세계 평균은 45.7%에 이른다. 반면 한국은 9.5%, 일본은 1.9%로 극단적으로 낮다. 단일민족 국가는 (우리도 확실히 단일민족이라 하기는 어렵긴 하나) 세계적으로도 드문 예외다.

인도네시아는 인구 3억 명의 거대한 나라이며, 인종 다양성 지수는 무려 80.2%에 달한다. 인도네시아 중앙통계청 BPS에 따르면 언어도 공식어인 인도네시아어 외에 700개 이상이 쓰인다. 전 세계 언어의 10%가 인도네시아에 있다는 말이 과장이 아닐 정도다. 종교 역시 이슬람, 개신교, 가톨릭, 힌두교, 불교, 유교 등 6가지나 된다. 이렇게 인종, 언어, 종교가 복합적으로 얽힌 사회 구조가 인도네시아의 가장 큰 특징이다.

그런데 우리가 다양성을 이야기할 때 흥미로운 부분이 있다. 미국 또한 다양성이 매우 높은 국가이며, 국가 정체성의 핵심 중 하나로 다양성을 이야기한다. 그런데 미국은 '멜팅팟 melting pot', '샐러드볼 salad bowl'이라는 비유까지 하며 다양성을 발전의 원동력으로 강조한다. 반면 인도네시아의 다양성은 종종 성장을 더디게 하는 요인으로 지목된다. 왜 이런 차이가 생길까?

다양성은 과연 국가의 성장에 어떤 영향을 미칠까? 관련 연구를 보면 민족적 다양성이 잠재적인 분쟁을 증가시키는 것은 사실이다.[3] 그렇지만 반드시 그런 것만은 아니다. 두 집단의 크기가 비슷하면 갈등으로 번질 수 있다. 예를 들어 한 나라에 A민족이 30% 있고 B민족이 20~30% 있어서 둘이 합치면 과반이 넘을 경우는 서로를 견제하거나 혹은 흡수하려고 싸우게 된다. 그러나 여러 민족으로 쪼개져 있거나, 반대로 비중이 월등히 높은 민족이 존재할 때는 분쟁이 국소적으로는 일어나더라도 전역으로 번지는 경우는 많지 않다.[4] 즉 비슷한 규모의 2개 민족이 양극화 polarization 될 때 다양성이 부정적인 영향을 미치는데, 인도네시아는 그 경우가 아니다. 인도네시아는 자바인이 40.1%로 가장 많지만 과반을 넘지 않고, 순다인(15.5%), 말레이인(3.7%), 바탁인(3.6%), 마두라인(3.0%), 베타위인(2.9%), 미낭카바우인(2.7%), 부기족(2.7%), 반텐족(2.0%), 반자르족(1.7%), 발리족(1.7%), 아체족(1.4%), 다야크족(1.4%), 사삭족(1.3%), 중국족(1.2%) 외에도 기타 민족이 15.1%나 된다. 이처럼 민족이 쪼개져 있다 보니 분쟁이 일어나도 전역에 걸쳐 발생지는 않는다. 물론 누군가는 구심점이 없다고 할 수 있겠지만, 이는 중앙 정부가 하기 나름이다.

결론적으로 인도네시아와 같은 국가가 민족, 문화, 언어적 다양성이 높아서 발전하기 어렵다고 판단하는 것은 무리가 있다. 오히려 국가가 어느 정도의 체계만 갖춘다면, 이러한 다양성이 혁신 스타트업을 탄생시키고 경제성장에 긍정적인 효과를 만들어낼 가능성도 높다.[5]

나아가 인도네시아의 다양성은 포용의 정신에 바탕을 둔 '다원주의'라고 보는 것이 좀 더 정확할 것이다. 인도네시아에는 실로 오래전부터 다원주의 전통이 뿌리내려 있다. 국장國章인 '가루다 판차실라Garuda Pancasila'에는 "Bhinneka Tunggal Ika(Unity in Diversity)"라는 문구가 새겨져 있다. 14세기 서사시 〈카카윈 수타소마〉에서 유래한 이 말은 불교와 힌두교의 종교적 관용을 담은 표현으로, 인도네시아 헌법에도 명시되어 있다. 즉 이 나라의 다원주의는 갑자기 만들어진 가치가 아니라 수백 년간 사회에 스며든 기반이다. 종교적 협력 사례는 더욱 상징적이다. 자카르타에 있는 세계 최대 규모의 모스크인 이스티클랄 모스크와 맞은편의 산타마리아 대성당은 지하의 '우정 터널'로 연결되어 있다. 터널이 생기기 전에도 30년 넘게 서로의 주차 공간을 나눠 썼다. 이런 관용과 포용의 문화는 다원주의가 인도네시아 사회에 깊이 뿌리내렸음을 보여준다.

이러한 관점으로 바라보면 인도네시아의 다양성이 다르게 보이지 않을까? 한국인의 눈에는 "민족이 저렇게 다양하면 얼마나 혼란스러울까"라는 우려가 먼저 생길 수 있지만, 인도네시아 사람들에게 다양성은 태생적 조건이자 오히려 힘이다. 섬이 많다는 것도 우리에게는 분산처럼 보이지만, 인도네시아인에게는 이미 연결된 생활방식이 있어 불편하지 않다. 인프라 투자와 토목 사업 기회로 전환하기에 유리하다고도 여긴다. 우리는 외부인이므로 더 객관적으로 판단할 수 있다고 생각하겠으나, 한쪽으로만 치우친 관점은 시장을 새롭게 열어가는 데 도움이 되지 않는다.

많은 학문에서 다양성을 정치적 갈등이나 문화 차이로 설명한다. 그에 반해 인구학의 관점은 '이 나라에 왜 이런 구조가 형성됐으며, 앞으로 어떤 결과를 낳을 것인가?'에 초점을 맞추는 다소 건조한 시각을 견지하는 편이다. 정치적인 변수가 존재하더라도 해당 국가가 가진 인구의 힘(크기와 교육 수준)이 100% 발휘되느냐, 50% 발휘되느냐의 문제이지, 결국 그 힘이 방향성을 끌고 간다는 관점이 있기 때문이다. 이 때문에 인구학을 두고 탈정치적이라는 비판과 지나치게 개인과 집단을 믿는다는 비판도 있으나, 너무나도 변수가 많은 사회에서 미래를 예측하는 데는 외려 유용한 관점이다.

종교 속의 실용주의

인도네시아의 대표 종교는 단연 이슬람이다. 종교적인 부분도 우리나라 기업들이 이 나라에 진출하려 할 때 조금 까다롭다고 느끼는 듯하다. 그런데 이들의 생활을 들여다보면, 종교적으로 엄숙하다기보다는 의외로 실용주의적인 모습이 강하다는 것을 금방 발견할 수 있다. 특히 인도네시아의 Z세대들은 삶이 더 편리해져서 이슬람을 선택했다는 '주민등록형 이슬람'이 많다. 이 말이 무슨 뜻일까? 단적인 예로 혼인신고를 이슬람 사원에서 하면 일주일 안에 처리가 끝난다. 반면 가톨릭을 택하면 동네 커뮤니티 센터에 신고해야 하는데, 3개월에서 길게는 6개월이 걸린다. 인도네시아의 이슬람은 자체적으로 효율적인 시스템을 갖추고 있고, Z세대는 이를 아주 영리하게 활용하는 것이다.

여기서 우리가 주목할 점은, 실용주의적이라는 인도네시아 Z세대가 K컬처 소비의 최전선에 있다는 사실이다. 전 세계에서 한국 문화를 가장 열정적으로 받아들이는 집단 중 하나가 바로 이들이다. 인도네시아는 동남아 국가 중에서도 일찍 K팝이 유행한 곳이어서 2세대 아이돌(특히 슈퍼주니어)도 상당히 많이 알려져 있다. 게다가 이들은 대부분 조코 위도도 대통령(2014~2024) 취임 이후에 자라난 세대로, 교육 수준 향상 속도가 빠르다. 그만큼 성공에 대한 기준도 높고 열망도 크다. 종교적 신성함은 여전히 중요하지만 종교와 삶을 구분하고 자기 성장을 무엇보다 중시하는, 어찌 보면 다소 세속적인 가치관을 드러내고 있다. 종교의 강력한 영향 아래서도 실용주의가 가능하다는 사실은 우리에게 생소하지만 인도네시아에 진출할 때 반드시 기억해야 할 점이다.

이런 면모를 직관적으로 이해할 수 있는 지역이 자카르타 근처 탕에랑Tadnerang이다. 전통적 부촌이 아니라, 인도네시아 중산층의 삶의 질 향상이 이루어지는 모습을 볼 수 있는 곳이다. 이 지역에 BSD Bumi Serpong Damai라는 프로젝트가 추진되면서 해당 지역 발전의 구심점이 되었는데, 초기에는 주로 주거단지로 조성되다가 이후 특별경제구역에 선정돼 상업·교육·의료·여가 시설 등을 갖춘 온전한 자족형 도시로 발전했다. 지금은 BSD 외에도 점차 많은 곳에서 이러한 모습을 볼 수 있다.

이 지역의 인구 피라미드를 시기별로 몇 개 그려보면 영유아와 부모 세대의 유입이 증가하는 것을 볼 수 있다. (놀랍게도 인도네시아도 지역별로 세부적인 인구 피라미드를 그려볼 수 있다. 그만큼 인구통계가 체계화되어 있다.) 젊은 인구가 홀로 이주한 게 아니라 가족 단위로 들어와 산다는 뜻이다. 우리가 인터뷰한 주민들은 "자카르타 시내는 차가 위험하게 다니는데, 이 지역은 아이를 낳아 안전하게 기를 수 있고 주변에 아이를 위한 시설도 많다"는 것을 장점으로 꼽았다. 또한 본래 부모님과 함께 살던 지역에서는 종교 커뮤니티와 규범을 의식하게 되는데, 이곳은 그럴 필요가 없어서 편하다고도 했다. 종교적인 의식은 그들의 생활에 이미 녹아 있으나, 그럼에도 종교적인 규율과 규범이 개인의 라이프스타일을 결정하는 것은 아니라는 뜻이다. 그곳의 모습은 우리가 으레 떠올리는 인도네시아보다는 오히려 우리나라의 1기 신도시 모습과 닮아 있었다.

Q4. 어떤 데이터를 보며 해외 진출 의사결정을 해야 하나요?

데이터가 살아 있으려면

이 질문은 전체적으로 많이 나오는 것은 아니지만, 실무자들을 대상으로 하는 연구 세미나와 강연에서는 가장 많이 듣는 질문이다. 임원들은 그간의 경험에 기반한 직관으로 비전과 방향성을 제시하지만, 실무자들은 그 직관을 데이터로 구현해내야 한다. 전략을 실현하는 데는 투자가 수반되니 타당성 검토 과정을 거치는데, 보고서를 작성하는 데 필요한 자료를 어디서 얻어야 하는지 모르겠다는 것이다. 결국 판단을 위한 근거 자료를 어디서 수집하냐는 질문일 것이다.

첫 번째, 인구 데이터부터 이야기를 해보면 각 나라의 통계청(혹은 통계국)을 직접 참고하길 권장한다. 물론 구글에 정리된 데이터도 많고, 세계은행 World Bank 의 데이터 센터에도 전 세계 국가의 주요 지표가 정리되어 있다. 하지만 생각보다 구글에는 부정확한 인구 정보가 많으며, 세계은행은 원칙적으로 각국의 센서스나 통계청 발표 데이터를 취합하지만 요청 국가에서 빠르게 취합되지 않을 경우에는 자체적인 추정/추계 데이터를 사용한다. 자체적으로 추정/추계할 때는 해당 국가의 특징보다는 전반적인 세계 흐름을 고려하다 보니 저출산 국가는 합계출산율이 높게, 고출산 국가는 합계출산율이 낮게 추정되는 경향이 있다. 국가별 통계청마다 데이터 공개 범위가 다르긴 하지만, 중국 외에는 대부분 인구 데이터를 공개하고 있다. 이제는 AI가 발달해 원어로 된 사이트도 잘 번역해주는 만큼 주저하지 말고 직접 접속해서 탐색해볼 것을 권한다. 영문 페이지와 원어 페이지의 정보 제공 차이도 있으므로, 가급적 원어로 보는 것이 좋다.

두 번째, 양적 데이터와 결합할 옵저빙observing 데이터를 쌓으라고 말씀드린다. 앞에서 인도네시아 탕에랑의 인구 피라미드를 몇 개년도만 그려봐도 알 수 있는 경향에 대해 설명했다. 그럼에도 해석에 필요한 인사이트는 해당 지역에 직접 가서 사람들을 인터뷰하거나 관찰하여 얻는 경우가 훨씬 많다. 숫자로 표시된 데이터가 더 힘을 받으려면 옵저빙을 통해 얻는 질적 데이터가 받쳐주어야 한다. 내가 본 양적 데이터의 해석이 맞는지 틀린지에 대한 검증도 가급적 현지에서 옵저빙 혹은 인터뷰를 통해 얻어보길 권한다. 직접 소비자 조사를 실시하라는 것이 아니다. 이는 오히려 명확한 소비자 조사를 하기 전에 필요한 과정이다. 현지를 경험해본 한국인들에게서 인사이트를 얻는 것도 중요하나, 스스로 경험적 데이터를 쌓고 그것으로 양적 데이터에 숨을 불어넣는 과정을 거치길 바란다.

세 번째, 정책 정보는 우리 재화와 직접 연관되는 사항도 물론 중요하지만, 사회 환경 변화와 관련된 정보도 놓치지 말아야 한다. 특히 중산층의 삶의 질을 높이려는 정부의 의지는 보건 환경에 투자하는 예산을 보면 되니, 그 부분을 반드시 체크하자. 예산 등의 정보는 해당 부처의 보도자료로 공개돼 있으니, 미디어 정보와 교차 확인해보면 된다. 예를 들어 인도네시아 정부는 2024년 보건 예산을 국가 예산의 5.6%로 책정했는데, 이는 전년보다 8.1% 증가한 수치다. 이 중 대부분은 아동건강 증진과 안전환경 조성에 쓰인다. 그런데 이 자료를 중산층의 삶의 질 향상을 가늠하는 척도로만 사용하기엔 조금 아깝다. 이런 정책 변화를 우리에게 유리하게 활용할 방도를 고민해보면 어떨까?

이것을 잘하는 나라가 바로 일본이다. 현지 정부 정책에 대한 정보를 확보하면 이를 바탕으로 일본 기업에 유리하게끔 사업화하는 거시 전략을 짠다. 이 전략은 주로 정부 관료들로부터 나온다. 예를 들어 인도네시아의 안전환경 조성 예산이 대폭 증액되었다면, 모빌리티 기업에는 어떠한 영향이 있을지 파악한다. 아울러 인도네시아 사람들의 니즈가 안전과 보행 친화적으로 바뀌어가고 아이를 안전하게 키우고 싶은 욕구가 커짐에 따라 정부도 점진적으로 변화를 시도하는 상황에, 자국의 기업이 어떤 역할을 하면 좋을지에 대한 정보를 얻고 가이드하는 식이다. 우리나라 정부나 기업들은 아직 이만큼 적극적인 개입을 하지 못하지만 주저할 일은 아니라고 본다. 정책적 환경도 우호적이어서, 인도네시아에 가서 한국에서 기업이나 스타트업을 한다고 하면 일단 환영하는 분위기다. 심지어 경제적 이득을 크게 가져다 주지 못하는 우리 같은 학자들도 환영해주니, 어떻게든 적극적으로 정보를 얻고 우리에게 유리한 방향성을 발굴하면 좋겠다.

이 외에도 인구 요인과 국가 발전에 대해 감을 익히고 싶다면,《팩트풀니스》[6] 등 한슬 로슬링Hans Rosling 교수의 저서들을 추천한다. 그가 설립한 갭마인더 재단Gapminder Foundation 홈페이지의 데이터도 참고해보면 도움이 된다. 국가의 발전은 1인당 GDP와 같은 양적 요소뿐 아니라 기대수명, 영유아 사망률, 위생 수준과 같은 질적 요소도 포함하는데, 이러한 요소를 한눈에 개괄할 수 있도록 정리가 잘되어 있다.

예를 들어 〔도표4-5〕는 갭마인더 재단이 각국의 경제성장과 인구의 질적 성장 간 상관관계를 그래프로 표시한 것이다. 그래프를 보면 경제성장이 기대수명에 긍정적인 영향을 주고, 또다시 기대수명이 경제성장에 긍정적인 영향을 미치며 우상향하는 모습을 확인할 수 있다. 파란색으로 표시한 인도네시

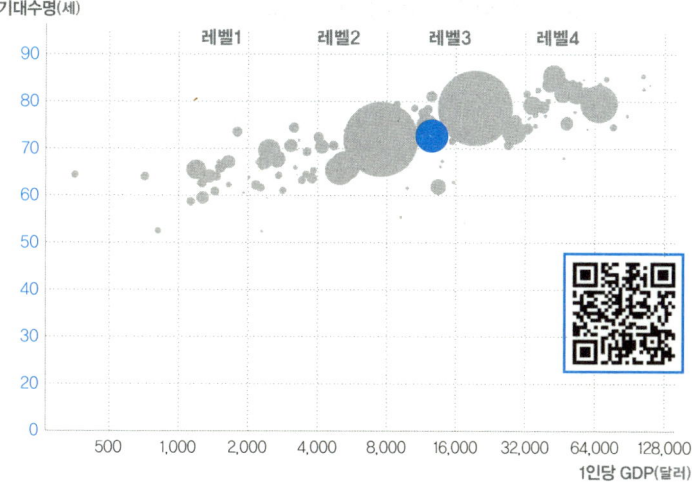

[도표4-5] **국가 경제 성장과 인구의 질적 성장과의 관계(2023년)**
출처: 갭마인더 재단

아는 지금 3단계 진입을 눈앞에 둔 것을 알 수 있다. 이 그래프로 추론해보건대 인도네시아는 지금 경제성장 속도를 높이기보다는 질적 요인들이 재편되는 시기로 보인다.

    이렇게 인구 데이터와 그것을 입체적으로 해석하도록 돕는 데이터가 결합하면, 어떤 제품과 서비스로 해외에 진출할 때 유리한지를 알 수 있는 훌륭한 기초 자료가 된다. 진출하고자 하는 제품과 서비스가 이미 결정된 상황이라면, 언제 어떤 규모로 어느 나라로 나가는 게 좋은지 판단하는 데 도움을 받을 수 있다.

스스로 볼 줄 알면 시기를 정할 수 있다

　해외로 가려면 언제 어느 규모로 가느냐, 무엇을 기준으로 삼느냐가 항상 고민일 것이다. 이때 경쟁사를 보고 판단하는 기업이 의외로 많다. 그것도 물론 감안해야 하겠지만, 그 나라의 인구 변동을 거시적으로 살펴보며 우리의 포트폴리오가 잘 매칭되는지 확인해야 한다.

　그 결과 생산과 소비의 성장이 모두 유리해 보인다면, 자동차나 가전과 같은 내구재 산업은 바로 진출하기 좋은 여건이다. 아직은 인건비가 저렴하기 때문이다. 지금 우리가 주로 살펴보고 있는 인도네시아와 베트남이 그렇다. 향후 소비시장으로서 잠재력도 좋아야 하지만, 우선은 인건비가 비싸지기 전에 생산기지로 진출하는 것이다. 인도네시아도 교육 수준이 올라가고 있으니 언젠가는 인건비가 올라갈 것이다. 대신 그때는 국가의 생산성이 높아져 구매력이 커질 테니, 이를 대비해 미리 들어가서 판로를 개척한다는 의미도 있다.

　한편 같은 내구재라도 가구는 아이 방을 따로 둘 수 있는 시점을 노리는 것이 더 좋다. 이런 조건이 되려면 합계출산율이 1.5~1.7 정도는 되어야 한다. 아이가 둘 혹은 하나가 되어야 방 하나씩 줄 수 있어 가구 소비가 활발해지기 때문이다. 내구재가 아니라 식품처럼 일상적으로 구매해서 소비하는 품목은 인구 규모만 커도 어느 정도 판매가 용이하다. 나아가 그곳에서 식원료를 조달할 수 있다면 금상첨화일 것이다.

이제는 이런 분석을 기업에서도 자체적으로 수행해, 어떤 목적으로 해외에 진출할지 결정하는 데 인구학의 관점을 녹여내기 시작했다. 그런데 여전히 국내시장에 투입하는 인력에 비해서는 투자가 많지 않은 실정이다. 대기업들도 사정은 크게 다르지 않다. 간혹 내부에 분석팀이 있는 경우도 직접 분석하지 않고 자꾸 컨설팅업체에 맡긴다. 그것도 해외시장 프로젝트이니 글로벌 컨설팅업체에 비싼 돈 주고 맡긴다. 그런데 그들이 제공하는 보고서가 우리 회사에만 주는 정보일까? 전 세계의 동종업계 기업에 조금씩만 손본 비슷한 보고서가 갈 것이다. 이런 분석자료로 우리 기업에 맞춘 전략을 촘촘하게 세울 수 있을까? 쉽지 않을 것이다. 이런 일이 생기는데도 여전히 많은 기업이 자체 분석에 소극적이다.

분석할 때 중요한 것은 결국 데이터와 정보를 어디서 얻느냐다. 생각보다 많은 컨설팅업체가 구글에서 데이터를 얻는다. 그러나 앞에서 언급했듯이 구글 데이터 중에는 잘못된 게 너무 많다. 특히 인구는 가구 유형과 코호트 등으로 쪼개어 살펴야 할 때가 많고 지표에 대한 해석이 중요한데, 여기에 틀린 데이터를 붙여놓은 경우가 적지 않다. 앞에서 정부 정책에 대해서도 현지에서 직접 확인해보라고 했는데, 물론 컨설팅회사도 그런 내용을 신문에서 찾아줄 수 있을 것이다. 그러나 우리에게 필요한 것은 보도자료 속 청사진이 아니라 실제 진도다. 그걸 알려면 그 나라 정부 관계자도 만나고, 소비자들도 직접 만나 이야기를 들어야 한다. 해외시장 분석도 이제는 국내를 분석하듯 기업 내에서 더 깊이 있게 내재화하면 좋겠다.

    센터에 연구를 의뢰하는 기업 담당자에게 들어보면, 인구분석을 어떻게 해야 할지 몰라서 컨설팅업체에 일임하게 된다고 한다. 내재화가 어려운 이유도 직접 분석하기 어려워 보여서라고 말한다. 하지만 외부에 일임해서는 우리만 아는 정보를 얻기 어렵고, 우리만의 전략을 짜기도 힘들다. 그들도 어차피 구글에서 얻는 데이터로 분석한다면 기업 내부에서 직접 해볼 수도 있지 않을까? 그럴 때 시장을 분석하는 역량과 시야도 월등히 향상될 것이다. 실제로 센터와 함께 작업한 기업 중에는 인구분석실을 꾸리거나 팀내 역량을 강화하여 자체적으로 분석을 시작한 곳이 여럿 있다.

Q5. 신흥국은 경제적 양극화가 심하던데요

요즘에는 기업에서도 진출하려는 나라를 '시장'으로만 바라보지 않고, 그 나라의 진정한 발전가능성을 묻는 질문이 꽤 많아졌다. 확실히 해외 진출에서도 상대 국가를 바라보는 관점이 달라지는 것을 느낀다. 긍정적으로 보면 이제는 신흥국을 단순히 '돈 버는 시장'으로만 여기지 않겠다는 뜻으로 읽힌다. 물론 그 나라가 장기적이고 지속 가능한 발전을 해야 우리에게 꾸준한 이익이 올 테니 이 또한 큰 틀에서는 경제적인 관점인 것도 맞다. 하지만 '왜 그런 것까지 생각해야 하지?'라는 시각도 여전히 많은 게 사실이다.

이 질문에 대해서는 A 또는 B라는 양자택일보다는 어떻게 하면 균형을 잡아볼 수 있는지에 대해 말씀드리곤 한다. 우리도 기본적으로 사회를 연구하는 학자이기에 시장의 기회 못지않게 사회적 발전을 보는 관점이 앞섰다. 얼핏 보기에 '사회'와 '시장'은 '공공'과 '민간'처럼 조금 거리가 느껴지는 단어이지만, 인구학적 관점에서 공부와 연구를 할수록 이 두 가지는 떼려야 뗄 수 없는 관계이기에 이분법적으로 보는 것은 위험하다는 생각이 강해졌다.

부침을 겪으며 반등할 가능성

인도는 물론이고 인도네시아를 비롯한 동남아 국가도, 브라질을 비롯한 중남미 국가도 취약점은 경제적 불평등이다. 이 문제는 사실 선진국도 자유롭지 못하다. 통계 수치상 아무리 불평등이 완화되었다 하더라도 체감이 그렇지 않다면 불만은 쌓일 수밖에 없고, 국가에서 제시하는 비전은 동력을 잃게 된다.

실제로 대부분의 국가에서 경제가 성장하면서 경제적 불평등이 심화되는 구간이 존재한다. 성장 속도는 빠른데 분배 시스템을 마련하는 정책이 제대로 작동하지 않기 때문이다. (도표 4-6)에서 보듯이 인도네시아는 이따금 성장세가 꺾이는 현상이 나타난다. 1997년 IMF 외환위기, 2010~11년, 2020년 코로나 팬데믹 기간이다. 마치 우리나라의 성장 그래프를 보는 것 같다. IMF 외환위기 당시 꺾였던 한국의 경제성장선은 대대적인 기업 구조조정 이후 반등했고, 2008년 세계 금융위기 등의 구간에서 다시 꺾이고 회복하기를 반복했다.

우여곡절을 겪어가며 그래도 전체적으로 볼 때 인도네시아는 우상향의 성장곡선을 그리고 있다. 그러나 계층별로 보면 경제성장이 꺾일 때 취약계층은 가장 타격이 크고 회복하기도

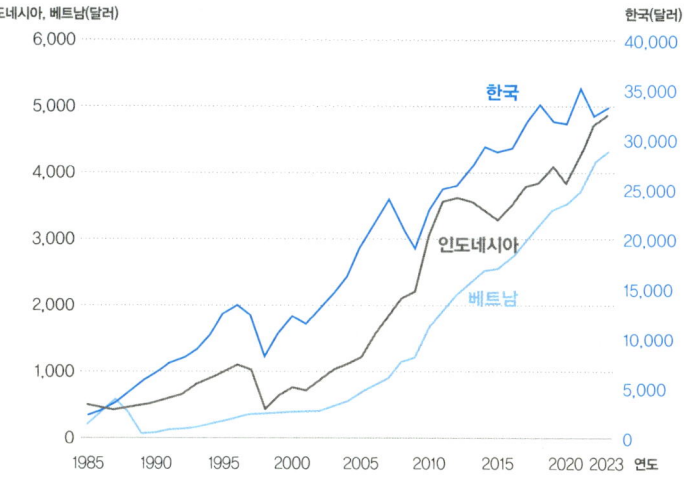

[도표4-6] **한국, 인도네시아, 베트남의 1인당 GDP 추이**
출처: World Bank

힘들다. 그 때문에 불평등이 더욱 심화된다. 조코 위도도 대통령도 집권 이후 취약계층의 빈곤 탈출을 최우선 과제로 강조한 바 있다. 그 결과 전반적인 빈곤이 감소하긴 했으나, 경제성장의 가장 큰 수혜자는 빈곤층이 아닌 중산층인 것으로 나타났다. 소득 5분위 중 2~3분위인 중산층의 소비 증가는 조코 위도도 대통령 집권기의 경제성장률과 일치한 반면, 하위 4~5분위의 소비는 여전히 낮았다. 그만큼 계층 간 불평등이 커졌다는 뜻이다.

그런데 한편으로 이렇게 중산층의 소비력이 경제성장률에 맞춰 증가하는 것은 인도네시아의 매스 프리미엄 시장이 성장하고 있다는 것을 시사한다. 인도네시아의 2022년 경제성장률은 5.31%이고, 국내 소비를 성장시킨 중산층은 약 1억 1500만 명으로 추산된다. 이들의 소비가 자동차, 인테리어, 자녀교육 등에서 이루어지기 시작했고, 소셜미디어를 통한 소비재 구매도 광범위하게 확산되고 있다. 중산층 가운데 대학을 졸업한 사람은 아직 3분의 1에 불과하므로, 앞으로 Z세대의 교육 수준이 올라가면 대졸 중산층의 규모는 더욱 커질 것으로 예상된다.

'인건비가 낮은 계층'과 '소비력이 향상되고 있는 계층'의 인구가 각각 대규모로 존재하는 것은 인도네시아 입장에서는 성장의 '그늘'인 동시에 '가능성'이다. 인도네시아로 생산기지를 진출시킨 기업 입장에서도 생산계층과 소비계층이 분화되는 것을 부정적으로만 해석해야 할지 생각해볼 문제다. 기업 입장에서는 교육 수준이 낮거나 소득이 다소 낮은 노동인구가 지속적으로 줄어들면 인건비가 빠르게 상승한다. 이미 지금 베트남에서 임금이 급격히 오르고 있다.

인도네시아도 임금이 오르기는 하지만 3억이라는 인구가 단기간에 변화하기는 쉽지 않다. 즉 인도네시아에 진출한 기업 입장에서는 생산인력이 되어줄 인구가 여전히 존재하고, 인건비 상승이 빠르지 않을 개연성이 있으므로 공장을 짓기에 유리한 나라일 수 있다. 나아가 이들의 교육 수준이 향상돼 양질의 노동력 공급이 가능하고, 중산층의 높은 소비력까지 기대된다는 사실은 긍정적 요인으로 작용한다.

그렇다면 인도네시아는 빈곤을 탈출할 수 있을까? 많은 이들이 인도네시아를 '만년 유망주'라고 한다. 10년 전에도 뜰 것 같았고, 5년 전에도 뜰 것 같았고, 지금도 뜰 것 같기만 하다고 말이다. 정말로 인도네시아는 유망주로 끝날까? 현재 모습은 한국이 1990년대에 달성한 10% 성장은 요원하고, 최근에는 베트남에도 밀리는 듯하다. 그럼에도 '뜰 것'이라는 우리 센터의 판단은 여전히 변함이 없다. 더욱이 현재 인도네시아는 한 번 부침을 겪었다가 반등할 시기이고, Z세대가 노동시장에 들어올 때 한 번 더 성장할 여지가 있으니 그 시기를 놓치지 말아야 한다는 게 우리의 의견이다. 단, 인구가 경제성장의 펀더멘털을 형성하지만 국내 정치 혹은 국제 경제상황에 따라 예상되는 성장의 시기와 기울기가 달라질 수 있다는 점을 간과하면 안 된다. 2024년 10월 출범한 프라보워 대통령 체제가 인도네시아의 Z세대가 가져올 것으로 예상되는 성장의 속도와 규모를 어떻게 바꿀지 면밀한 검토가 필요하다.

Q6. 핵심 타깃인 Z세대의 특성은 어느 나라나 비슷한가요?

공유하는 가치에 대한 해석은 나라마다 다르다

해외 진출을 할 때 간과할 수 없는 고민이 문화적 차이다. 최근에는 문화의 교류와 융합이 활발해 과거와 같은 극단적인 이질감을 겪지는 않는다는 점이 다행이라 하겠다. 그래서인지 요즘은 다른 질문을 많이 받는다. 국가 간 문화의 차이보다 국가 내 세대 차이가 더 중요하지 않느냐는 것이다. 글로벌 시대에는 문화보다 세대 차이가 중요해진다는 점은《인구 미래 공존》에서도 강조한 바 있다. 특히 Z세대에 이르면 전 세계의 이슈가 실시간으로 번지고 가치관을 공유하는 속도도 빨라서 문화의 차이를 상당 부분 상쇄해준다.

글로벌 마인드, 문화적 수용성, 태어나면서부터 스마트 디바이스를 접한 첫 번째 세대, 상대적으로 대면 소통 능력이 낮은 세대, 상대적으로 좌절을 쉽게 하는 세대… Z세대의 특성으로 주로 거론되는 점을 나열해보았다. 재미있는 사실은 이 내용이 우리나라의 분석이 아니라 인도네시아 교육부에서 분석한 자기네 나라 Z세대의 특성이라는 것이다. 마치 우리나라 트렌드서의 Z세대 묘사와 유사하지 않은가? 정말로 Z세대는 나라별 특성이 없을까?

이 질문에 단적으로 답하자면, "국가별 발전 단계에 따라 특성이 존재한다"이다. 생각보다 신흥국에서는 밀레니얼이나 Z세대라는 용어가 보편적으로 쓰이지 않는다. (그렇지만 국가 발전 속도가 상당하고 글로벌 기업들이 트렌드를 만드는 속도도 빠르다 보니, 어렴풋하게나마 서로를 부르는 세대 구분이 있긴 하다.) 《인구 미래 공존》에서도 설명했듯이 과거에는 국가별로 발전 단계가 너무 달라서 미국식 세대 구분이 한계가 있었다. 그러다 Z세대에 와서 이전 세대보다 소통이 잦아지고 공통점이 많아진 것은 분명하다. 특히 K팝 같은 문화적 코드에서는 세계 어디나 유사함이 보인다. 그리고 1장에서 사진으로 보았듯이 이제 어느 나라든 대도시는 쭉쭉 뻗은 마천루와 대형 쇼핑몰 등으로 이루어졌고, 그 안에 들어선 브랜드들도 큰 차이 없이 비슷하다.

이처럼 전체적으로 보는 거대한 그림에서는 수렴성이 나타나지만 각각의 집단에 조금만 들어가면 달라지는 포인트들이 있으니, 이 점을 간과하지 말아야 한다. '다른 점'을 파악하려면 어떤 부모 세대의 영향을 받았고, 성장기에 사회적으로 어떤 이슈가 있었는지를 보며 분석해야 한다. 개별 특성을 고려하지 않은 채 'Z세대는 모두 친환경을 추구해'라는 식으로 단

정해서는 안 된다. '친환경 추구'라는 말에는 전 세계 Z세대가 공감할 수 있지만, 세부적으로 들어가면 구체적으로 가리키는 바가 조금씩 다르다. 센터에서 주로 연구하는 국가들의 예시만 보아도 미국은 '라이프스타일과 삶의 가치관'으로 인식하는 반면 인도네시아는 '환경오염을 개선하는 것'으로 이해하고 있고, 인도는 '자연주의, 오가닉'으로 인지한다. 이처럼 같은 단어도 국가의 발전과 환경에 따라 차이가 있다.

개인주의도 전 세계 Z세대가 공유하는 특성인데(사실 밀레니얼도 처음 등장할 때 개인주의라는 꼬리표가 붙었다), 여기에 어떤 수식어가 더해지느냐가 중요해진 것으로 보인다. 예를 들어 우리나라 Z세대의 개인주의는 단순한 개인화를 넘어선 '핵개인주의'로까지 표현되는 반면, 인도네시아는 '포용적 개인주의'라 할 만큼 공동체적 성격이 강하다. 라이프스타일은 개인주의를 띠지만 성공이라는 가치에는 반드시 공동체를 위한다는 대의가 담겨 있을 만큼 포용적인 면모를 보이기 때문이다.

공동체를 중시한다고 해서 이들이 맹목적인 애국주의를 표방하는 것은 아니다. 이 특성은 베트남의 Z세대와 비교하면 뚜렷해지는데, 베트남의 Z세대는 자국 브랜드를 우선적으로 소비해 국가의 경제성장에 기여하고자 하는 '경제적 애국주의'가 강하다. 2023년 베트남의 전기차 브랜드 빈패스트VinFast가 미국 증시에 상장하자 베트남 젊은이들이 환호했다. 자동차 생산국이 됐다니 자랑스럽다는 것이었다. 상장하자마자 기업가치가 뚝뚝 떨어져서 회사가 존폐 위기에 몰릴 지경이었는데도 그 회사 자동차를 샀다. 어디서 많이 보던 모습 아닌가? 과거 우리나라가 그랬고, 중국이 그랬다. 지금 베트남도 그런데, 인도네시아에서는 이런 모습이 나타나지 않는다. 오히려 이들은 현대자동차가 자기네 나라에 공장을 세웠으니 현대차도 '준 국산 브랜드'인 것으로 표현한다. 자동차는 자국 브랜드가 없어서 그렇다 쳐도, 자국 브랜드가 존재하는 다른 재화에서도 이런 특징이 나타난다는 점이 흥미롭다. 나이키와 같은 글로벌 브랜드도 '메이드 인 인도네시아'라면 마치 자국 브랜드인 양 자랑스럽게 이야기한다. 개인적 경험으로는 인도네시아인 친구가 한국의 나이키 매장에서 신발 태그를 확인하더니, "왜 한국은 메이드 인 베트남이 더 많아? 인도네시아에서 만든 게 더 좋을 텐데"라고 해서 당황한 적도 있다.

    이 밖에 다른 나라의 Z세대는 또 어떻게 다를까? 이 책에서 우리가 조사하고 경험한 모든 국가를 다루기는 어려우니, 추후 글로벌 세대에 대해 별도로 기획해볼 예정이다.

Q7. 인구 변동과 정치적 변동 중 무엇을 더 고려해야 할까요?

변동 속에서 '미래 주도력'을 발휘할 수 있는지가 핵심

이 질문은 최근 1~2년 사이에 많이 나왔는데, 국내외적으로 정치적 변화가 워낙 무쌍하여 그러한 듯하다. 최근에 새롭게 대두된 질문들이니 맥락을 모두 살려서 소개해보겠다.

한번은 글로벌을 주제로 강의하는데 굉장히 흥미로운 질문을 한 분이 계셨다. "인구 강의를 듣고 나니 확실히 메가 트렌드는 인구, 특히 주력 세대가 나이 들어가는 과정에서 나오는 것이 느껴진다. 그런데 글로벌 흐름에서는 정치적인 이슈도 굉장히 중요한데, 지금은 몇몇 인물들이 그 흐름을 주도하고 있는 것으로 보인다. 미래를 조망할 때 이런 정치적 인물들이 주도하는 흐름을 더 중요하게 보아야 할지, 아니면 인구의 흐름을 더 중요하게 보아야 할지 의견을 부탁한다"는 내용이었다. 또 다른 강연에서는 "관세 정책 변화에 대응하다가 소비자(인구) 흐름을 놓칠까 봐 걱정된다. 인구 흐름이 정말 장기적인 방향을 결정한다면, 아무리 바쁘더라도 반드시 파악해야 하는 인구 요인은 무엇인지 알려달라"는 질문이 있었다.

국내시장에 대한 강의에서도 이와 비슷한 결의 질문이 나온다. "어느 당을 지지하느냐를 떠나서, 정치적 변동에 따른 정책적 변화가 너무 잦은 것 같다. 미래를 설계하는 데 예측성이 낮아져서 쉽게 결정을 못 하겠다. 집을 사야 하는지 말아야 하는지, 창업을 하려고 해도 환경 변화를 어떻게 활용해야 할지 잘 모르겠다. 인구는 과연 정치적 변동과 상관없이 미래를 예측하는 도구가 될 수 있는가?"

현장에서는 시간이 많지 않아 원론적인 수준의 답을 드렸다. 그런데 질문들을 모아놓고 보니 확실히 국내외의 정치적 변화가 정책 환경 변화에도 큰 영향을 주고 있고, 이 때문에 미래를 설계하는 데 막연한 두려움이 생기는 것으로 보였다. 이에 대해 연구원들과 토론을 해보았다. 화두는 크게 3가지였다.

첫 번째, 앞서 인도네시아의 사례에서도 언급했지만 정치적 인물 또는 사건이 단기적·중기적 큰 흐름에 영향을 미치는 것은 분명하다. 그렇다 보니 기업이든 기관이든 개인이든 정치적 변화가 요동 칠 때는 그에 대응하는 것이 급선무가 된다. 사실 인구 변동이 안정적이라면, 정치적 이슈가 주도하는 흐름에 조금 더 관심을 기울이는 것이 맞다. 그런데 인구 변동이 안정적이지 않은 우리나라 같다면? 단기적 변화 대응에 급급하여 인구 변동 여파를 잊지 않도록 경고해야 하지 않을까?

두 번째, 급격한 인구 변동이 이러한 정치적 변동에 또 다른 흐름을 만들어낼까?

세 번째, 이러한 정치적 흐름에 인구도 영향 받지 않을까?

첫 번째 화두에 대해서는 어느 정도 의견이 일치했다. 우리나라 인구 변동이 매우 급격하여 해외시장 개척이 반드시 필요한 현재, 국내 정치적 변동이나 국제 정세 변화 모두 기업에 유리한 여건은 아니라고 입을 모았다. 청중의 질문으로 돌아가 보면, 국제적인 정치 변동으로 관세 정책의 변화가 있더라도 우리나라 내수시장은 시간이 얼마 남지 않았으니, 힘들더라도 너무 움츠리는 것보다는 해외시장을 개척하는 데 힘을 쏟는 것이 맞지 않느냐는 쪽으로 의견이 모아졌다. 국내에서도 정년과 연금 개혁을 둘러싼 논쟁과 함께 노동시장의 변화가 곧 시작될 것이기 때문이다. 그리고 무엇보다 우리나라 기업도 해외에 나가고, 해외 기업도 한국에 들어오는 상황이 되어야 한다. 우리가 바라는 외국 인력도 이런 상호 교류 속에서 오는 것이니, 해외 진출의 골든타임이 흘러가도록 내버려두지 말아야 한다. 즉 인구에 소홀해지지 않도록 '경고해야 한다'는 의견이 강했다.

두 번째 화두에 대해서는 의견이 나뉘었다. 우리나라를 예로 들면, 인구 문제가 심각해지면서 정년 연장이나 연금 개혁 등 청년들이 불만을 가질 법한 사회적 이슈가 많이 생겼다. 그에 따라 또 다른 정치적 변동이 일어날 가능성이 있다는 의견도 있었다. 다른 나라도 이런 민감한 사안에 청년들이 강하게 반발해 정치 쟁점화됐다는 이유에서였다. 반면 불만을 가질 개연성은 있으나, 이미 청년 인구가 너무 적어서 정치에 큰 영향을 미치지는 않을 것이라는 의견도 있었다.

세 번째 화두를 조금 더 구체화하면 '정치적 불안정성이 청년들의 혼인과 출산 의향에 영향을 줄까?'라고 풀어볼 수 있겠다. 이 질문이 중요한 이유는, 만약 국제정세나 정치적 불안정성이 인구에 영향을 미친다면 첫 번째 질문에 대한 답도 달라지기 때문이다. (즉 정치적 변수의 영향이 더 크다는 결론이 된다.) 정치인은 임기가 있어 나라의 20년을 직접 바꾸기는 어렵지만, 청년 세대의 혼인 및 출산 의향에 영향을 준다면 그 여파는 20년 뒤 인구 구조를 바꿀 수 있다. 그렇다면 정치적 요인은 단기적으로는 예측하기 어렵지만, 장기적으로는 인구 변동을 설명하는 중요한 배경 요인으로 작용한다는 말이 된다. 다시 말해 정치적 요인의 강도에 따라 20년 뒤의 인구 구조가 달라질 수 있다는 것이다.

혼인과 출산은 앞서 3장에서 다룬 3M 프레임워크로 접근할 필요가 있는데, 사회 구조의 영향을 반드시 받지만 의사결정은 개인 단위에서 이루어지기 때문이다. 따라서 미래 사회가 어떠할지에 대한 예측도 중요하지만, 개인이 미래를 개척할 수 있다고 얼마나 자신하는지에 대해서도 살펴볼 필요가 있다. 이에 대해 센터의 김민섭 연구원이 진행한 조사를 요약하면, 정치적 불안정성에 따라 혼인과 출산 의향이 달라지는 것은 사실이다. 그런데 '개인의 주도성'에 대해 긍정적으로 응답할수록 혼인 및 출산 의향도 높게 나타났다. 설령 사회의 불확실성이 높더라도 '내가 미래를 개척할 수 있다'는 주도감만 있다면 혼인 및 출산 의향이 높다는 것이다.[7]

처음의 질문으로 돌아가 보자. 인구 변동과 정치 변동 가운데 어떤 것이 미래를 예측하는 데 더 중요한가? 정치적 변동성이 정책적 변동으로 이어져 개인의 미래 주도력을 발휘하지 못하게 한다면 미래 인구에도 영향을 줄 것이다. 하지만 정치 변동에도 주요 정책이 흔들림이 없고, '나의 미래는 내가 설계한다'라는 가치관이 강한 사회라면 정치가 인구 변동에 큰 영향을 주지 않을 것이다. 물론 사회가 개인이 미래를 개척하는 데 지속적으로 부정적인 영향을 준다면 당연히 혼인 및 출산 의향은 낮아질 테지만, 그럼에도 혼인 및 출산 의향은 사회보다는 나와 우리, 개인의 의지가 중요하다는 것이다. 즉 한 사회의 정치 변동을 관찰하는 것도 중요하지만, 결국 그 변동에 대응하는 힘은 그 사회를 구성하는 인구의 성격과 구조에서 비롯된다. 따라서 장기적인 변화는 정치 변동 자체보다, 그 사회의 인구가 누구이며 어떻게 대응하는지를 살피는 것이 더 중요하지 않을까. 좋은 질문을 남겨준 청중들에게 이 자리를 빌려 감사하다는 인사를 전한다.

Q8. 신흥국 외에 시장 진출을 한다면 어디로 가야 할까요?

    신흥국 외에 주목해야 할 시장은 단연 미국이다. 자원 부국인 점 등을 제외하더라도 인구학적으로 볼 때 미국만큼 매력적인 시장도 드물다. 인구 구조도 기둥형으로 이상적인 데다 규모도 크고 인종도 다양하다. 앞에서 인도네시아의 인종 다양성과 다원주의에 대해 설명했는데, 미국이야말로 그 힘으로 발전한 원조격이다.

    이민자의 나라인 미국은 이민자 정책에 따라 문화와 환경이 많이 바뀌었다. 1850년대 귀화법이 시행된 이후 영국 및 네덜란드인들이 대거 유입했고, 1900~14년에는 이탈리아인들이 많이 이주했다. 그러다 1924년 특정 국가에서의 이민을 제한하는 이민법이 제정돼 이민자가 급감했다가, 1943년 이후 포용적으로 정책이 바뀌면서 아시아 및 남미 이민이 증가해 본격적인 다인종 국가가 되었다. 그렇다 보니 '미국스러움'이라는 것은 할리우드 영화와 미국 드라마 등을 통해 모두가 알지만, 미국 식문화 혹은 고유한 전통 문화를 설명하라면 조금 애매해진다. 미국인 친구들도 사석에서 농담으로 "우리 문화는 다 훔쳐온 걸 텐데? 우리 조상들도 그랬어"라고 할 정도다.

지금이야 정치적 문제로 이주에 대해 민감하지만, 미국에서 일하는 한국인들도 늘어나고 있고 세계 인재들에게 미국은 여전히 최고의 무대다. 앞으로도 미국이라는 무대 자체가 사라지지는 않을 것이다.

2037년, 미국의 주인이 바뀐다

2016년에 출간한 《정해진 미래》에서 트럼프 당선을 예측할 때 미국의 히스패닉 인구 추이를 언급했고, 《인구 미래 공존》에서 BLM Black Lives Matters 운동에 대한 설명을 하며 인종 다양성이 더욱 높아진 미국의 Z세대에 대해 설명한 적이 있다. 이제는 이러한 사회정치적 사안만이 아니라 소비자 측면에서도 미국시장에 진출하려면 히스패닉을 주목해야 한다.

이미 미디어나 언론을 통해 미국 내 히스패닉의 성장에 대해 많이 접했을 것이다. 인구/인종의 다양성이 미국의 주요 특징 중 하나임은 분명하지만 여전히 미국 사회는 백인 위주이고, 통계상으로도 절반 이상이 백인으로 집계되고 있다. 하지만 그동안 이민자 증가로 백인 비중은 꾸준히 낮아졌다. 2020년 센서스에서는 백인 인구수도 감소했는데, 이는 1790년 미국 건국 이래 처음 있는 일이다. 이미 2013년에 미국 출생아 절반 이상이 '소수집단Minorities' 카테고리로 집계되었고, 히스패닉/아시안계 합계출산율이 백인보다 높았기에 예상 못한 시나리오는 아니었다. 2017년 미국 인구조사국은 2032년경 백인 비율이 50% 미만이 될 것이라 예측하기도 했다. 25세 이하 인구만 따로 보면 백인 비율은 더 내려가 43.5%로 예측된다. 그 빈자리를 채우는 것은 주로 히스패닉이 될 것이다. 이미 이들은 미국 사회의 분위기를 바꾸어놓고 있고, 이들이 30세 이하 인구 집단을 구성하는 2037년에는 미국의 소비시장에도 상당한 변화가 일어날 것으로 보인다. 실제로 소비자 조사회사인 닐슨이 2025년 낸 보고서[8]는 OTT 소비에서도 히스패닉 소비자들이 온라인 스트리밍 서비스 규모를 주도하고 있다고 발표하며, 이러한 추세가 앞으로 더 커질 것으로 전망했다.

미국 내 히스패닉이 한국 기업에 중요한 이유

그런데 미국 내 히스패닉의 분포도를 보면 확실히 남서부 텍사스 쪽에 치우쳐 있다. 이 점이 우리 기업에는 중요한데, 미국에서 히스패닉의 거주지와 한인 초기 정착지가 상당히 일치하기 때문이다. 한인 1세대가 히스패닉 거주지에 들어와 정착했고, 이때부터 히스패닉과 우리나라의 식문화가 조금씩 섞이기 시작했다. 마치 뉴욕 시에서 유대인과 중국 이민자들이 가까이 살면서 코셔 중식이 확산된 사례와 비슷하다. 유대인과 중국인의 관계처럼, 우리도 한국의 식문화를 퍼뜨려줄 매개 인구를 만날 수 있지 않을까? 실제로 K컬처 및 K푸드의 시장성 연구를 해보니 아시아인을 제외하면 히스패닉에 대한 침투력이 유의미하게 높은 편이었다. 이미 이들을 타기팅해 제품을 출시한 사례도 여럿 있다.

다만 이제는 히스패닉들도 주변 아시아 이민자들로부터 영향 받아 점차 계층 상승을 추구하면서 아이를 적게 낳는 현상이 나타나기 시작했다. 물론 새로 이민 온 히스패닉들은 여전히 아이를 많이 낳는다. 이처럼 이들도 사회계층에 따라 출산율이나 가구 구성이 달라지고 있음을 염두에 둘 필요가 있다.

미국 내 히스패닉 사회 외에도 한국의 식생활과 식문화는 선진국 시장을 중심으로 확대될 기회가 더 많아질 것이다. 이렇게 전망하는 이유가 있다. 우리나라는 건강식생활점수HEI가 굉장히 높고, 만성질환 발병률은 낮다. 반면 미국은 HEI가 100점 만점에 59점으로 낮고 만성질환 발병률은 높다. 그 결과 미국의 기대수명은 1996년 이후 최저 수준을 기록하고 있다. 보건학적인 개념이나 의료기술이 발달한 나라인데도 사람들의 건강은 오히려 나빠진 것이다. 의외로 미국과 같은 현상이 나타나는 국가가 선진국 가운데 꽤 있다. 보건학적 입장에서 보면 이는 의료 시스템과 관련이 있겠지만 식문화의 영향도 분명히 있을 것이고, 사람들에겐 그것이 더 와닿는 포인트가 될 것이다. K컬처를 타고 세계적으로 인지도를 높인 우리나라의 식문화라면 선진국 시장에서도 각광받을 여지가 충분하지 않을까?

Q9. K푸드, K컬처가 끝나면 어쩌죠?

이미 과학기술로 승부를 보고 있는 기업은 그렇지 않을 수도 있으나, 다들 한편으로는 이런 불안감이 있을 것이다. '지금이야 K컬처와 K푸드 덕분에 다른 재화들도 나름의 호황을 누리고 있지만, 이 분위기가 언제까지 이어지겠나' 하는 불안감 말이다.

이제 곧 한물 가겠지 싶었는데 〈오징어 게임〉이 등장하고, 다시 잠잠해지려나 싶을 즈음 〈케이팝 데몬 헌터스〉가 불을 지피는 모습을 보면, 우리가 예상하던 것보다는 K컬처의 영향이 더 길게 유지되지 않을까 싶다. 우리가 일본을 콘텐츠 강국이라고 부러워하던 시절이 엊그제 같은데, 이제는 우리가 명실상부한 콘텐츠 강국이 되었다. 해외 출장을 가면 정말 놀랍게도 "언니" 하고 한국어로 부르며 따라오는 어린 외국인들이 매년 눈에 띄게 늘어나는 것이 느껴질 정도다. 서빙하던 직원도 한국어를 연습하고 싶은지 메뉴 주문을 받은 후에 잠시 한국어로 이야기 나누어도 되냐고 묻기도 한다. 함께 사진을 찍어도 되는지 묻는 아이들이 있고, 딸이 K팝을 너무 좋아한다며 딸과 영상 통화를 해줄 수 있느냐고 부탁하는 어른들도 있다. 물론 당황스럽기는 한데, 동시에 굉장히 으쓱해진다. 그러다가도 문득 '이 열풍이 끝나면 어떡하지'라는 불안감이 찾아온다. 이해관계가 없는 개인도 이럴진대, 설비를 투자하고 제품과 서비스를 판매하는 기업 입장에선 더더욱 불안감이 클 수밖에 없을 듯하다.

한국은 유행을 넘어 하나의 양식이 될 것

연구를 하며 관찰해보니, 한국에 대한 이미지와 각 제조업 기업들의 브랜드 이미지는 해외에서 꽤 오래전부터 견고하게 자리 잡고 있었다. 신흥국의 경우 50대 이상은 여전히 일본 브랜드를 선호하는 경향이 뚜렷하다. 그러나 40대 이하, 특히 20~30대에서는 한국 제품에 대한 신뢰가 두드러지게 높아졌다. 40대에게 한국 제품은 '튼튼하면서도 가격이 합리적인 브랜드'로 각인되어 왔으며, 최근에는 하이엔드 이미지도 조금씩 생겨나기 시작했다. 반면 20대와 30대에게는 이미 워너비 브랜드로 자리매김한 상황이다.

여기서 한 가지 걱정스러운 점이 있다. 20대 소비자들 중 일부는 어릴 때부터 샤오미와 같은 중국 브랜드 제품을 가까이 접해왔다. 스마트폰 액세서리, 가전 소품 등을 일상에서 사용한 경험 때문에 이들에게 중국 브랜드는 낯설지 않고 오히려 친숙하게 느껴진다. 식품 분야에서는 아직 이런 현상이 뚜렷하게 보이지 않지만, 내구재 중심으로는 이미 중국 브랜드에 대한 우호적 인식이 싹트기 시작했다. 한국 기업이 결코 간과해서는 안 되는 지점이다.

물론 한국 제품의 강점은 여전히 굳건하다. 튼튼하고 정직하게 만든다는 이미지가 있다. 꾸준히 발전하고 속이지 않는 브랜드라는 인식은 전 세계 밀레니얼과 Z세대에게 신뢰를 준다. 이런 흐름이 이어진다면 한국의 'K효과'는 단순한 유행fad을 넘어, 세대적 연속성을 가진 하나의 양식fashion으로 자리 잡을 수 있다. 즉 코호트 효과로 내재화될 수 있다는 것이다. 상대 국가의 입장에서 한국 기업의 진출은 단순한 수출이 아니라 자기네 나라에 '시기 효과'를 주는 것이다. 그리고 현지의 젊은 세대에게는 그 '시기 효과'가 '코호트 효과'로 전환될 것이다. 어린 시절부터 친숙하게 접한 브랜드는 성인이 되어서도 소비자로서 긴밀한 관계를 이어가기 마련이다. 그렇다면 우리 기업들은 이미 유리한 고지에서 출발하고 있는 것인지도 모른다.

관건은 속도다. 너무 늦으면 곤란하다. 언젠가는 'K열풍'이라는 시기 효과도 사라질 수밖에 없다. 그것이 사라지기 전에, 얼마나 효과적으로 시기 효과를 코호트 효과로 전환하느냐가 중요하다. 더욱이 이는 우리나라 인구 구조가 아직 젊음을 유지하고 있을 때에만 가능한 과제라는 점에서 더욱 시급하다.

지금의 열풍이 다음 세대에게 생활양식과 정체성으로 각인될 수 있는가, 아니면 또 하나의 지나가는 유행으로 끝날 것인가는 결국 기업의 전략과 실행력에 의해 판가름날 것이다. 동시에 국가의 역할도 무시할 수 없다. 일본이 과거에 보여주었듯이 관료들이 장기적 비전을 가지고 제도적 기반을 마련한다면, 기업은 좀 더 안정적으로 해외시장을 개척하고 자사의 브랜드를 코호트 효과로 심을 수 있을 것이다. 결국 기업의 민첩함과 국가의 전략적 지원이 맞물릴 때 K열풍은 진정한 문화로 자리 잡을 것이다.

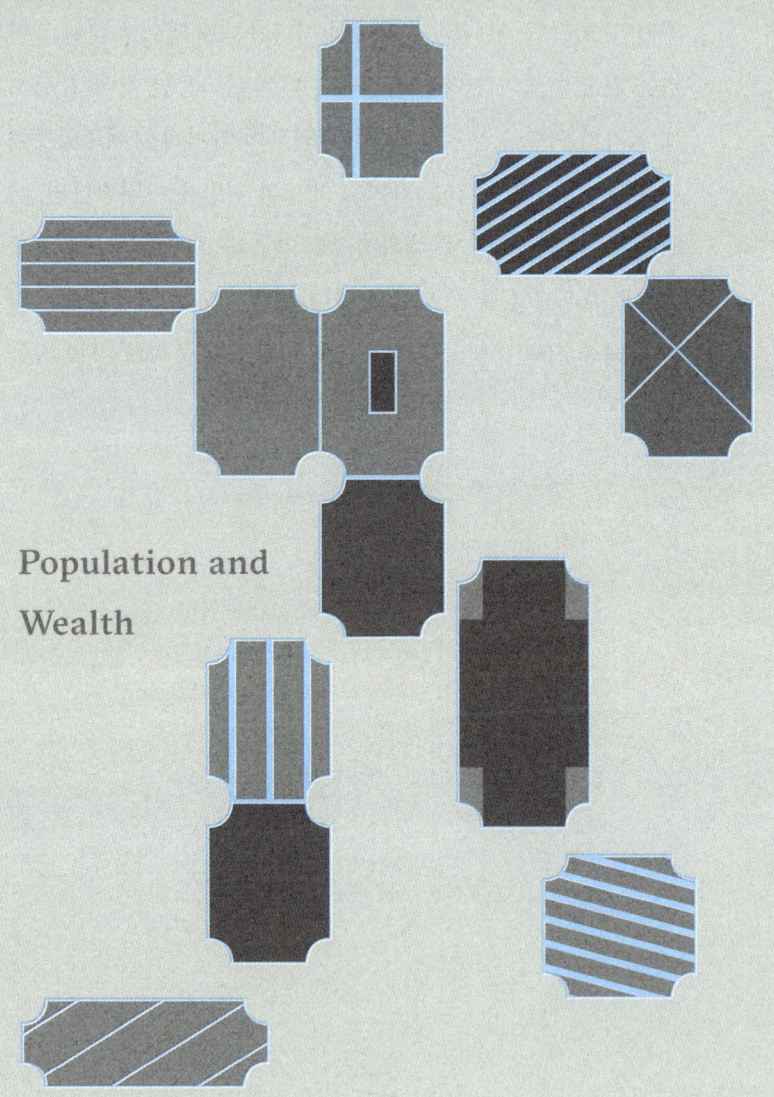

Population and Wealth

5장

인구를 부로 전환하는 힘, 인재와 역량

인구는 움직이는 집단이자 변화의 주체

오랫동안 인구는 사회와 경제를 예측하는 변수가 아니라, 이미 주어진 조건처럼 여겨졌다. 과거에도 우리나라의 인구는 변동 폭이 컸지만, '성장'이라는 방향성이 유지됐기에 우리 사회를 뒤흔들지는 않았다. 앞서 인구배당 효과에서 설명했듯이 인구는 우리나라가 크게 성장하는 원동력이 되었다.

그러나 이제는 방향도 일정하지 않은 상태로 변동 폭이 커지고 있다. 문제는 이 흐름이 앞으로 어떤 경로로 전개될지 우리 중 누구도 경험해본 적이 없다는 사실이다. 오늘날 인구 변화가 두려움의 대상이 되는 이유이기도 하다. 인구를 숫자나 그래프로만 보면 분명 그런 점이 있다.

그러나 인구란 결국 이 책을 쓰고 읽고 생활하며 살아가는 사람들, 즉 '우리' 아닌가. 인구는 재화를 생산하는 동시에 소비하는, 내생성endogeneity(변수 간의 인과관계가 명확히 구분되지 않아, 원인과 결과가 서로 영향을 주고받는 상태)을 지닌 존재다. 이 말은 곧 우리가 실행하고 변화하면 인구의 특성과 사회적 방향도 그에 따라 달라진다는 뜻이다. 물론 인구에는 비가역적인 영역이 있다. 태어나고 죽는 것 등 인구 규모의 큰 틀은 쉽게 바꿀 수 없다. 하지만 교육, 건강, 기술 습득, 사회적 지원 등 가역적인 영역에서는 이야기가 다르다. 이 영역은 우리가 선택하고 만들어 갈 수 있으며, 변화가 누적되면 집합적인 파급력을 갖는다.

그래서 이번 장에서는 인구를 단순한 수치로만 대하고 비관하는 대신, 삶의 역량과 기회 구조를 확대함으로써 인구를 부$_{wealth}$로 전환하는 길에 대해 이야기하려 한다. 우리는 사회의 일원이자 한 직장의 구성원이며, 동시에 누군가의 가족이다. 그런 다양한 위치에서 성장을 위해 던지는 질문들, "우리 회사는 인재 영입을 위해 무엇을 준비해야 하나요?", "저는 어떻게 성장해야 할까요?", "자녀에게는 어떤 방향을 제시해야 할까요?"에 차례로 답해보는 자리다.

때로는 질문이 "앞으로 나의 직업과 일의 영역 그리고 자녀의 미래는 어떻게 준비해야 할까요?"와 같은 개인 차원으로 좁혀지고, 반대로 HR 영역 너머로 뻗어가 "우리나라 제조업은 이제 희망이 없나요?" 같은 산업 전반에 관한 우려로 확장되기도 한다. 사실 센터 연구에 참여하는 주요 구성원들의 전공은 가족학, 교육학, 지리학, 커뮤니케이션, 보건학 등 다양하지만, 정작 경영학이나 HR 전공자 혹은 산업 관련 전공자는 없다 보니 이런 질문을 받았을 때 처음에는 선뜻 답하기 어려웠다. 그러나 운 좋게도 관련 연구를 진행할 기회를 여러 차례 얻었고, 그 과정에서 조금씩 답을 찾아갈 수 있었다.

인구 변동을 둘러싼 현장의 고민

앞으로의 전개를 위해 우선 산업 현장의 고민을 간략하게 공유하고 출발하자.

고민은 대체로 이렇게 시작된다고 한다. 많은 기업은 물론 다양한 기관도 인구 변동을 주로 내수시장 변화의 관점에서 바라본다. 그에 따라 규모를 줄여야 할 것은 줄이고 신사업으로 전환하거나 글로벌로 확장하는 등, 해당 시장의 주요 수요층이 줄어드는 시점을 보며 어떤 대안이 유리할지를 나름대로 판단해왔다. 인구 변동을 기반으로 모종의 결정을 언제까지는 반드시 내려야 한다는 합의가 조직 내부에서 비교적 잘 이루어진다고 한다. 그리고 합의만 되면 실행은 어떻게든 가능하다고도 말한다. 우리 사회와 기업의 인구 리터러시가 이 정도 수준에 이미 올라온 것이다.

그런데 내수에서 신사업을 개발하려 해도, 또는 글로벌로 진출하려 해도 인력이 부족하다는 게 문제다. 상대적으로 대기업보다는 중견기업과 중소기업이 더 심각하지만, 제조업 기반의 대기업도 이 문제에서 자유롭지 못하다. 자동화가 빠르게 진행되고 있으나, 숙련공들의 날카로운 감각까지 완전히 자동화하기란 여간 어려운 일이 아니다. 게다가 대기업의 협력사들은 이미 인력 확보에 어려움을 겪는 중이다.

이런저런 인력 고민이 답 없이 이어지는 동안 내수는 축소되고, 시장이 작아지니 비용 부담 때문에 인력을 뽑지 못하고, 사업 재편이나 신산업 추진, 글로벌 확장도 미루게 되는 악순환 구조가 생겨난다. 한편으로는 사업 다각화가 불가피한데 사람을 뽑지 못하니 기존 직원들에게 업무가 가중되고, 그 결과 퇴사자가 늘어나고 생산성 저하로 이어지는 문제도 심각하다. 제때 자동화를 하지 못한 작은 기업들은 중국 저가 제품과의 경쟁에서 밀리고, 이제 자동화를 해도 중국의 가격 경쟁력을 따라갈 수 있을지가 의문이라고 했다. 차라리 사업을 접는 편이 나은지 고민이라는 고백이었다.

그런가 하면 인사HR 정책에 대한 고민도 깊어지고 있었다. 사회가 이렇게 인구 문제로 몸살을 앓고 있으니 기업도 문제 해결을 위해 뭐라도 해야 하지 않겠냐는 취지로 가족친화제도를 실시하는데, 생각보다 구성원들의 공감대 형성이 쉽지 않다는 것이다. 결혼 및 출산 축하, 자녀 학자금 지원, 육아휴직 등 얼핏 떠오르는 가족친화제도를 생각해보라. 이미 사내에는 비혼 인구가 상당할뿐더러, 임원들의 경우 대부분 자녀들이 성장해서 실질적으로 혜택을 볼 사람이 많지 않다. 어린 자녀가 있는 직원들은 어떨까? 이제는 결혼을 늦게 하다 보니 40대들도 자녀가 어려서, 커리어 정점을 향해 달려야 할 이 시기에 아이에게 손이 더 갈 수밖에 없는 구조가 되었다. 어디에 힘을 쏟아야 할지 우왕좌왕하는 와중에 희망퇴직이다 뭐다 해서 퇴직 시점은 빨라지고 있다. 아이가 대학 마칠 때까지 월급 받으며 계속 일할 수 있을까? 이런 두려움에 다다르면 사내에 훌륭한 육아지원 제도가 있어도 그걸 활용하기보다는 일단 일할 수 있을 때 일하자는 마음이 들게 된다. 그 결과 제도 활용도가 떨어진다. 제도가 일정 부분 활용되고는 있지만, 과연 궁극적인 목적인 인재 유지에 실제로 기여하는지 모르겠다는 현장의 고민도 있었다.

그리고 이런 고민이 쌓여가는 동안 정작 CEO는 그 속사정을 잘 모른 채 '출산 장려'라는 대의만을 믿고, "돈을 주는데도 왜 장려가 안 되는지, 무엇이 부족한지 알아오라"고 말하는 상황이 반복되고 있었다. 고마우면서도 앞서 서술한 미스매치를 어떻게 표현해야 할지 모르겠다는 실무진의 고충도 있었다.

인력 부족은 기업만의 고충이 아니다. 대학도 마찬가지다. R&D를 하는 연구실과 교내 벤처에 앞으로도 꾸준히 연구 인력이 충원될지 불투명하다. 인문사회 분야는 이미 내국인 학생으로는 부족해 외국인 학생이 다수인 경우도 많다. 그에 따라 문화적 갈등이 생기고, 한국 학생들이 역으로 손해를 보는 경우도 있다고 한다. 이제 대학원의 인력 부족 현상은 인문사회 분야를 넘어 대학 전반으로 확산되고 있다. 그 결과 R&D 인재가 충분히 양성되지 못하면 이것이 또 한 번 산업에 악영향을 미치게 될 것이다.

이 외에도 현장의 애로사항은 더 많을 것이다. 그중에서 인구학이 생각의 방향을 정리하는 데 도움을 줄 수 있는 질문들을 골라보았다. 지금부터 하나씩 살펴보자.

Q1. 인구 3000만으로 제조업 강국이 가능할까요?

인구 감소 이야기를 하면 꼭 나오는 질문이 있다. "인구가 줄어드는 건 선진국이면 다 겪는 현상 아닌가요?" "1000만 명도 안 되는 나라가 꽤 있는데, 우리 정도면 괜찮은 것 아닌가요?" 혹은 "요새 많은 매체에서 네덜란드는 1800만 인구로도 제조업을 잘하고 있다고 하는데, 우리도 그러면 되지 않나요?" 일반 대중은 물론 기업에서도 자주 하는 질문이다. 우리가 참고할 만한, 3000만 인구로 제조업을 유지한 사례가 있느냐는 것이다. 표면적으로는 "우리도 그 길을 가면 괜찮지 않을까요?"라는 기대처럼 들리지만, 사실은 불안의 표현이다. 인구가 줄면 제조업 기반이 무너질지도 모른다는 두려움이다. '제조업을 포기해야 하는 건 아닐까'라는 내심의 우려가 감지된다.

내 안의 낡은 인구 공식을 나부터 깨야 한다

한국은 제조업을 중심으로 성장해온 나라이고, 제조업은 우리가 가장 잘하는 분야다. 인구 3000만에서 4000만으로 증가하던 시기에도 우리나라는 제조업을 중심으로 성장했다. 물론 그때와 지금은 경제적으로 감당해야 할 규모가 다르지만, 여기서 말하고 싶은 것은 너무 '수'에만 연연할 필요가 없다는 것이다.

그동안 우리나라 제조업은 내수에 기반을 둔 수출 중심이었다. 그러나 오늘날 기업들의 면면을 보면 R&D는 국내에 두고 제조는 해외 현지에서 하는 등 글로벌 경영체제로 이미 바뀌고 있다. 내수의 어려움이 커져 더욱더 글로벌 시장이 중요해진다면, 제조업에 대한 우리의 기본 공식도 바꿔야 한다. 예전 방식의 제조업이 아니라 R&D 중심의 고부가가치 제조업, 글로벌 밸류체인을 선도할 수 있는 첨단 제조업으로 가야 한다.

아마 이 부분도 모두가 아는 사실일 것이다. 그렇다면 첨단 제조업 강국으로 가기 위해 인구는 어떻게 달라져야 할까?

제조업의 체질을 바꾸기 위해서는 인구도 질적으로 전환되어야 한다. 이렇게 생각한다면 결국 중요한 건 '얼마나 많은 인구가 있느냐'보다 '그 인구가 어떤 역량을 가지고 있느냐'가 된다. 어떤 강연에서는 "그래도 내수가 1억 명은 돼야 하는 것 아닌가요?"라는 질문을 받은 적도 있는데, 우리나라 인구는 애초에 1억 명을 넘어본 적도 없기에 그 숫자에 연연할 필요가 전혀 없다. 그리고 인구가 줄어든다 해도 글로벌 밸류체인을 선도할 인재가 충분하다면 그 강점이 '1억 인구'보다 훨씬 크다.

정부와 기업도 우리나라가 R&D 인력 중심으로 재편되어야 한다는 사실을 모르는 바는 아니다. 게다가 R&D형 밸류체인은 단순히 R&D 인재를 양성한다는 의미가 아니다. 연구개발 활동에 맞추어 관련 서비스 산업도 함께 발달하므로, 이는 석·박사 인력만을 키워낸다는 뜻이 아니다. 그럼에도 우리가 '3000만'이라는 숫자에 집착하는 이유는 뭘까? 제조업은 일정 규모 이상의 인구가 없으면 유지되기 어렵고, 그 마지노선이 혹시 3000만 명인 건 아닐까 하는 의구심 때문이다.

1장의 내용을 상기해보자. '인구변동 대응지체'라는 말을 하면 대부분 정책이나 제도 같은 외부 시스템이 과거에 머물러 있는 것을 생각한다. 하지만 사실은 내 안에 있는 사고의 관성이 더 큰 문제일 수 있다. 나 자신이 바뀌지 않으면, 생각도 과거의 공식을 반복하게 된다. 그러면 '인구가 줄면 생산 인력도 줄고 소비도 줄어들 거야'라는 프레임에서 벗어날 수 없다. 우리는 지금까지 재화를 생산하고, 그것을 소비하는 사람의 수에만 집중해왔다. 그러나 이제는 생산을 넘어 가치 창출이 더 중요해지는 시대다. '1인의 가치'가 더욱 중요해지는 시대로 나아가고 있으며, 사람들 또한 집단의 일원이 아닌 '고유한 나'로서 자신의 존재가치를 인식하고 있다. 그렇기에 앞으로는 단순히 인구의 규모가 아니라, 사회의 여러 자리에서 서로 다른 방식으로 가치를 만들어내는 인구가 더 중요해진다. 다시 말해, 많은 인구보다 '의미 있는 역할을 하는 인구'가 필요한 시대로 가고 있는 것이다.

그리고 그걸 위해서는 내 사고부터 바꿔야 한다. 내 안의 낡은 인구 공식을, 내가 스스로 깨뜨려야 한다.

Q2. 우리나라 제조업은 이제 끝인가요?

최근 들어 정말 많이 받는 질문이다. 앞서 말했듯이 우리나라 제조업의 미래는 인구수 자체가 아니라 인구의 역량에 달려 있다. 따라서 이 질문에 대한 궁극의 해답은 인구학보다는 산업, 공학, 과학기술 영역에서 찾아야 하겠지만, 고민을 함께 나누는 차원에서 큰 흐름을 짚어볼 수는 있을 것이다. 3가지 도표를 통해 이야기를 풀어가 보겠다. 앞의 2개 도표는 새롭게 노동시장에 들어오는 인구 추이를, 세 번째 도표는 우리 청년들이 '그래서 어디에서 일하고 있는지'를 보여준다.

2027년, 인력의 미스매치가 인력 감소로 전환된다
〔도표 5-1〕은 25~34세 내국인 인구가 2050년까지 어떻게 변화하는지를 나타낸다. 학업을 마치고 처음 노동시장에 들어오면 적응하느라 힘들어하고 내게 더 잘 맞는 직장을 찾아 이직도 하다가 대략 35세가 넘어가면 한 직장에 정착하게 된다. 이 도표는 그 전 단계, 즉 새롭게 노동시장에 들어오는 신규

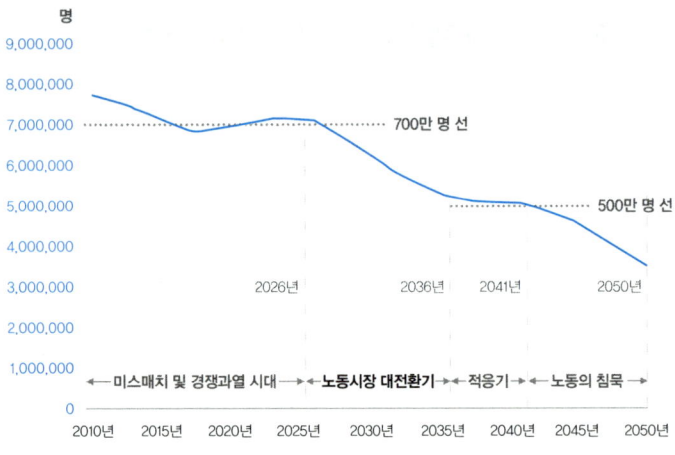

[도표5-1] **25~34세 내국인 인구 추이**

인력의 인구 추이다.

　우리나라 출생아 수가 급감한 것은 2017년부터다. 그때 태어난 아이들이 2050년이면 33세가 되고, 2024년에 태어난 아이들은 26세가 되어 해당 연령대를 거의 채우게 된다. 이 25~34세 인구가 2010년부터 2017년 사이에 거의 100만 명이나 줄었다. 이때 줄어든 인구는 대부분 고졸 인구였다. 그래서 이 시기에는 중소기업의 생산직 인력난이 심각했다.

　2018년부터 2026년까지는 그래도 이 연령대 인구가 약 700만 명대로 유지되었다. 비록 요즘 신입사원들이 회사를 자주 옮겨서 인사부서의 고민이 크다고는 하지만, 그래도 수도권이나 광역시에서는 완전히 적합한 인재를 뽑지 못하는 경우는 있어도 지원자가 0명은 아닌 상황이라고 한다.

문제는 그다음이다. 2027년부터 2036년까지 10년간 신규 인력이 200만 명가량 줄어들면서 노동시장 상황이 크게 바뀔 예정이다. 2000년 이후 2020년대까지 거의 30년간 이어진 취업난이 심각한 인력난으로 반전되는 것이다. 사람을 필요로 하는 곳은 기업만이 아니다. 군인도, 공무원도, 선생님도, 대학원생도 모두 필요하다. 700만 명이던 규모가 10년 만에 500만 명 정도로 줄면 인재를 놓고 다양한 영역에서 경쟁이 일어난다. 그런데 도표에서 보듯이 500만 명 수준도 고작 5년 정도 유지되다 다시 급격한 인구 감소가 시작되어, 2040년대 말이 되면 25~34세 청년은 330만 명 정도가 된다. 이러한 추세는 앞으로 뭘 해도 바꿀 수 없기 때문에 앞으로는 기존 노동시장의 상식과 전혀 다른 상황이 펼쳐지게 될 것이다. (취업난이 인력난으로 바뀐다고 해서 가만히 있어도 대기업에 취직되는 것은 당연히 아니다. 이에 대해서는 다음 Q3에서 더 자세히 설명하겠다.)

기존 노동시장은 어떠했는가? 지난 20년은 한국의 노동시장에 엄청난 경쟁과 질적 미스매치가 일어난 시기였다. 이번에는 (도표 5-2)를 보자. X세대라 불리는 1970년대 중반생이 대학에 진학하던 1990년대 중반, 우리나라의 대학 진학률이 급격하게 높아지기 시작했다. 도표를 보면 1970년대 중후반생

[도표5-2] **대학 진학률 추이**

에서 1980년대 초반생들은 대학 진학률이 40%대에서 70%대로 급등한 시기를 통과했다. 앞 세대인 베이비붐 2세대는 연령당 95만~100만 명이 태어났지만 대학 진학률은 평균 35% 정도였는데, X세대는 해마다 약 80만 명대가 태어났으나 대학 진학률은 훨씬 높아 더 많은 수가 대학 교육을 받았다.

그러나 이들이 본격적으로 사회에 진출할 즈음, 한국의 노동시장은 IMF 외환위기로 완전히 재편된 상태였다. 우선 이 많은 대졸자를 흡수할 일자리가 부족했다. 대학에서 배출한 전공자와 산업이 요구하는 인력 간의 미스매치도 점차 커져갔다. 지역의 상황은 더욱 열악했다. 지역 대학에서도 우수한 인재를 배출했지만, 지방에는 그들을 받아줄 일자리가 없었다. 결국 수도권과 서울로 이동한 이들은 더욱더 치열한 경쟁으로 내몰리게 되었다. 우리에게 익숙한 취업전쟁의 모습이다. 이전 세대가 이렇게 고군분투하는 모습을 본 1990년대생들은 어떻게 하면 좀 더 전략적으로 살 수 있을지 살폈을 것이다. 그들이 지금 25~34세 노동시장을 채우고 있다.

그런데 이런 구도가 더 이상 지속되기 어렵다는 것이다. 2027년부터 2036년까지 10년간 200만 명 가까이 줄어들면 우리 회사는 어떻게 인재를 충원할 것인가? 기업에서 심각하게 검토할 사안이다. '우리는 신입사원을 많이 뽑지 않아서 괜찮다'며 안심해서는 안 된다. 신입사원이 없어도 괜찮았던 것은 숙련된 기존 구성원들이 버텨주고 있었기 때문이다. 그런데 한국을 지탱해주던 베이비붐 세대가 곧 노동시장을 떠난다. 하필 신규인력이 줄어드는 저 시기와 겹친다. 그들의 빈자리를 누가 채워줄까? 기업마다 조직의 중추로 오래 버텨주고 있는 X세대들은 언제까지 그 역할을 계속해줄까? (도표 5-1)과 같은 그래프가 그려지는 상황에서, 소중한 젊은 인력들이 과연 우리 회사에 있어줄까? 우리 회사가 그만큼 매력적인 일터인가? 자문하지 않을 수 없다.

백번 양보해서 고용시장에서 많은 인구를 포용하던 제조업, 특히 공장이 자동화되어 더 이상 많은 인력이 필요 없게 되었다고 하자. 그래도 기계를 관리하는 엔지니어들은 있어야 하고, 숙련공도 여전히 상당수 필요하다. 아무리 신사업 발굴을 잘하고 전략 방향이 정확해도, 일할 사람이 없다면 그 분야는 성장하기 어렵다. 산업에 종사하는 인력이 없으면 AI가 진화를 거듭해도 한계가 분명하다는 말이다.

예컨대 한 사람이 일할 때보다 5명이 함께 일할 때의 생산성은 단순히 5배가 아니라는 것은 잘 아는 사실이다. 마찬가지로, 한 사람이 AI를 쓰는 것보다 5명이 함께 활용할 때의 생산성 격차도 당연히 다를 것이다. 그렇다면 5명이 AI와 협업하는 것과 10명이 AI와 협업하는 것은 어떻겠는가? 사람 간의 상호작용 없이 발전하는 산업은 없다. 핵심은 사람의 '수'가 아니라, 사람들이 서로 어떻게 협업하는지 그리고 AI와 '어떻게 상호작용하고 연결되어 있는가'에 있다. 사람 간의 협업 구조가 유지된 상태에서 AI가 결합될 때, 생산성은 비로소 기하급수적으로 확장된다.

그렇기에 우리는 단순히 인구가 줄어드는 숫자에 공포를 느낄 것이 아니라, 각 산업에 얼마나 유입되는지를 알고, 그 인력들이 어떤 시스템 안에서 기술과 함께 일할 수 있을지를 설계하는 데 초점을 두어야 한다. 결국 산업의 지속가능성은 사람의 수가 아니라, 사람과 기술이 함께 성장할 수 있는 구조를 얼마나 잘 설계하느냐에 달려 있다.

인구로 본 한국의 제조업 상황

그럼 이제 인구의 시선으로 우리나라 제조업을 살펴보자. 어떤 산업은 이미 인력의 균열이 시작됐고, 어떤 산업은 젊은 층의 부재로 혁신의 속도가 둔화되고 있다. 반면 일부 산업은 여전히 안정적인 인력 기반을 유지하거나, 새로운 세대의 진입으로 체질이 빠르게 바뀌고 있다.

그런데 중요한 것은 이 변화가 산업 전체에 일률적으로 나타나지 않을 것이라는 점이다. 그리고 어떤 산업은 구조조정이 가능하지만, 어떤 산업은 국가 경쟁력의 축을 이루기에 결코 포기할 수 없다. 기업과 개인 단위에서도 그런 부문이 있을 것이다. 인구의 흐름 속에서 어디를 지키고 어디를 바꿔야 할까? 이를 가려내 보는 그림을 소개하겠다.

〔도표 5-3〕은 우리나라의 표준사업분류 산업의 주축인 '제조업'과 청년들이 선망하는 '전문, 과학 및 기술 서비스업'의 중분류 항목에 종사하는 인구를 대졸자 비율과 상용직의 비율로 배치해본 것이다. 푸른색 세모는 과학기술 기반 산업이다. 참고로 '연구개발업'에는 자연과학 및 공학 분야는 물론이고 인문 및 사회과학 분야도 포함돼 있다. '전문 서비스업'에는 법무, 회계, 광고, 조사업을 비롯해 회사에서 경영 관련 계획을 수립하는 업종이 포함되어 있다. '기타 전문, 과학 및 기술 서비스업'은 전문지식 기반의 경영·조직 관리와 자문, 조사, 기술이전

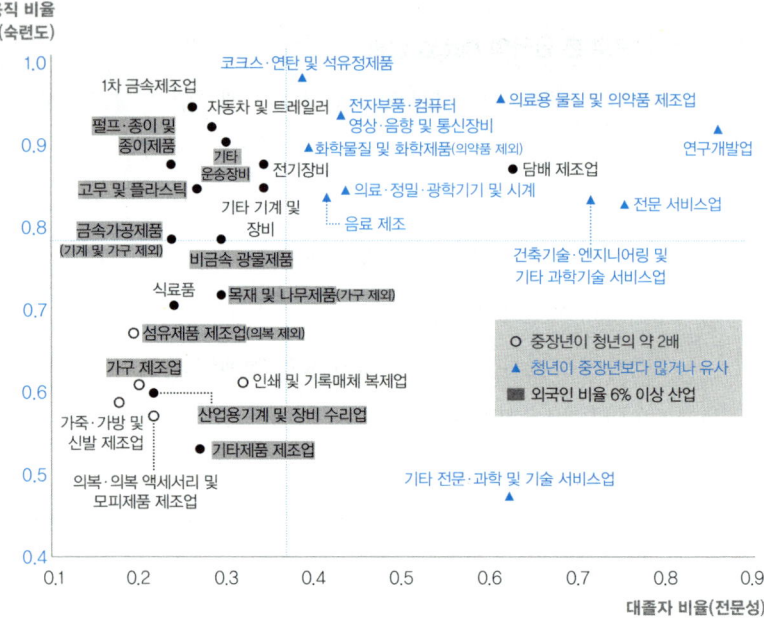

[도표5-3] **우리나라 제조업 및 과학기술 기반 산업의 상용직 및 대졸자 비율 분포**
자료 출처: 통계청 지역별 고용조사(2023)

지원 등을 수행하는 서비스 산업인데, 주로 지원부서업에 가깝다고 볼 수 있다. 검은색과 흰색 동그라미는 산업 중분류 기준의 제조업들로, 그중 중장년 비중이 특히 높은 업종을 흰색 동그라미로 표시했다.

X축인 대졸자 비율은 '전문성'으로, Y축인 상용직 비율은 '숙련도'로 이해해도 무방하다는 게 산업공학 관련 전문가들의

해석이다. 이 동그라미 하나하나는 해당 산업에 대졸자가 얼마나 많이 종사하고 있는지, 그리고 상용직 비율이 얼마나 되는지를 보여준다. 예컨대 도표를 보면 담배 제조업은 제조업 중에서도 대졸자의 비중이 높아 전문성도 높고, 상용직의 비중도 높은 고숙련업이라 해석할 수 있다.

제조업 종사자 중 대졸자 비중과 상용직 비중의 평균을 기준으로 선을 그으면 도표와 같이 사분면이 만들어진다. 오른쪽 위부터 시계 반대 방향으로 1사분면, 2사분면, 3사분면에 대부분의 제조업이 몰려 있는 것이 보인다. 1사분면은 전문성과 숙련도가 모두 높은 산업으로, 지식기반 산업 또는 숙련 제조업이다. 국가가 글로벌 밸류체인을 선도하기 위해 집중적으로 투자하고 있는 영역이기도 하다.

기업 실무자들은 인력 풀에 대해 특히 많은 질문을 한다. 인구 감소에 어떻게 대응해야 할지, 생산용 AI는 어디까지 가능한지는 물론이고 AI가 반복 작업만 잘해주면 되는 것 아니냐는 얘기도 자주 나온다. 외국인을 고용할 경우 사회적 갈등이나 HR 비용 문제가 발생할 수 있다는 우려도 많다. 이런 논의 역시 사분면 도표를 통해 정리해볼 수 있다. 각 사분면의 특징을 〔도표 5-4〕와 같이 요약해보았다. 지나치게 일반화한 측면도 없지 않지만, 우리 업은 어느 유형이고 나는 어디에 속해 있는지 진단할 참고자료가 될 것이다.

[도표5-4] **사분면별 산업의 특성**

　이 4개의 영역에 어떤 이들이 종사하고 있는지 보자. [도표 5-3]에서 각 도형의 색깔로 확인했듯이 연령별로 나눠보면 20~30대는 1사분면에, 40~50대는 3사분면에 많이 분포해 있다. 어떤 상황인지 감이 오지 않는가? 현시점의 청년층은 교육도 잘 받았고 앞으로 더 그럴 것이다. 그러니 미래에도 청년들은 자연스럽게 대졸자 상용직이 분포하는 1사분면에 진입할 것이다. 지금 40~50대는 3사분면에 많은데, 1사분면의 청년세대가 나중에 40대, 50대가 되면 3사분면으로 옮겨갈까? 천만의 말씀이다. 이 세대는 1사분면에 계속 머물기를 원한다. 부모들의 바람도 다르지 않다. 자녀들이 전망 밝은 산업에서 일하길 바란다. 국가도 1사분면 산업을 육성하고 있다. 개인과 부모와 국가의 지향이 일치하므로 이들이 나이 든다고 다른 분야로 이동할 가능성은 크지 않다.

전문성도 숙련도도 낮다면, 엑시트하거나 첨단화하거나

나갈 사람은 많은데 들어올 사람은 없다면 3사분면의 산업은 앞으로 어떻게 될까? 이 영역에는 식품 제조업 등 소비재 산업이 많다. 지금은 40~50대가 이끌고 있지만, 10년 후에는 이들도 은퇴를 시작한다. 지금 외국인의 비중이 늘어나는 산업도 바로 3사분면이고, 향후 자동화 가능성도 높은 편이다. 그렇더라도 언제까지나 외국인과 자동화에만 기댈 수는 없다. 은퇴자의 뒤를 이어 들어올 사람이 거의 없는데, 게다가 내국인은 아예 없다면 그 산업은 누가 책임질까? 이 질문에 답할 준비가 되어 있어야 한다.

판단하건대 3사분면 산업은 앞으로 크게 3가지 방향으로 나뉠 것이다.

첫째, 냉정하게 볼 때 글로벌 경쟁력이 부족한 기업도 분명히 있을 것이다. 예를 들어 우리가 만드는 부품이나 소재가 품질이나 가격 면에서 해외 기업보다 뒤처진다면, 앞으로 그 생산은 자연스럽게 해외로 옮겨갈 가능성이 크다. 마찬가지로, 시제품 제작 분야에서도 혹시라도 해당 분야는 베트남이나 인도 같은 나라의 기술력이 더 앞선다면, 기업들은 굳이 국내에서 시제품을 만들기보다 그쪽에 맡기는 선택을 할 수밖에 없다. 직접 제작하고 바로 수정하는 것이 가장 효율적인데도 그 불편함을 감수하고 해외에 맡긴다는 건, 이미 그 분야의 경쟁력이 약화되었다는 신호다. 이런 산업의 경우에는 단순히 공장을 유지하기보다, 그 설비와 인력을 어떻게 다른 분야로 전환할지에 대한 출구 전략이 필요하다. 더러는 기업 자체를 정리해야 할 수도 있다. 수십 년간 애써 일궈온 회사를 내려놓으라는 말이 잔인하게 들리겠지만, 때로는 그것이 유일한 길일 수 있다. 특히 경영승계조차 어려운 경우라면, 결국 그런 선택을 피하기 어렵다. 아니면 다음의 두 가지 방식으로 전환해야 한다.

둘째, 3사분면에는 1사분면의 산업을 뒷받침하는 기업들이 있다. 예컨대 삼성전자의 반도체에 들어가는 부품이나 소재를 생산하는 협력업체들이 그렇다. 이들이 없으면 글로벌 기업 삼성전자도 반도체를 만들 수 없다. 문제는, 이런 협력업체들이 인력난과 설비 노후화로 점점 생산을 이어가기 어려워지고 있다는 점이다. 그렇다면 1사분면의 핵심 기업들이 단순한 납품 관계를 넘어, 이들의 생산 기반을 함께 유지할 구조를 만들어야 한다. 예를 들어 공정 자동화 장비를 공동으로 도입하거나, 숙련 인력을 공동으로 양성·파견하는 방식 등이 있을 것이다. 또한 기술개발 자금을 직접 지원하거나 공동 특허를 통해 리스크를 나누는 등의 '산업 생태계 단위 협력 모델'이 필요할 것이다.

셋째, 지금은 3사분면에 속하지만, 약간의 전환만으로 1사분면으로 도약할 수 있는 산업도 있다. 대표적인 예가 푸드테크다. 식품 가공업은 전형적인 3사분면 산업이지만, 여기에 ICT나 바이오 기술이 결합되면 빠르게 1사분면으로 옮겨갈 수 있다. 최근 건강관리와 데이터 기반 식습관에 대한 관심이 커지고 있다. 혈당이나 체성분을 관리하는 기능성 식품을 개발해 ICT를 접목하는 시도는 식품 산업을 기술 산업으로 바꿔놓을 가능성이 있다.

섬유 산업도 마찬가지다. 우리가 입는 옷은 과거와 달리 기능성이 점점 강조되고 있으며, 이를 위해서는 R&D가 반드시 필요하다. 그 R&D는 1사분면에서 이루어진다. 따라서 지금 3사분면에 있는 의류회사들도 단순한 의류 생산을 넘어 첨단소재를 개발하는 방향으로 전환해야 한다. 제조는 인력 수급이 원활한 인도네시아 같은 지역에 맡기더라도, 개발과 설계는 국내에서 1사분면의 인재들과 함께 수행해야 한다. 그렇게 확보한 기술이 글로벌 경쟁력을 갖춘다고 판단된다면, 비용이 들더라도 과감히 자동화에 투자해 첨단 제조업으로 전환해야 한다. 그 과정에서 내국인이든 외국인이든 핵심 인재를 확보하는 전략이 반드시 병행되어야 한다. 인구학자로서 강조하고 싶은 것은, 혁신의 에너지원이라 할 수 있는 청년 인구가 본격적으로 감소하기 전인 2027년까지 장기 전략을 세워야 한다는 점이다.

숙련도 높은 산업의 지상과제는 자동화

이번에는 2사분면 산업을 보자. 대졸자는 아니어도 고숙련 인력이 많은 산업이다. 이들 산업의 고민거리는 한마디로 '암묵지暗默知 자동화'다. 글로벌 수준에 오른 우리나라의 제조업 대기업들이 걱정하는 바도 이것이다. 업력이 오래된 만큼 숙련자도 많은데, 그들이 갖고 있는 경험치가 매뉴얼화되지 않고 암묵지처럼 존재해 다음 세대로 전해지지 않는 실정이다. 암묵지는 문서화하기 어려워 사람에게 직접 전수해야 하는데, 물려줄 다음 세대가 없기 때문이다. 그러다 이 숙련자들이 은퇴하면 크고 작은 혼란이 일어날 것이다.

이 사태를 막기 위해 삼성, LG 등 많은 기업이 '명장' 또는 '마스터' 제도를 두어 이들을 별도로 관리한다. 심지어 이들의 몸에 센서를 부착하고 움직임을 데이터화해 자동화 프로세스를 만드는 방안도 검토할 정도다. 어떤 공장에서는 사고가 터졌을 때 퇴직한 분들을 다시 모셔서 고치기도 하고, 아예 그분들이 사고 소식을 접하고 공장에서 요청하기 전에 먼저 찾아오셨다는 얘기도 들었다. 그 사고는 본인밖에 해결할 수 없다는 걸 알기 때문이다.

이처럼 많은 2사분면 산업들이 지금 숙련의 단절과 지속

사이의 아이러니한 딜레마에 놓여 있다. 명장들의 퇴직으로 수십 년간 축적된 기술과 노하우가 빠르게 사라지고 있다. 이는 산업 현장에서 대체 불가능한 손실로 작용한다. 그러나 다른 한편에서는 숙련공들을 오래 붙잡아두자니 고령화에 따른 안전사고와 작업 리스크가 점차 커지고 있다. 결국 현장은 숙련의 단절도 위험하고, 숙련의 지속도 부담이 되는 이중의 구조적 리스크에 직면해 있는 셈이다. 이런 상황에서 생산성은 서서히 정체되고, 기업들은 숙련을 전수할 인력과 시스템을 동시에 고민해야 하는 국면에 들어섰다.

결국 2사분면 산업의 당면과제는 노하우를 자동화하는 것인데, 이 자동화와 디지털 전환은 단순한 기술 도입이 아니라 '숙련의 재구조화'를 위한 불가피한 선택으로 읽어야 한다. 그리고 이 작업을 위한 R&D가 1사분면에 존재해야 한다. 그런데 이 작업이 사회적 니즈에 따라 자꾸 뒤로 밀리고 있다. 현재 우리나라는 R&D 역량을 1사분면, 즉 첨단기술 혁신 영역에 집중하고 있다. 맞는 방향성이다. 특히 AI를 만드는 데 열심이다. 생성형 AI와 같은 기술은 2사분면의 자동화 기술로도 파생되고, 결국 산업 현장의 생산 효율과 품질을 도약시킬 것이다.

하지만 우리는 이 연결 구조를 더 적극적이고 전략적으로 활용해야 하는 시점이다. 산업공학자들은 입을 모아 말한다. "생성형 AI 자체는 미국이 가장 잘할 수밖에 없는 영역"이라고. 인재 규모, 자본력, 오랜 연구 인프라 그리고 규제 환경까지, 한국이 그들과 같은 방식으로 경쟁해서 시장을 선점하기는 어렵다. 이미 국내 생산공장의 로봇 대체율은 세계 최고 수준이지만, 이것이 곧 기술 혁신력을 의미하지는 않는다. 많은 현장에서 로봇은 인력 부족을 메우는 대체 수단으로 쓰이고 있으나, AI와 결합된 지능형 자동화로의 전환은 아직 초기 단계다. 즉 우리는 자동화의 '양'을 늘렸지만, '질'을 높이는 데 필요한 R&D 투자는 여전히 부족하다.

일할 사람이 줄어들면 제조업은 끝이냐는 질문에 담긴 우려는 충분히 이해한다. 이런 때일수록 인구를 숫자로만 바라보지 않고 인구 규모의 변화와 인재의 특성, 기업 전략을 입체적으로 판단해 대책을 마련해야 한다. 우리 회사가 사분면의 어디에 위치해 있고, 우리 팀은 어디에 있는지 점검하는 게 전략 수립의 시작이 될 수 있다. 비단 개인과 기업뿐일까. 글로벌 시장에서 우리나라가 사분면의 어디쯤 위치하고, 앞으로 어디로 향할 것인지를 파악하면 국가 차원의 장기적인 발전 전략을 세우는 데도 힌트가 될 것이다.

Q3. 2030년이 되면 정말 취업이 쉬워지나요?

2030년이 되면 전반적으로 취업이 쉬워지지 않겠냐는 질문도 많다. 인구가 줄어 인력난이 이어지면서 일견 채용문이 넓어 보일 수 있다. 우리도 앞에서 그럴 가능성이 충분히 있다고 언급했다. 그러나 그것이 곧 개인이 원하는 자리, 경쟁력 있는 자리를 쉽게 얻는다는 뜻은 아니다. 사람들의 눈높이는 언제나 더 높은 곳을 향하기 때문에, 모두가 안정적이고 좋은 자리를 바라본다면 그 자리의 경쟁은 오히려 치열해질 것이다.

실제로 인구 감소로 전체 취업시장의 경쟁이 완화되더라도, 특정 분야로의 쏠림 현상은 대학 입시에서처럼 더 심해질 가능성이 크다. 대입 경쟁률이 낮아져서 대학 가기가 전체적으로 쉬워져도 의대나 로스쿨 같은 전문직을 배출하는 곳은 외려 더 어려워졌다. 취업시장도 마찬가지다. 중소기업은 심각한 구인난을 겪고 있지만, 청년들은 여전히 대기업을 선호한다. 기업들은 인기 전공과 직군에서 인력을 선점하려 하며, 이로 인해 채용이 특정 시기에 집중되는 '시기 효과'가 나타난다. 이러한 구조는 시간이 지나면서 조직 내부의 연령 불균형으로 이어진다. 여기에 AI와 자동화의 확산이 더해지면서 일부 산업에서는 일자리 자체가 빠르게 줄어들고 있다. 이처럼 인구 감소로 인해 겉보기에는 취업 문이 넓어지는 듯하지만, 경쟁력 있는 자리를 확보하는 일은 여전히 쉽지 않다. 이는 단순한 '고용 수요/공급'의 문제가 아니라, 기업이 필요로 하는 인재의 성격과 개인이 경쟁력을 증명하는 방식이 달라지고 있기 때문이다.

결론적으로 말해 인구가 줄어들어도 경쟁의 질은 낮아지지 않는다. 경쟁력 있는 자리를 얻는 일은 여전히 치열하며, 때로는 남과의 경쟁이 아니라 새로운 영역을 개척하는 형태로 변하고 있다. 따라서 이 질문은 다음과 같이 바뀌어야 한다. "취업이 쉬워질까?"가 아니라 "나는 어떤 산업의, 어떤 위치에서 전문성을 가질 것인가?"가 되어야 한다.

여기서 말하는 전문성은 흔히 말하는 전문직과는 다르다. 전문성은 희소성, 산업 적합성 그리고 확장성을 갖춘 역량이다. 즉 공급이 적어야 하고, 현재와 미래의 산업 구조에 반드시 필요해야 하며, 국내를 넘어 글로벌로 뻗어갈 수 있어야 한다. 전문직 자격증만 있다고 능사가 아니다. 변호사 자격이 있더라도 법률시장이 축소되고 공급이 증가하면 희소성은 떨어진다. 이때 법률에 바이오, 국제 비즈니스, 신산업 규제와 같은 영역을 결합하면 그 안에서 다시 희소성과 확장성을 가질 수 있다. 의사 역시 마찬가지다. 고령화로 의료 수요는 커질 수 있지만, 수도권으로 인력이 몰리고 경쟁이 심해지면 '동네 의사'는 물론이고 대형 병원의 희소성도 금세 사라진다. 그러나 임상과 연구를 결합한 의사 과학자는 전 세계 시장에서 수백억 규모의 가치를 창출할 수 있는 확장성을 갖게 된다.

강연에서 이런 이야기를 했더니 한 청소년이 손을 들고 "그럼 평생 공부하라는 말이냐"고 물은 적이 있다. (안타깝지만) 그렇다. 다만 여기서 말하는 공부는 학위나 시험 준비를 뜻하지 않는다. 산업의 변화를 읽고, 내 전문성을 그에 맞춰 재구성하며, 새로운 영역과 결합하는 배움이다. 과거처럼 한번 자격을 따면 평생 안정이 보장되는 시대는 끝났다. 직업이 아니라 산업의 흐름 속에서 내 역할을 끊임없이 재정의하고 확장해야 한다.

중소 인테리어업을 해오던 60대 사업가는 새 건물보다 리모델링 수요가 늘어나는 지역 현실에 주목했다. 지방에서는 건물 유지 보수 인력을 모으고 파견하기가 어려운데, 이를 해결하기 위해 현장 인력과 수요를 한데 연결하는 플랫폼을 직접 만들었다. 본인의 오랜 경험과 지역 감각에 디지털 서비스를 결합한 결과, 새로운 형태의 일자리와 시장이 생겨났다.

한편 지방의 한 중소 제조업체 품질관리 담당자는 챗GPT를 활용해 직접 데이터 수집 자동화 코드를 짜기 시작했다. 불량률을 실시간으로 시각화하자 공정 개선 속도가 빨라졌고, 회사는 그를 '생산 데이터 매니저'라는 새 직책으로 불렀다.

지방의 한 농산물 유통업체에 근무하는 40대 직원은 AI에 "이런 거 만들어보면 어떨까?"라는 질문을 던지기 시작해 현재는 온라인 직거래 플랫폼을 직접 구축했다. 덕분에 농가 수익이 높아졌고, 지금은 직원도 더 고용하고 있다고 한다.

앞으로의 생존 전략은 분명하다. 나만의 전문성을 만들고, 그것을 산업 변화에 맞춰 끊임없이 확장하는 것이다. 지금의 미래 세대에게 필요한 건 그럴듯한 '직업 이름'이 아니라, 그 직업이 변화 속에서 어떻게 살아남을지를 '설계하는 역량'이다.

우리 업業의 본질을 알고, 업그레이드하자

〔도표 5-3〕은 다양한 방식으로 응용 가능한데, 개인이나 조직의 현재 진단에 특히 유용하다. 내가 혹은 우리 조직이 사분면의 어디쯤에 있는지 한눈에 알 수 있기 때문이다. 그래서 기업에 이 도표를 보여주면 즉각적인 반응이 온다. 각 부서를 배치해보니 자사가 1사분면에 속하지 않는다는 사실이 명백해진다거나, 심지어 어떤 기업은 R&D 기능을 해외로 이전하고 있다는 사실을 이 도표를 통해 깨닫기도 했다. "부서 단위로 볼 때는 이런 큰 그림이 안 보였는데, 인력을 중심으로 보니 시야가 트인다"는 것이다. 여기서 알 수 있듯이, 경쟁력의 핵심은 업종의 이름

이 아니라 그 업에 종사하는 '사람'이 어디에 위치해 있느냐는 것이다.

개인에게도 이 프레임은 유효하다. 많은 사람이 자신을 '직장'이나 '직업'이라는 틀로만 정의한다. "나는 변호사다", "나는 디자이너다" 하고 말이다. 하지만 중요한 건 직함이 아니라, 그 직업을 대하는 나의 태도와 성향이다. 같은 직업이라도 누군가는 안정적인 환경에서 전문성을 깊이 파는 스타일이고, 또 누군가는 분야를 넘나들며 새로운 가능성을 실험하는 스타일일 수 있다. 이 차이는 산업 변화 속에서 각자가 발휘할 수 있는 강점의 방향을 다르게 만든다.

기업 연구에서 만난 한 엔지니어는 스스로를 '자동차 회사 연구원'이라고만 정의했다. 하지만 사분면에 자신의 역량을 배치해보니 그의 기술은 식품, 의료기기, 로봇 산업에도 그대로 적용할 수 있는 것이었다. 새로운 가능성에 눈뜬 그는 푸드테크 스타트업으로 이직해, 자신이 쌓아온 자동차 센서 기술을 식품 생산라인의 위생 모니터링 시스템에 접목했다. 자기 업의 본질을 다른 방식으로 응용하고 확장해 직업을 바꾼 사례다.

이런 관점은 기업과 개인 모두에게 중요하다. 기업은 사분면 프레임을 통해 고부가가치 산업으로 가려면 어떤 인력을 확보해야 하는지, 그리고 국내를 넘어 글로벌 시장에서 경쟁할 수 있는 인력 구조를 어떻게 만들지 방향을 잡을 수 있다. 개인은 직업의 이름이 아니라 내가 일하는 방식, 변화에 대응하는 태도, 새로운 영역을 탐색하려는 성향으로 볼 때 자신이 어디에 위치해 있는지 확인하고, 그 강점을 다른 산업과 결합해 커리어를 확장할 수 있다.

지금은 인구가 줄어드는 가운데 2사분면의 숙련 노동자가 많아 노동시장의 미스매칭이 발생하고 있지만, 산업 변화 속도가 빨라 머지않아 인재 공급과 수요의 방향이 1사분면 중심으로 맞물릴 가능성이 크다. 그때가 되면, 그 방향에 맞춰 자신의 태도와 역량을 미리 조율해둔 사람과 조직만이 기회를 잡을 것이다. 결국 '우리 업이 무슨 이름으로 불리는지'보다 '본질이 무엇이고, 사람과 역량이 어디에 위치하고, 어떤 태도를 바탕으로 어디로 이동 가능한지'를 아는 것이야말로 업業을 업그레이드하는 첫걸음이다.

Q4. AI 시대인데, 인구가 조금 줄어도 괜찮지 않나요?

AI가 발달할수록 오히려 사람 중심이어야 하는 이유

2023년 세계경제포럼World Economic Forum 홈페이지에 흥미로운 이야기가 등장했다. 일본에서 인구 감소는 오히려 기술 발전을 가속화한다는 것이다.[1] 부족한 인력을 메우기 위한 노력이 기술 발전을 촉진한다는 이유였다.

아마 기업과 정부 모두 궁금할 것이다. 인구 감소가 숙명이라면 기술을 얼마나 빨리 발전시켜야 인구 감소의 여파를 상쇄할 수 있을까? 그리고 인구 감소를 기술로 극복한다고 하지만, 기술이 발전하려면 인재가 많아야 하지 않나? 그런데 우리가 맞이할 미래의 인구는 기술 발전도 꾀할 수 없는 규모가 아닐까 하는 우려가 든다. 이렇게 생각하면 인구와 기술이 마치 닭과 달걀의 관계처럼 느껴진다.

AI 시대가 되어 많은 이들이 묻는다. AI 빅데이터를 더 많이 활용하게 되면 인구가 줄어들어도 극복 가능하지 않느냐는 것이다. 맞다. 그런데 생각해보자. "인구가 줄어들어도 AI로 대체하면 된다"는 양적 관점은, 결국 "인구가 많은 나라일수록 AI를 더 많이 활용할 수 있으니 더 유리하다"는 생각과 본질적으로 같다. AI와 빅데이터는 이미 한국도, 미국도, 베트남도, 인도네시아도 모두 활용하고 있다. 만약 인구를 단순히 '수'로만 보는 논리라면, 인구가 많은 신흥국이 AI 활용 면에서도 우리를 곧 추월할 것이라 느껴야 할 것이다. 결국 AI를 '얼마나 많이 쓰느냐'보다 '누가 더 잘 활용할 수 있는 인적 기반을 갖추고 있느냐'가 경쟁력을 가른다. 인구가 많으면 학습 데이터와 실험의 다양성 면에서는 유리할 수 있지만, 그 자체가 혁신으로 이어지는 것은 아니다. AI 시대에도 인구의 핵심은 동일하다. 인구의 '양'이 아니라 '질과 구조'다. 인구가 줄어드는 시대일수록 AI를 대체재로만 삼는 것이 아니라, AI를 통해 사람의 가능성을 확장하는 구조로 전환해야 한다.

따라서 인구 감소의 해법은 'AI가 대신해줄 것'이라는 낙관이 아니라 AI를 만드는 사람, AI를 활용해 새로운 가치를 설계하는 사람을 키우는 것이다. 이것이야말로 인구 감소를 극복하는 진정한 R&D 시스템이며, AI 시대에도 사람 중심의 경쟁력을 지켜내는 길이다.

Q5. R&D 인력 전망은 괜찮다는 거죠?

그렇다면 그다음 질문이 떠오른다. 인구가 줄어드는데 R&D 인력 전망은 괜찮은가? 개인은 괜찮을 것이고, 기업이나 기관은 괜찮지 않을 것이다. 앞에서 2027년부터 시작될 노동시장의 일대 전환을 설명했다. 이때가 되면 기업도 정부도 대학원도 필요한 인원을 채우는 데 어려움을 겪기 시작한다. 지역에 있는 대학원은 말할 것도 없고 수도권, 아니 서울에서도 웬만큼 이름이 알려진 대학원이 아니면 정말 사람이 부족해서 못 뽑는 일이 생길 것이다.

저출산보다 심각한 R&D 인력난

청년 인구 감소는 단순히 숫자의 문제가 아니다. 우리 사회 전반의 도전과 실험 에너지가 줄어든다는 뜻이다. 그 에너지의 핵심은 곧 R&D 인력이다. [도표 5-3]에서 단순·반복 노동이 많은 3사분면은 이미 상당 부분 외국인 노동력으로 대체되고 있고, 앞으로는 자동화 속도가 매우 빨라질 것이다. 문제는 1사분면이다. 첨단·고부가가치 일자리가 모여 있는 1사분면은 주로 청년층이 채우는데, 이 영역의 인력 수급이 급격히 어려워질 가능성이 크다. 인구학자로서 2030년 이후의 한국 사회에서 가장 걱정하는 지점이 바로 이것이다. R&D 인력이 부족해지는 것이다.

2024년에 서울대학교가 우리 센터에 의뢰한 연구가 있다. 간단하게 말하면 2030년대에 서울대학교, 특히 공대와 자연대의 대학원생이 부족해진다는 말이 정말인가 하는 것이다. 청년 인구가 이런 추세로 줄어들면 그중 연구를 계속할 사람이 얼마나 될지 생각해보자. 지금 대학에 들어온 연령대는 엄밀히 말해 '명문대'라는 학벌이 예전만큼 중요하지 않을 것이다. 그때가 되면 학벌보다는 오히려 1사분면에서 활약할 수 있는 전공인지가 중요할 것이다. 만약 취업했는데 학벌이 문제가 된다면 그때 세칭 명문대 대학원에 진학해도 늦지 않을 것이다.

그런데 이것은 제삼자의 관점이다. 당사자는 학업에 뜻이 있지 않는 한, 취업이 쉬워지는 마당에 뭐하러 대학원에 가겠는가? 실제로도 그동안의 통계를 보면 취업이 어려울 때는 대학원 진학을 많이 하고, 취업이 쉬우면 졸업과 동시에 취업을 하는 경향이 뚜렷하다. 그러니 일단 취업을 하고, 만약 학위를 더 받고 싶으면 파트타임으로 대학원 과정을 밟을 것이다. 즉 파트타임 대학원생은 늘어날 여지가 있지만 풀타임 대학원생은 줄어들 수밖에 없다. 실험실을 운영하고 연구를 하고 논문을 써서 세상에 기여할 연구 성과를 내려면 풀타임 연구자가 많아야 하는데 말이다.

대학원 진학 유인이 약해지면 서울대조차 대학원생 모집에 어려움을 겪게 된다. 이미 징후가 나타나고 있다. 우리 센터가 서울대학교 연구처의 의뢰로 분석한 결과[2]에 따르면, 현재와 같은 인재의 수월성을 유지할 경우 2040년 서울대 대학원 재적학생 수는 현재보다 33%가량 줄어들 전망이다. 이는 서울대만의 문제가 아니다. 서울대가 석·박사를 충분히 배출하지 못하면 한국의 명문대라 일컫는 카이스트, 연세대, 고려대도 석·박사를 내지 못한다. 그러면 기업이 앞으로 필요로 하는 R&D 인력, 아까 보여드린 1사분면에 갈 수 있는 청년이 부족해진다. 저출산이 장기적 위기라면, R&D 인력 부족은 훨씬 더 가까운 미래에 닥칠 현실적 위기다.

이 문제를 어떻게 극복할 것인가? 실질적으로 극복할 방안이 많지는 않다. 지금 우리나라가 1년에 공대생을 몇 명 배출하는지 아는가? 서울대가 1년에 800명 정도 졸업시킨다. 나라 전체로 보면 1년에 8만 명의 공대생을 배출하고 있다. 이들이 1사분면의 R&D 인력을 채우는 핵심 풀이다. 이들은 한 해에 70만 명 정도 태어났고, 그중 8만 명이 R&D 인력이 된 것이다. 하지만 이제 대학을 채우고 있는 학생들은 40만 명대로 태어난 이들이다. 단순 산술로 보더라도 2030년 무렵 공과대학 풀타임 대학원생 잠재 규모는 4만 명대에 머물 가능성이 크다. 더 큰 문제는 그 이후다. 연간 출생아가 20만~30만 명대로 고착되는 상황에서, 이 규모를 어떻게 유지할 것인가. 극단적으로 계산해도 출생아의 3분의 1이 공과대학원에 진학해야 가능하다는 결론에 이르는데, 이는 현실적으로 달성 불가능한 비율이다.

지금의 절반 규모로 글로벌 밸류체인을 선도할 수 있을까? 뒤에서 자세히 살펴보겠지만, 중국은 매년 220만 명의 공대생을 배출한다. 인구 규모 차이뿐 아니라, 국가 차원의 강력한 전략 집중이 결합된 결과다. 이 격차는 제조업뿐 아니라 첨단기술 경쟁력 전반에 직격탄이 될 수 있다.

이런 현실을 엄중히 인식해서 인력 수급 상황을 점검해야 할 것이다. 지금 우리나라 반도체 산업의 등락에 사람들의 관심이 쏠리는 이유는, 반도체가 흔들리면 우리나라 경제 전반이 흔들린다는 걸 알기 때문이다. 이와 마찬가지로 R&D 인력이 부족해서 국가 경제가 흔들리는 일이 생길 수 있다. 불과 6~7년 후에 닥칠 일이다. 석·박사 학생 수가 줄고 R&D 인력이 부족해지고 나서야 대책을 마련하면 이미 때가 늦어 아무런 변화도 가져올 수 없다. R&D 인력 부족은 특정 대학원의 문제가 아니라 국가의 성장 및 지속가능성과 직결되는 우리 모두의 문제다. 여러 번 언급했지만 인구가 다시 늘어날 수는 없기 때문에, 줄어드는 후속 세대 인구를 감안하여 가장 현실적이면서도 효과적인 해결책을 시급히 마련해야 한다.

많은 사람들이 외국인 인재를 모집해 부족한 대학원생을 충원하는 방법을 가장 현실적인 대안으로 생각할 것이다. 하지만 사실 가장 어려운 방법이 고급 노동력을 외국인으로 대체하는 일이다. 왜냐하면 우리나라 대학원이 미국이나 다른 선진국의 대학원에 비해 경쟁력이 높지 않아 뛰어난 외국인 학생이 우리나라 대학원을 선택해주길 기대하기가 현실적으로 어렵기 때문이다.

보다 근원적이면서 현실적인 대안은 인구가 작지만 높은 과학기술력을 지닌 유럽 국가들 사례로부터 얻을 수 있다. 인구가 적은 이 국가들은 대학원생 부족 현상을 오래전부터 겪어왔다. 그래서 수준 높은 인재를 대학원으로 유도하기 위해 대학원생 신분을 학생이 아니라 직장인과 동일하게 했다. 마치 대학원 입학을 회사에 입사하는 것처럼 만든 것이다. 예컨대 네덜란드에서는, 박사과정 학생들이 입학생이 아니라 '연구원으로 고용'되어 생활에 충분한 수준의 월급 stipend 은 물론 휴가와 연말 수당까지 받는다. 실제로 우리 연구실에서 스톡홀름대학교로 박사과정을 진학한 한 학생은, 박사과정생이지만 생활보조금과 각종 수당 등을 포함해 연 6800만 원 수준의 급여를 받았다고 했다. 박사과정생은 말이 학생이지, 실제로는 학업과 연구를 모두 수행하는 직원으로 고용된 것과 마찬가지라는 것이다.

이런 제도는 좋은 인재가 기업으로만 가지 않고 대학원에 진학하여 학문 후속 세대로 성장할 수 있는 토양이 된다. 우리나라의 고등교육계가 반드시 눈여겨봐야 할 사례다.

Q6. 중국에 추월당할 위험이 있나요? 중국도 인구 위기라던데요?

중국을 두고 "앞으로 미래가 없지 않느냐"는 이야기를 자주 듣는다. 주장의 근거도 명확하다. 우리나라보다 더 심각한 저출산이 그것이다. 중국은 2017년부터 2022년까지 출생아 수가 46% 감소해 세계에서 가장 급격한 하락폭을 보였다.[3] 이 낮은 출산율에도 역시 인구밀도와 과도한 경쟁 문제가 영향을 미쳤다. 우리나라처럼 중국도 대륙 동쪽 해안에 있는 몇 개 도시, 남쪽 해안에 있는 몇 개 도시로 젊은 인구가 집중되고 있다. 유교 문화권답게 자녀교육에도 엄청나게 투자한다. 땅 팔고 소 팔아가며 교육시킨 청년들이 도시로 몰리고, 밀도 높은 도시에서 경쟁하며 살다 보니 출산율이 떨어질 수밖에 없는 구조다. 이것이 중국이 가진 커다란 위협 요인이다.

미국과 비교하면 중국의 인구 리스크가 더욱 분명해진다. 미국의 인구 구조는 기둥형이어서 안정적인 데다 심지어 규모 자체가 계속 커지는 중이다. 출산율이 높아서라기보다는 세계에서 많은 이들이 이주해서인데, 심지어 전 세계에서 가장 똑

똑하고 유능한 사람들이 많이 간다. 실리콘밸리로 대표되는 미국 기업들이 세계 각지에서 잘 교육받은 인재들을 빨아들이고 있다. 그리고 사회도 비교적 투명하다. 범죄 문제가 심각하긴 하지만, 그래도 여전히 미국은 무언가를 시작해서 성공시킬 수 있는 기회의 땅으로 여겨진다. 무수한 경쟁자가 있지만 정부의 규제와 간섭이 심하지 않으니 나만 잘한다면 한번 승부를 걸어볼 만하다고 생각한다.

그렇다면 중국은 미래가 없느냐? 그렇지 않다. 이 근거 역시 인구에서 찾을 수 있다.

거대한 R&D 인구로 성장을 축적하는 중국

중국은 2017년까지 20년간 1년에 1500만 명 내외의 아기가 태어났다. 1년에 1500만 명이면 엄청난 숫자인데 심지어 이들은 교육 수준도 높다. 이 중 해마다 220만 명이 공대로 진학했다. 몇 년 전부터 이들이 노동시장에 들어오기 시작해 20년간 해마다 220만 명의 공대생 인재가 배출될 텐데, 그중 일부가 미국에 가고 다른 길로 빠지더라도 중국에 남은 인재들이 만들어낼 부가가치는 어마어마할 수밖에 없다. 이들이 인구가 확 줄어들 미래의 중국을 여전히 일반 제조업 중심의 국가로 내버려둘까? 아니면 1사분면의 선도국가로 만들어놓을까? 후자의 가능성이 더 높지 않겠는가?

서울대 공대 교수들이 쓴 《축적의 시간》[4]이라는 책이 있다. 이 책에서 말하는 축적은 '실패의 축적'이다. 유럽은 산업혁명 이후 200여 년 동안 산업의 발전 단계를 거치며 실패를 축적해왔는데, 우리나라는 그럴 시간이 없었다. 우리보다 더 늦게 경제성장의 시동을 건 중국도 축적의 시간 없이 15년 만에 성장을 이루었다. 그 부족한 시간을 중국은 거대한 인재 풀로 해결하고 있다. 유럽이 오랜 시간 종적으로 실패를 축적했다면, 중국은 엄청난 인재들이 지금도 시도와 실패를 거듭하며 횡적으로 축적하고 있다. 그들이 쌓아온 축적의 결실을 우리가 능가할 수 있을까?

과거의 중국은 '세계의 공장'으로 불렸다. 값싼 노동력으로 저급 공산품을 대량 생산하거나, 해외 기술을 들여와 가공하는 수준이었다. 하지만 지금은 상황이 바뀌었다. 반도체, 전기차, 재생에너지, 인공지능 같은 분야에서 중국은 이미 세계 상위권의 기술력을 확보했다. 이제는 저가로 승부하는 '메이드 인 차이나'가 아니라 스스로 기술과 지식을 창출하는 혁신 주도형 국가로 변모하고 있다. 국가 차원의 거대한 체질 개선을 하는 중이다.

중국을 새롭게 봐야 하는 또 다른 이유는 내수시장이다. 2023년 기준 중국의 1인당 GDP는 약 1만 3000달러다. 여기에 14억 인구가 결합하면 그 자체로 세계 최대 규모의 소비시장이 된다. 생산국이자 소비국이라는 이중의 역할을 동시에 수행하며, 세계 경제에 절대적 영향력을 행사하고 있다.

어느 나라의 인구 변화가 글로벌 경제에 가장 큰 파급력을 미칠지 묻는다면, 주저 없이 중국이라 답할 것이다. 중국은 출생아 수 감소와 고령화로 노동력과 생산 측면의 영향력은 다소 줄어들겠지만, 동시에 거대한 소비시장과 축적된 인재 및 기술 기반 덕분에 여전히 수요 측면에서는 강력한 영향력을 유지할 것이다. 즉 감소와 성장이라는 두 방향의 힘이 동시에 작용하는 이중 구조로 영향을 미칠 것이다. 앞으로의 중국은 단순한 생산기지가 아니라, 글로벌 혁신 경쟁의 핵심 변수가 될 것이다.

이미 많은 기업들도 중국의 위상이 달라졌으며, 기존의 고착개념을 없애야 한다는 것을 실감한다고 말한다. 반도체 등의 분야에서는 이미 중국으로 인재 유출brain drain이 심해서 위기감이 상당하다. 이제는 중국의 위력을 우리 사회 모두가 알아야 할 때가 됐다. 예전처럼 중국을 쉽게 봤다가는 우리만 타격을 입을 뿐이다.

Q7. 부족한 인력을 외국인으로 채울 수는 없나요?

물론 가능하다. 목재 및 나무 제품, 가구, 섬유 제품, 금속 가공 제품, 종이 제품, 고무 및 플라스틱, 운송장비 등 이미 많은 제조업 분야에서 외국인 종사자 비중이 6%를 넘기고 있다. 그런데 모두 40~50대가 주로 일하고 젊은 인력이 좀처럼 충원되지 않는 3사분면의 산업이라는 공통점이 있다. 다시 말해, 40~50대가 주축인 산업들은 지금 외국인 인력으로 명맥을 유지하고 있다는 것이다.

외국인 유치가 능사는 아니다

그렇다면 질문을 바꿔보자. 외국인으로 유지되는 산업들을 위해 국가가 계속 외국인을 받아들이는 것이 맞을까? 아니면 오히려 줄이는 것이 맞을까? 단순한 질문 같지만, 막상 답하기가 쉽지 않다. 업계 내부에서도 이에 대해서는 좀처럼 명확한 입장을 내놓지 않는다.

그렇다면 조금 다른 예를 하나 들어보자. 요즘 지역 대학들이 학생 모집에 어려움을 겪으면서, 국가적인 지원책이 필요하다고 정부와 국회에 호소하고 있다는 이야기를 들었다. 감소하는 내국인 학생을 충원하고자 이미 외국인 유학생을 많이 받고 있는데, 한발 더 나아가 외국인 학생의 부모도 함께 와서 일할 수 있도록 비자 제도를 열어달라는 요구까지 나왔다고 한다. 즉 대학을 유지하려면 단순히 학생만 와서는 부족하고, 학생 가족 단위로 유입시켜야 한다는 논리가 생겨나는 것이다.

이 요구를 수용해야 할까, 아니면 구조 전환이 필요하다는 신호로 받아들여야 할까? 후자가 좀 더 근본적인 변화일 것이다. 외국인 유학생을 유치하지 말자는 것이 아니라, 그러한 요구까지 수용하며 해당 교육기관을 유지하는 게 맞는지 먼저 검토해야 한다는 것이다.

이 논리를 산업에 대입해보면 그대로 앞의 질문에 대한 대답이 된다. 대학이 아니라 산업이라면, 외국인으로 유지하는 산업은 어떻게 해야 할까? 지금 그대로 유지되도록 해야 하나, 아니면 구조조정을 해야 하나? 앞서 3사분면의 대응전략으로 제안한 대로 협력하는 대기업에 상생 전략을 촉구하거나, 첨단기업으로 체질 개선을 하거나, 아니면 엑시트 대책을 세우는 것이 현실적인 방안이다.

불행 중 다행이라면, 현재 외국인으로 대체되고 있는 영역은 자동화 가능성이 높은 산업이기도 하다는 것이다. 그렇다면 질문을 바꿔보아야 한다. "하루라도 빨리 자동화할 수 있는가?" "자동화하면 글로벌 경쟁력이 있는가?" "이 중에서 어떤 부분이 후속 세대에게 전수해야 할 우리의 고유 기술인가?" 이것이 이 분야의 생존을 결정 짓는 분기점이 될 것이다. 생존을 위한 냉정한 판단이 산업계 전반에 필요하다.

시간은 우리나라에만 주어진 것이 아니다

한국만으로는 시장 축소를 피할 수 없다 보니 최근에는 기업들도 글로벌 인구 동향을 추적하는 사례가 늘어나고 있다. 고무적인 현상이다. 이제 인구 구조를 이해하는 것은 사회학적 담론을 넘어 기업의 핵심 전략 도구로 자리 잡고 있다.

많은 기업들이 베트남이나 인도네시아 같은 나라를 언급하면서 "언제 진출하면 좋을까요?"라고 묻는다. 하지만 이런 질문은 지나치게 스냅샷적 관점이다. 현재의 한 장면만 포착해 해석한다는 뜻이다. '지금 그 나라의 인구가 젊고, 임금이 낮고, 제조업 기반이 강하니까'라는 이유로 진출한다면, 10년 뒤 달라질 미래에 대비할 수 없다. 1장에서 말한 인구지체현상을 피할 수 없는 것이다.

얼마 전 센터 주관으로 한국인구학회에서 섬유산업협회와 공동 세션을 열었는데, 패션업계는 이미 생산량의 상당 부분을 베트남에서 소화하고 있었다. 아직은 베트남의 인건비가

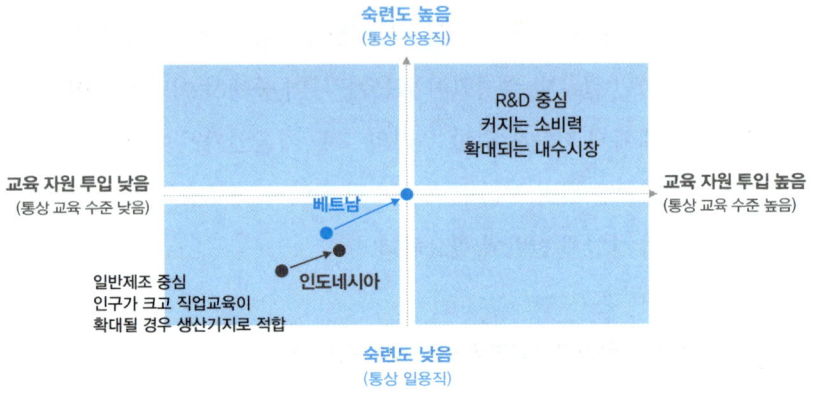

[도표5-5] **베트남과 인도네시아의 4분면 이동 방향**

싸기 때문이다. 그런데 〔도표 5-5〕를 보자. 이 그림은 베트남이라는 국가가 오늘날 3사분면에 있다 해도, 미래에는 충분히 1사분면으로 도약할 수 있음을 보여준다. 4장에서 보았듯이 교육에 과감히 투자하고 있기 때문이다. 하노이나 호치민 등 대도시에서는 가구 소득의 35~40%를 자녀교육비로 지출한다. 우리나라의 교육열에 결코 뒤지지 않는다. 이런 나라가 앞으로도 계속 저임금 노동력에 머무를 리 없다.

　실제로 어느 자리에서 베트남 정부 고위 관계자와 식사를 하며 나눈 이야기가 있다. 서울대가 베트남 학생들을 더 많이 가르쳐서 석·박사로 키워줬으면 좋겠다고 하기에 "그럼 저희가 열심히 키우고 10년쯤 한국에서 일하며 경험도 쌓게 한 다음 베테랑 인재로 돌려드리죠"라고 웃으며 말했더니 갑자기 정색하면서 절대 안 된다고, 학위만 따면 바로 돌려보내라고 하는 것이다. 베트남도 과학기술로 혁신하려 하고 글로벌 밸류체인을 선도하는 나라가 되고 싶으니 과학기술 인재가 더 많이 필요하다는 이유였다. 그래서 우리끼리 내린 절충안이 '학위 받고 3년만 한국에서 일하는' 것이었는데, 비록 사적인 자리에서 농담으로 한 이야기지만 생각할 지점이 있다.

베트남 인구는 1억이 넘는다. 우리나라는 교육 수준이 높지만 인구는 베트남의 절반 수준인 5000만 명이다. 그에 반해 베트남은 인구도 많고 교육 수준도 빠르게 향상되고 있다. 그에 따라 소득 수준이 올라갈 테고, 내수시장도 커질 것이다. 국가의 발전 방향도 글로벌임을 명확히 하고 있다. 베트남의 제조업은 보통 3사분면에 있지만 예상컨대 10년만 지나면 1사분면의 문턱에 설 것이다.

이런 나라에 우리 기업이 지금 투자한다면 뭘 해야 할까? 공장만 짓는 게 능사가 아님을 이해했을 것이다. 가장 중요한 건 인적자원 투자다. 이미 LG이노텍은 R&D센터를 베트남으로 옮겼고, 삼성전자도 베트남 인재를 서울대에서 석·박사로 키워 데려갈 준비를 하고 있다. 서울대 역시 그들을 유치하려 애쓰고 있다.

아울러 거듭 강조하지만 단순히 인건비가 싸다는 이유가

아니라 이 나라의 내수를 보고 가야 한다. 이제는 우리 브랜드 제품을 베트남에 파는 단계를 넘어, 현지 소비자와 함께 브랜드 문화를 만들어가는 단계로 나아가야 한다. 제품만이 아니라 디자인, 스토리, 라이프스타일이 함께 움직여야 한다. 이제는 한국에서 잘하던 것을 현지에서도 해야 한다.

인구는 한 국가의 산업 전략, 투자 판단 그리고 해외 진출 시점까지 결정하는 중요한 축이다. 국내 인구만 보며 판단해서는 안 되고, 이제는 글로벌 인구와 사람의 이동까지 봐야 하는 시대다. 그렇지 않고 현재의 스냅샷만을 보고 대응하는 기업은 그 나라의 발전을 따라가지 못하고 변화에 뒤처지게 된다. 나중에 관점과 전략을 바꾸려 해도, 그 나라가 우리를 기다려주지 않는다는 사실을 알아야 한다.

Q8. 해외 인재가 오게 하려면 어떻게 해야 하죠?

앞으로 한국이 인구 감소를 보완하려면, 국내에서만 인재를 찾아서는 안 된다. 결국 해외 인재를 유치해야 하는데, 중요한 건 단순히 사람만 데려오는 것이 아니라 시장 개방과 함께 이루어져야 한다는 점이다.

해외 인재 유치는 시장 개방과 함께

지금까지 한국 기업은 해외로 나가는 데 익숙했다. 그런데 해외 진출을 많이 한 만큼, 현지에서 거꾸로 "그렇다면 당신들도 개방하라"는 압박을 받는 중이다. 해외 기업이 한국에 진출하기 어렵다면 한국 기업의 해외시장 확장도 제약을 받을 수밖에 없다. 이미 막기에 어려운 흐름이기도 하다. 그렇다면 차라리 선제적으로 해외 기업이 국내에 들어와 사업 기회를 찾을 수 있도록 개방하고, 그들과 제휴하는 전략을 고민하는 편이 낫지 않을까?

예를 들어 신흥국의 IT기업이 한국에서 사업을 하고 싶어도 규제 장벽에 막혀 있다. 그런데 우리나라 기업들은 그 나라 시장에 자유롭게 진출하길 원한다. 그렇다면 단방향 개방이 아닌 '뮤추얼 오픈mutual open'이 되어야 한다. 시장을 양방향으로 열어야 인적자원의 자연스러운 교류가 가능해진다.

해외 인재 유입은 단순히 인력 부족을 메우는 것이 아니라 국내 산업 구조를 바꾸는 촉매가 될 수 있다. 글로벌 자동차 브랜드가 국내시장에 진입하면 중저가 시장에서 경쟁이 촉발되고, 국내 기업들은 이를 계기로 고급차 중심의 산업으로 재편하거나 가격 경쟁력을 키우려고 할 수 있다. 모빌리티 플랫폼, 글로벌 IT 서비스, 해외 스타트업 등이 들어오면 청년층이 다양한 엔트리 잡entry job 경험을 쌓을 기회도 늘어난다. 또한 제조업 자동화나 머신러닝 기반의 AI 솔루션처럼 한국이 강점을 가진 분야를 해외 인재와 협력해 개발한다면, 국내를 넘어 수출 가능한 산업 생태계로 확장할 수 있다.

개인 차원에서도 해외 인재 유입은 여러 면에서 의미가 있다. 해외 인재는 단순히 '외국인 직원'이 아니라 내가 경험하지 못한 시장과 문화, 네트워크를 가진 동료다. 그들과 함께 일하는 것은 곧 개인이 해외 시장과 연결되는 통로를 하나 더 갖는 것이다. 오늘은 같은 팀에서 일하는 동료지만, 내일은 그들의 모국에서 사업 기회를 열어줄 파트너가 될 수 있다. 이런 네트워크는 나의 커리어를 국내에만 가두지 않고 국제무대와 연결해준다. 내 커리어 무대가 한국에만 갇혀 있으면 국내시장이 작아질수록 기회도 줄어든다. 해외 인재와의 협업 경험은 나를 국제무대에서 경쟁 가능한 인재로 만드는 훈련이자, 자녀 세대에게 더 넓은 선택지를 남겨주는 길이다.

사람만 들어오게 하고 기업의 진입은 막는 구조에서는 건전한 교류가 일어나기 어렵다. 이런 구조는 오히려 비공식적 경로를 통한 인력 유입이나 산업 보안의 취약성을 키울 수 있다. 반대로 기업과 인재가 함께 움직이는 개방 구조라면, 상호 검증과 투명한 제도 운영을 통해 위험 요소를 최소화하면서도 협력의 기반을 넓힐 수 있다. 진출한 기업이 인력관리를 맡으면 문제 적발 시 기업 손해(법·평판·비용)가 크므로 스스로 투명한 관리를 하도록 유도할 수 있다. 산업 보안 분야 역시 이를 전제로 함께 성장해야 할 분야이며, 선별적·균형적 개방이야말로 지속 가능한 국제 협력의 조건이다. 인구 감소라는 큰 충격은 그동안 건드리지 못한 국내 규제와 독과점 체제를 흔들 기회이기도 하다. 기업과 개인 모두가 내 무대를 넓히는 전략을 지금부터 준비해야 한다. 해외 인재 유입은 그 출발점이 될 수 있다.

Q9. 인구 변화로 우리 조직에 어떤 변화가 생길까요?

이제는 질문을 조직 차원으로 옮겨가 보자. 최근에는 인구를 시장의 소비자로 보기보다는 생산자로 여기며 질문하는 경우가 많아졌다. 말하자면 HR 차원의 질문이다.

"회사에 20대보다 50대가 많아졌다"는 뉴스는 이미 여러 번 접했을 것이다. 전체적인 통계로도 확연히 드러나는 현상이고, 업종에 따라서는 오래전부터 피부로 느껴온 곳도 많았을 것이다. 다만 아직 직접 겪지 못한 업종도 있다 보니 "우리 조직은 앞으로 어떤 변화를 겪게 될까?"라는 질문을 곳곳에서 마주한다. 문제는 이 변화가 단순하지 않다는 것이다. 흔히 '고령화'라는 한 단어로 뭉뚱그리지만, 실제로는 여러 층위의 변화가 동시에 일어나고 있다. 혼인과 출산 등 생애주기가 늦어지는 변화, 지역별로 인구가 크게 엇갈리는 흐름, 특정 연령대가 한꺼번에 조직에 몰려들거나 빠져나가는 현상까지 모두 포괄한다. 이런 복잡한 변화 속에 조직의 구성은 어떻게 달라질까?

급할수록 돌아가는 용기

이 질문에 답하기 위해서는 먼저 데이터와 실체를 정확히 들여다봐야 한다. 국가 단위의 인구 변동 속도와 우리 조직의 인구 변동 속도가 비슷한지 그렇지 않은지, 지금 무슨 일이 일어나고 있는지, 혹시 그것이 우리 조직만의 문제인지 등을 파악할 필요가 있다.

지금부터 하는 답은 어쩌면 그리 효율적이지 않아 보일 수도 있다. 직선으로 곧장 가는 길이 가장 빠를 것 같지만, 현실에서는 그렇지 않은 경우가 많다. 사이클로이드 곡선의 원리를 떠올려보자. 사이클로이드 곡선은 중력장 내에서 물체가 가장 빨리 떨어지는 경로로, 그 추동력은 중력가속도에서 나온다. 즉 중력가속도를 가장 크게 받는 경로여서 곡선임에도 최단거

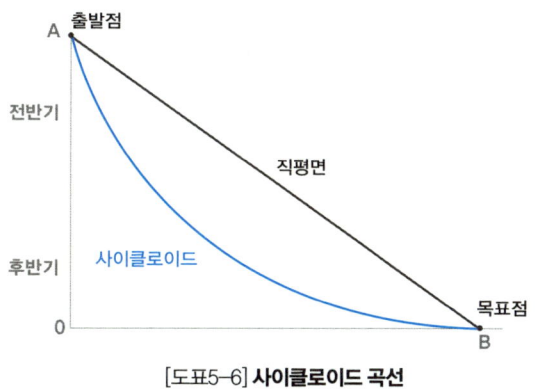

[도표5-6] **사이클로이드 곡선**

리인 직선보다 오히려 목표점에 빨리 도달한다.

인구 변동도 중력처럼 모든 곳에 강하게 작용한다. 그 변화에 올라타거나 때로는 판을 뒤엎는 과정에서 사람들이 적응할 시간이 필요하기에 조금은 돌아갈 수밖에 없다. 하지만 적응 과정을 거치며 합의 방향에 공감하는 사람들이 늘어나면 목표 지점을 향해 모두가 함께 가속도를 낼 수 있고, 그 결과 목표 지점에는 오히려 직선보다 더 빠르게 도달할 것이다. 인구 변동 앞에서 예전 방식대로 가늘고 길게 버티는 직선형 대응을 고집하면 오히려 늦어질 수 있다. 반대로 멀리 돌아가는 것 같아도 굴곡을 감수하며 변화의 진통을 받아들이는 쪽이 더 빨리 새로운 균형점에 도달한다.

지금부터 다루게 될 고령화, 세대 갈등, 그리고 기업이 그려야 할 문화와 인재상 역시 직선형 해법은 아니다. 하지만 이 굴곡진 길을 함께 따라가다 보면, 우리 조직이 마주한 변화의 본질을 이해할 수 있을 것이다. 다음 질문부터 함께 살펴보자.

Q10. 고령화로 조직 구성에 어떤 현상이 일어나고 있나요?

이는 아직 인구 변화의 영향을 받지 않은 조직의 질문으로 보인다. 인구 때문에 세상이 시끄러우니 기업에서는 인구 문제의 여파가 당장 닥칠 거라 생각했는데, 생각보다 충격이 별반 없다는 것이다. '우리는 안 어려운데?' 이런 정서가 의외로 많은 기업에 만연해 있다. 경기나 채용이 어렵다고 해도 '뭐 맨날 어렵지, 언제는 쉬웠나'라고 생각하고 실감을 못하는 것이다. 그러나 인구 변동 여파의 강도와 양상은 '차별적'이다. 지역별로, 업종별로 영향을 미치는 시기가 다를 뿐 언젠가는 모두가 보편적으로 겪는 문제가 된다.

정년 연장과 더불어 인구 환경 변화가 기업에 가져올 영향은 크게 4가지다. 첫째는 조직의 고령화, 둘째는 직원들의 임원 승진 기피, 셋째는 책임 분배에 따른 임금 체계 개편 요구, 넷째는 기업 인재상과 개인의 지향점 간의 괴리다.

고령화와 승진 기피 그리고 중간 세대의 박탈감

첫째, 조직의 고령화는 정해진 미래가 아니라, 다가온 현실이다. 정년 연장이 본격화되기도 전인데 이미 많은 업종에서 신입사원이 부족해져 퇴직자를 다시 채용하는 사례가 늘고 있다. 특히 일반 제조업이나 지역에 위치한 사업장 중심으로 인력난이 현실이 되었다는 것은 앞서 본 사분면을 통해서도 확인할 수 있다. 1사분면에 분포한 연구개발업이나 IT업계에서는 아직 크게 체감되지 않겠지만 머지않아 이 분야 역시 그 나름의 고령화를 경험하게 될 것이다.

둘째, 조직이 고령화되면서 가장 먼저 나타나는 현상은 흥미롭게도 '승진 기피'다. 한때 임원은 '직장인의 별'이라 불리는 로망이었는데, 이제는 서로 임원이 되지 않으려 한다. 흔히 조직이 고령화되면서 구성원들의 성향이 안정 지향적으로 바뀌었기 때문이라고 설명하지만, 조금은 더 깊은 이유가 있다.

수명이 길어지고 자녀 출산이 늦어짐에 따라 사람들은 삶의 에너지를 한꺼번에 쓰기보다 조금씩 나누어 쓰려는 경향을 보인다. 예컨대 자녀가 있는 사람이라면 '적어도 아이가 대학에 들어갈 때까지는 안정적으로 돈을 벌고 싶다'고 생각한다. 이 마인드에서는 임원이 보상의 상징이 아니라, 책임만 늘고 불확실성은 큰 자리일 뿐이다. '내가 하고 싶은 일을 펼치다가 회사를 그만 다니게 되더라도, 상무 한번 달고 나가는 것이 이득이지' 하는 태도가 전혀 아니라는 것이다. 그 결과 승진 기피 현상이 심화된다. 지금도 여러 기업이 겪고 있는 고민거리다.

셋째, 조직이 고령화되면 업무 분담과 임금 체계 및 보상 문제도 더 크게 불거진다. 여러 세대가 한 공간에서 일하게 되었기 때문이다. 실제로 제조업 기반 기업의 구성원들을 인터뷰해보면 '세대'에 대한 이야기가 가장 많이 나온다. 물론 세대 간의 갈등과 오해는 어제오늘의 이야기가 아니다. 가까운 예만 보아도 2010년대 후반 밀레니얼이 본격적으로 사회에 진출하면서 이들의 특성이 SNS를 통해 밈으로 회자되기도 했다. 여기에 이제 Z세대가 입사하기 시작했다. 그래서인지 얼마 전까지만 해도 'MZ'라고 한 묶음으로 불리던 이들이 점차 밀레니얼 따로 Z세대 따로 불린다. 아무래도 대학과 졸업 시기에 코로나 팬데믹을 겪은 세대와 그렇지 않은 세대는 가치관이나 행동양식에 차이가 있을 수밖에 없다.

이처럼 세대의 차이를 생각할 때는 세대마다 처한 상황과 입장이 다르다는 사실을 감안해야 한다. IMF 외환위기 전에 입사한 베이비붐 2세대까지는 입사 동기가 꽤 많았다. 그래서 같은 기수끼리 서로 일을 나누어 하는 구조가 가능했지만, 본격적인 수능 세대이자 IMF 외환위기 이후 취업전선에 뛰어든 X세대부터는 상황이 달라졌다. 입사 동기는 줄었는데 업무체계와 양은 거의 그대로였기에, 한 사람이 짊어지는 몫이 커졌다.

문제는 여기서 끝나지 않았다. 선배 세대의 승진 루트였던 연공서열이 점차 유명무실해지면서 X세대는 어떻게 살아남을지 스스로 개척해야 했다. 더 많은 업무를 감당하는데 승진의 예측가능성은 오히려 낮아진 것이다. 자연스럽게 "내가 이만큼 일하는데 보상은 적절한가?", "같은 일을 하는데 왜 선배와 나는 처우가 다른가?"라는 문제제기가 나오기 시작했다.

밀레니얼 직원들은 일에 파묻혀 사는 X세대를 보며 '나도 선배 같은 일잘러가 되어야겠다'고 생각하다가도, '저렇게까지 해서 뚫고 올라가는 게 맞나?' 하고 반문하게 된다고 한다. 그러다 결국 '나는 저렇게 살지 말아야지'라는 생각으로 귀결된다는 것이다. 그다음에 입사하는 Z세대는 아예 처음부터 '첫 단추를 잘못 꿰고 있는 것은 아닌가? 굳이 회사에 목을 맬 필요가 있는가?'라는 질문을 한다고 말한다. 밀레니얼은 '이게 맞아?'를, Z세대는 '굳이?'를 습관처럼 말하게 된다는 뼈 있는 농담이 인터뷰에서 여러 차례 나왔다. 누군가는 이런 모습을 보고 "노력해보지도 않고 회피한다"라며 못마땅해할 수도 있다. 하지만 당사자로서는 직장의 롤모델인 선배의 삶이 그리 좋아 보이지 않아서 뒷걸음질치는 것인지도 모른다. 물론 신입사원 중에서도 적극적으로 부딪쳐보는 유형이 당연히 있지만, 전반적으로는 투입과 산출의 ROI를 재는 듯한 느낌이 든다. 이는 선배 세대의 노력과 열심히 사는 모습을 부정하는 게 아니라, 오히려 인정하고 대단하게 여긴다는 뜻이다. 그런데 직장이 또는 시대가 그에 걸맞은 보상을 해주지 않는 것 같고, 그것이 본인의 미래처럼 느껴져서 쉽게 받아들이지 못하는 것이다.

여기에 정년 연장 논의까지 겹치면서 상황은 더욱 복잡해졌다. 정년 연장이 현실화되면 윗세대는 조직에 더 오래 머물게 된다. 아래 세대가 적게 들어오는 상황에서 인력을 유지하는 방편이 될 수 있지만, 현장에서는 중간 세대가 감당해야 할 업무와 책임이 지금보다 더 늘어날 것이다. 그에 반해 승진 기회는 줄어들 가능성이 높다고 여길 것이다. 윗세대가 버티고 있으니 말이다. 인터뷰를 할 때 "승진하지 않으면 오히려 좋다는 것 아니었나요?"라고 반문하면 "그러면 임금 상승이…"라며 말끝을 흐린다. 즉 기존의 임금 체계와 보상 구조로 이런 변화를 감당하는 것은 불합리하다는 뜻이다. 따라서 정년 연장을 생각하는 조직은 연공서열에 따른 보상제는 모두 내려놓고, 무엇을 성과로 정의할 것인가부터 다시 검토해서 보상 체계를 새롭게 짜야 한다. 그렇지 않으면 중간 세대의 박탈감이 걷잡을 수 없이 커질 수 있다.

넷째, 기업의 인재상과 개인의 지향점이 어긋나기 시작한다. 기업은 자기 회사에 오래 다닐 인재를 원한다. 이 기대는 바꿀 수가 없다. 물론 기업도 유연성을 추구하면서, 여러 회사에서 일을 배운 사람이 더 유능하지 않겠냐는 말을 하기는 한다.

그러다가도 누구를 승진시킬지 결정할 때는 외부에서 온 사람보다 우리 회사에 오래 다닌 사람을 선택한다. 인지상정이기도 하고, 그것 말고는 객관적인 지표가 애매하기 때문이기도 하다. 그런데 개인 입장에서는 여기서 이 일도 해보고 저기서 저 일도 해보고 싶지 않을까? 인력난이 심해져 사람이 귀해지는 미래에는 직장을 더 자유롭게 옮겨 다닐 것이다. 이처럼 구성원이 지향하는 바와 기업의 인재상이 괴리되는 상황이 펼쳐질 것이다.

그러면 기업의 인재상을 바꿔야 할까? 오늘날 전문성의 기준에는 개인들이 추구하는 방향이 더 부합하는 듯도 하다. 그러나 기업의 인재상을 하루아침에 바꾸기가 쉽지는 않을 것이다. 대신 과거에는 10년 이상 근무해야 승진했다면 이제는 더 일찍 승진시키는 등 조금씩 변화를 시도할 수는 있을 것이다.

Q11. 회사가 지역에 있다는 게 퇴사 사유라는데, 어떻게 해야 하나요?

지역에서 생산 공장이나 제조 시설을 운영하는 기업은 인력난이 어제오늘의 문제가 아니다. 이 고민은 "자동화를 당장 할 수 있는 것도 아닌데, 앞이 캄캄합니다", "젊은 직원들 퇴사 사유 1순위가 지방이라는 이유인데, 이건 저희가 어쩔 수 있는 게 아니잖아요"라는 푸념으로 이어진다. 이런 고충을 털어놓는 기업의 사업장이 소도시에 있는 것도 아니다. 기초 지자체는 이미 어려움을 겪고 있고, 지금 우리가 얘기하는 것은 광역시의 쇠퇴다. 실제로 부산, 대구에 있는 사업장에서도 이런 질문을 한다. 어떻게든 업종의 체질 개선을 해야 한다는 것은 앞서 사분면을 설명하며 이야기했고, 그 점에는 대부분 공감을 한다. 그러나 체질 개선을 한다 해도 시간이 걸릴 텐데, 그동안은 어떻게 해야 할까?

이럴 때도 데이터에서 해법을 찾아보자. 지역의 인력난을 파악하려면 우선 우리나라 광역시 인구가 그동안 어떻게 변화해왔는지 이해할 필요가 있다.

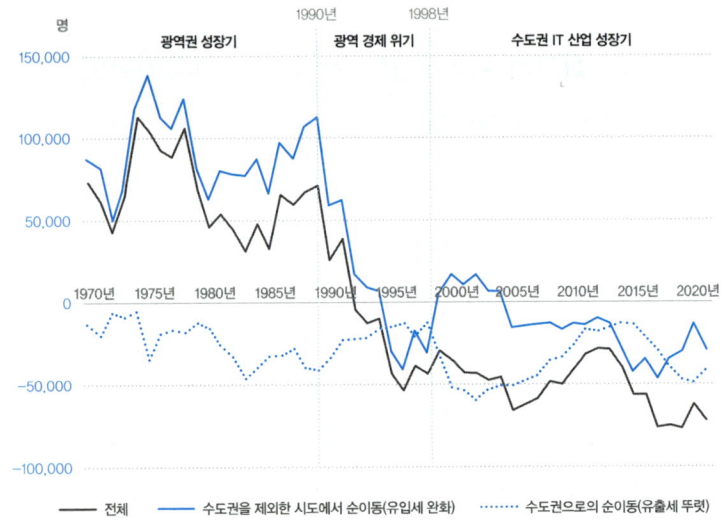

[도표5-7] **5대 광역시 인구 순이동 추이**

광역화되지 못한 광역시

현재 우리나라 수도권 인구 집중이 가속화된 것은 산업 체질이 바뀌는 과정에서 광역시라는 거대한 인구 댐이 무너졌기 때문이다. [도표 5-7]은 우리나라 5대 광역시의 인구 순이동 그래프다. 달가운 내용은 아니지만, 그동안 우리 광역시가 어떻게 성장해왔는지를 알 수 있다. 광역시에서 수도권으로의 인구 유출은 오래전부터 있었던 일이다. 그럼에도 광역시는 시·군 단위의 인구를 모으는 구심점이었기에 인구가 성장할 수 있었다.

그러다 1990년대 초반에 조선 및 석유화학 분야가 어려워지고 수도권 1기 신도시가 완성되면서 광역시 인구 유입이 줄었고, 1997년 IMF 외환위기 이후 일자리가 크게 감소함에 따라 중소도시에서 광역시로의 유입이 더 축소되었다. 한편 IMF 외환위기 이후 국가 전체적으로 제조업에 큰 변화가 일어나고, 수도권 중심으로 반도체 공장이 세워지면서 수도권으로 빠져나가는 인구는 더 많아졌다. 그러다 2012년 이후, 세종시를 비롯한 각 지역의 혁신도시가 성장하면서 광역시는 더 이상 인구 유입이 증가하지 않고 있다.

인구 규모도 그렇고 인프라도 그렇고 경제적 파급 효과도 그렇고, 각 광역시는 그동안 적극적으로 투자를 받기엔 애매한 위치에 있었던 것이 사실이다. 그래서 투자에서 배제되기를 거듭하면서 우리나라 광역시들은 권역으로 발전하기 어려운 상황이 되었다. 그렇다고 광역시 간의 연계를 도모하기도 쉽지 않다. 여담이지만, 과거 메가시티 구상을 두고 실현가능성이 낮고 허황된 것이라는 비판이 컸는데, 본래 비전은 큰 그림으로 제시되는 것이고 구현하는 과정은 어쩌면 우리 시민의 몫이다. 초창기 메가시티 구상은 단순한 행정 통합이 아니라, 남부권을 중심으로 여러 광역시가 상호 보완적으로 연결되는 구조였다. 지금은 이 또한 허황된 것으로 여겨져서 몹시 안타깝다.

이러한 사정으로 광역시라면 마땅히 광역화되었어야 함에

도 그렇지 못했고, 언제나 수도권에 인구를 빼앗겨왔다. 19~29세의 이동만 따로 떼어 관찰해보면 상황의 심각성이 체감된다. 2010년에는 19~29세 인구 8만 4000여 명이 서울로 이동했다. 당시 약 760만 명이던 20대 인구는 2025년 677만 명으로 줄었다. 그럼에도 서울로 오는 총수는 오히려 늘어나 2025년 약 9만 명이 되었으니, 이는 곧 지역에서 서울로 오는 청년의 비율이 더 높아졌다는 뜻이다. 이런 통계를 제시하면 지역의 기업들 반응은 크게 두 갈래로 나뉜다. "그렇다면 어떤 노력을 해도 저렇게 된다는 것인가?" 혹은 "사람들이 더 빠져나가게 왜 이런 걸 널리 알리느냐. 제발 이런 이야기는 미디어나 강연에서 안 들었으면 좋겠다." 체념에 가까운 심정이거나, 또는 대안 없이 위기만 강조해봐야 무슨 소용이냐는 불만으로 들린다.

 대안을 마련하려면, 우리가 붙잡고자 하는 인구의 특성부터 알아야 한다. 인구학은 이럴 때 활용하는 것이다. 앞서 살펴본 인구 흐름을 만들어낸 주역은 베이비붐 세대다. 이들의 자녀인 1990년대생들이 주로 어디서 태어났는지를 살펴보면, 거의 50%가 수도권에서 태어났다. 지금은 더 늘어서 수도권에서 태어난 아이의 비중이 54%가 됐다. 수도권에 세종시와 5대 광역시까지 포함하면 77%다. 대부분의 아이들이 대도시에서 태어난다. 이 흐름은 돌이킬 수 없다. 이에 따라 소비시장도 당연히 변화할 테고, 노동시장도 변화할 것이다. 대부분의 사람들이

고향이나 출신 학교 등 자신의 근거지를 기반으로 사회생활을 시작하는데, 이제는 '고향'이 절반 이상 수도권이다. 지역에서 청년 인구의 유입을 기대하기가 그만큼 어려워졌다는 뜻이다.

그렇다면 수도권 신도시를 건설하지 말고 광역시를 살렸어야 했다는 것인가? 전혀 아니다. 세계 어느 나라든, 하물며 그것이 수도가 아니더라도 주요 도시prime city의 권역을 발전시켜서 도시 경쟁력을 올린다. 우리가 보려는 미래 세대 인구가 어디에서 더 태어날 수밖에 없는지, 그리고 이미 이렇게 된 상황에서 어떻게 해야 좀 더 유연한 방법을 강구할 수 있는지를 보자는 것이다.

지역 기업들은 전국적인 인구 변화의 여파를 가장 먼저, 가장 직접적으로 받을 수밖에 없다. 기업과 개인은 정책보다는 활용가능성에서 자유로우니, 앞서 3장에서 언급한 생활인구를 적극적으로 활용해 지역 간 경계를 허무는 전략을 한 번쯤 시도해 볼 필요가 있다. 물론 개별 지역의 대응만으로는 한계가 있다. 결국 시간차만 있을 뿐 모든 기업과 지역이 인구 변화의 파급을 경험하게 될 것이기에, 지금부터 생활이 연계된 지역끼리 생활·근로·소비 인구의 흐름 전체를 아우르는 근본적 해법을 고민해야 한다.

Q12. 지역에서 기업이 인재를 유지하는 게 가능한가요?

1장에서 확인했듯이, 지역에 있는 사업체들은 이미 인구 변화의 영향을 직접적으로 받고 있다. 그렇다고 그냥 손 놓고 있을 수는 없다. 이 흐름을 거스를 수는 없지만, 그 안에서도 지역 기업이 할 수 있는 특별한 전략들이 있다.

일단 우리가 지금까지 살펴본 인구의 특성을 나열해보자. 우선 대도시에 태어난 인구 비중이 매우 높다. 그렇다 보니 나타날 수밖에 없는 특징들이 있다.

첫 번째는 '도시의 적절한 익명성'이다. 대도시에서 태어나고 자란 세대는 너무 많은 사람이 나를 아는 것도, 반대로 아무도 나를 모르는 것도 불편해한다. 이것은 우리나라 청년들만의 이야기가 아니다. 일례로 인도에서도 최근 미래 세대로 주목받는 특정 세대는 본인의 출신계급Caste을 지우고 노력과 이동을 통해 후천적으로 사회경제적 지위SES를 획득하기 위해 여러 도시를 오가며 도시의 익명성을 적극적으로 활용한다. 안타깝게도 우리나라 청년들이 이동하고자 하는 도시가 압도적으

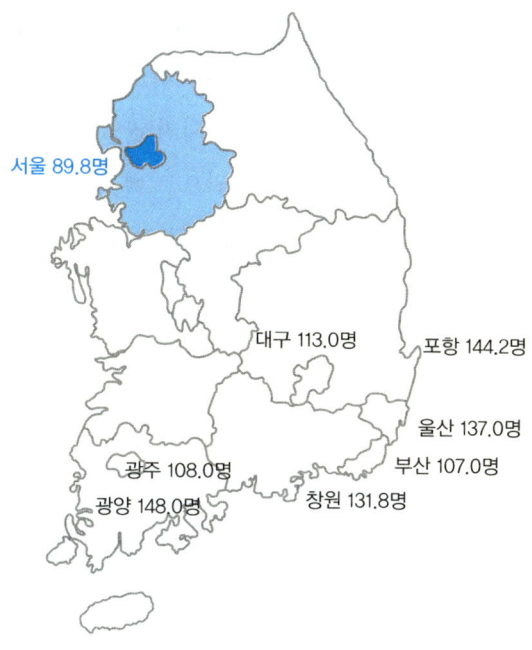

[도표5-8] **20대 여성 100명당 20대 남성 수(2023년)**

로 수도권이어서 문제지, 사실 전 세계 모든 청년들은 꿈을 펼칠 수 있는 공간으로 자유롭게 이동하는 경향이 있다.

두 번째, 도시에 살아간다는 것은 나뿐 아니라 배우자 또한 생산적인 몰입을 할 수 있는 환경이 전제되어야 가능하다. '생산적 몰입'이라는 것은 일할 수 있는 환경, 소비할 수 있는 환경 모두를 포함한다. 편리성도 중요하다. 그런데 우리나라의

5대 광역시 성비를 보면 지역이 그렇지 못하다는 현실이 여실히 드러난다. 서울 및 수도권을 제외하고는 여성이 일하고 소비할 수 있는 환경이 충분히 조성되지 않았기 때문이다. 그래서 청년 여성들이 더 많이 수도권으로 빠져나간다. 특히 우리나라 지역 산업은 제조업 비중이 높고 그중에서도 중장비 산업의 비중이 높은데, 중장비 산업은 여성의 비율이 현격히 낮다. 그 결과 중장비 산업이 중심인 도시에는 여성의 일자리가 적어 여성 인구가 더 많이 빠져나간다. 성비의 미스매치가 심해지는 것이다.

"우리 회사는 업의 특성상 남성 위주로 고용하는데 여성 인구가 적은 게 대수인가?"라고 반문할 수도 있을 것이다. 그러나 여성이 빠져나가면 3~5년 사이에 남성 인구도 유출되는 패턴이 관찰된다. 결혼할 생각이 있다면 그렇지 않겠는가? 더욱이 요즘은 맞벌이를 해야 아이를 키울 수 있는데, 여성의 일자리가 부족한 곳에서는 결혼을 해도 정착해서 살기가 어렵다. 이래저래 결혼 전후로 대도시로 빠져나가게 된다.

"요즘은 반드시 결혼하는 풍조도 아니지 않은가?"라는 반문도 있을 수 있다. 그러나 혼자 산다 해도 문제는 남는다. 혼자 산다면 취미와 여가를 즐기거나 흔히 '부캐(부캐릭터)'라 해서 또 다른 개인 활동을 할 수 있는 환경이 조성되어야 한다. 제조업 기업과 공동 연구를 하러 지역 사업장에 가보면 사업장의 시설에 놀랄 때가 있다. 직원용 기숙사와 운동 시설, 휴게 시설 등 다양한 시설을 두루 갖추고 있다. 그런데 휴일에는 텅 비다시피 한다. 시설이 이렇게 좋은데 이용하지 않는 것이다. 왜 그런지 직접 이유를 물으니 대체로 예상 가능한 답변이 돌아왔다. 뭐든 복지 혜택을 갖춰주려는 회사가 고맙기는 한데, 운동을 하더라도 회사 밖에서 다양한 사람들을 만나며 하고 싶고, 외국어를 배우더라도 바로 써보려면 그 지역 대학가의 학원에 가는 편이 낫다는 것이었다. 가까운 어학원에 가면 다 회사 사람들뿐이니 말이다. 취미와 자기계발 활동이 이럴진대 연애 문제는 어떻겠는가. 당장 결혼하지는 않더라도 사람을 만날 기회가 있어야 하는데, 이른바 핫플레이스가 작으면 모이는 사람들의 면면도 월화수목금토일 똑같을 수밖에 없다(실제 인터뷰 대상자가 한 이야기다).

　이 모든 이야기를 듣고 보면, 참 어렵다. 아무리 대기업이어도 이런 세세한 부분까지 어떻게 충족해주겠나 싶다. 실제로 상당 부분은 지자체 환경 개선이나 정부에서 모빌리티 사업 확장으로 해결해야 할 부분이다. 그런데 가만히 생각해보면 지자체 환경을 구성하는 것이 또 기업이고 기관이다. 정부 사업과 지자체의 환경 변화를 마냥 기다리기보다, 우리가 할 수 있는 일을 생각해보면 어떨까?

기업과 지역사회 간 인구 특성의 괴리 파악

첫 단계로 우리 기업/기관과 지역사회 사이에 어느 정도 괴리가 있는지 파악해야 한다. 우리 기업/기관의 인구 피라미드를 그려볼 수 있고, 지역사회의 인구 피라미드를 그려볼 수도 있다. 기업이 속한 시·도 단위로만 뭉뚱그려 그리지 말고 우리 구성원들이 출퇴근하는 지역부터 그려보는 게 좋다. 통계청은 매우 훌륭하게도 동 단위로도 인구 피라미드를 그려볼 수 있게끔 데이터를 축적해두었다. 인구 피라미드를 비교하면서 우리가 영향 받는 지역사회에 비해 우리 조직이 얼마나 젊은지, 아니면 지역과 상당히 유사한지 등을 살펴보자. 이 정리만 잘해도 해결방안이 보이는 경우가 많다.

타지 청년들의 소속감 관리

타지에서 온 청년들은 그 기업의 구성원이지, 해당 지자체에 심정적으로 소속된 것은 아니다. 따라서 강제로 그 지자체에 소속되도록 만드는 사업은 될 수 있는 한 경계해야 한다. 일례로 우리나라를 대표하는 중공업 도시인 울산과 포항은 타지에서 일하러 온 청년들이 상당하다. 울산시와 포항시 입장에서는 이들이 주민등록도 옮기면 더 좋을 것이다. 그러나 이를 위한 활동은 자칫 반감을 사기 쉽다. 생활 속에 녹아드는 것과 주민등록을 옮기게 하는 것은 전혀 다른 차원의 문제다. 먼저 공들여야 할 것은 당연히 심리적 소속감을 느끼도록 하는 것이다.

붙잡기보다는 생활권 확장

지역 환경이 젊은 구성원들의 교류나 성장 욕구를 충분히 뒷받침하기 어렵다면, 주4일제와 같은 유연근무제를 검토해볼 필요가 있다. 월~목은 집중 근무, 금요일은 자기계발이나 교류를 위한 '성장일Growth Day'로 두는 방식이다. 다만 그 하루가 단순한 휴식으로 소모되지 않고 생산성으로 환류되도록 설계하는 투자가 필요하다. 예컨대 지역 인재가 인근 대도시나 수도권으로 나가 네트워킹·학습·프로젝트 활동을 할 수 있는 프로그램을 마련하는 것이다. 만약 주4일제가 여건상 어렵다면, 주5일제를 유지하되 그중 하루를 외부 교류나 역량 강화에 쓰도록 하는 제도적 장치라도 필요하다.

인구 30만~50만의 도시는 결코 작지 않지만, 젊은 층이 적다면 교류의 밀도가 낮을 수밖에 없다. 이제는 근로시간의 길이가 아니라, 근로일을 어떻게 설계하느냐가 지역 경쟁력을 좌우할 것이다.

자동화, 채용 다각화, 외국인 고용

청년 인구와 현장 직군 인구는 또 별개의 문제다. 자동화를 하더라도 현장에 필요한 인력은 어쨌거나 존재하는데, 그 인력을 젊은 사람으로 채우고 싶다면 어떻게 해야 할까? 중공업 종사자가 많은 경북 지역의 18세 인구 추계를 해보면 10.1%가 고졸이며 2031년까지는 안정적으로 유지할 것으로 보인다. 그 후 서서히 줄어들다 2034년을 기점으로 급격히 감소해, 2038년이면 18세 인구가 1만 2000명 대가 되어 인력난이 심화될 것이다. 이미 현장에서는 고졸뿐 아니라 초대졸 그리고 일부 대졸 인력까지 현장직으로 채용하고 있지만, 이러한 전략은 어디까지나 현재의 채용 패턴일 뿐이다. 그리고 이 패턴을 유지할 수 있는 시점은 2034년이 사실상 마지노선으로 보인다. 그전에 반드시 대책을 마련해야 한다. 방안은 크게 3가지일 것이다.

첫째, 자동화 강화에 따른 미래 인력 구성 계획도 나와야 한다. 기혼자의 퇴사율이 낮다면 그 점을 감안할 수도 있을 것이다. 요즘은 기혼자도 개인주의 성향이 강해서 비혼자와 라이프스타일의 차이가 크지 않다고 한다면 그 점 또한 감안해야 할 것이다. 이런 인력 계획을 세우기 위해서라도 지역사회와 우리 기업의 인구 구성과 특성을 이해해야 한다.

둘째, 전국 단위의 채용 다각화가 필수다. 이미 현장 직군 및 생산직을 고졸로만 뽑지는 않고 있으나, 앞으로 이러한 경계는 더 없어져야 한다. 인구학에서는 25%를 임계점 tipping point 이라 하는데, 특정 집단의 비율이 25%가 넘으면 조직 내의 분위기가 달라지기 때문이다. 백인 거주지에 흑인이 25%가 넘으면 갑자기 흑인 거주지로 변모하는 현상이 나타난다. 국내 제조 대기업을 연구한 사례에서도 해당 도, 그중에서도 해당 시, 그중에서도 특정 대학의 비중이 커질 경우 조직문화에 부정적인 영향을 미친다는 결과가 나왔다. 아는 사람들끼리 있는 게 안정적이라고 생각할 수도 있지만, 해당 지역의 인구가 급감하면 조직 전체가 흔들릴 위험이 있다. 오히려 채용 배후지는 다양할수록 여러 시도에서 올 확률이 높아서 더 안전하다. 이미 지역 인구가 크게 줄어들고 있는데, 이럴수록 채용 범위를 더 넓혀야 한다.

이 논의를 확장하면 지금의 '지역 연계형 일자리' 선발방식이 과연 적합한가 하는 질문으로 이어진다. 기업이 해당 지역의 고등학교나 대학교 출신을 일정 비율로 채용하는 경우가 많은데, 그 지역에 이미 사는 사람들을 배려하는 취지에는 십분 공감한다. 어차피 타 지역에서 오는 청년들도 많지 않으니 지역에서 가급적 많이 뽑자고 생각하는 것도 이해가 된다. 그러나 그럼에도 다각화는 반드시 견지해야 한다. 예컨대 지역 연계형 일자리를 20% 이하로 할당하는 것은 괜찮을지 몰라도 25%가 넘어가면 문제가 된다. 지역 연계형 일자리가 강화되면 결과적으로 타 지역 사람들이 이주할 가능성을 사전에 차단하는 것과 마찬가지 결과가 된다. 지역 연계형 일자리 방식을 유지한다면 대상이 될 지역 범위라도 확장해서 광범위하게 선발하는 게 지역 균형에 도움이 될 수 있다.

셋째, 해외에서 현장 직군을 키우는 방안이다. 전면 자동화가 당장 실현되는 게 아니라면 2034년 이후에는 현장 인력이 급감하므로 국내만으로는 해결이 어렵고 결국 해외에서 인력을 채용해야 한다. 예컨대 포스코가 한국에서 제철고등학교를 운영하는 것처럼 해외에 제철고등학교를 세울 수도 있지 않을까? 기술자를 양성하는 노하우가 이미 있으니, 생산성을 높일 수 있는 장치를 다각적으로 마련하는 것이다. 아니면 해외 제철소에 직접 투자할 수도 있을 것이다.

Q13. 기업의 가족친화제도는 효과가 있을까요?

지역 기업의 특수한 대응 전략을 살펴봤다면, 이제는 전국 모든 기업이 함께 고민해야 할 부분에 대해 이야기해보자. 저출산, 급격한 고령화, 수도권 집중, 생산 가능 인구 감소… 이제는 모든 경영자가 심각성을 인정하는 인구 구조의 거대한 변화들이다. 과거에도 많은 경영자들이 걱정했지만, 일부는 그래도 반전이 일어나 상황이 나아질 것이라 기대하는 이들도 있었다.

하지만 이제는 업종과 규모를 막론하고 인구 변화의 여파를 무겁고 진지하게 받아들이는 분위기다. 그에 따라 기업 차원에서 할 수 있는 방안 마련에도 적극적이다. 일부 기업 총수들이 출산 장려금을 기부하여 지급하거나 사내 제도화하는 사례가 부쩍 늘고 있는 것도 그런 맥락에서 이해할 수 있다. 기부든 제도화든, 부모 되는 사람들의 노고를 기업이 자발적으로 인정하고 축복하는 행위는 사회적으로 환영받아 마땅하다. 단순히 구호로만 "아이를 낳으라"는 것보다 훨씬 실질적이고 설득력 있는 방식이다.

이러한 흐름이 언론을 타고 알려지면서, 종종 이런 질문을 받는다. "기업의 가족친화제도는 정말 효과가 있나요?" "현금을 준다고 실제로 출산으로 이어지나요?" 국가 차원에서도 아이를 낳으면 현금을 지원한다는 이야기가 여러 차례 나왔는데, 기업도 유사한 방식으로 출산을 장려한다고 해서 출산율이 높아질 수 있느냐는 궁금증이다.

저출산 해법의 대표적인 축으로 '일-가정 양립' 문화 확산과 이를 뒷받침하는 제도가 오랫동안 강조돼왔다. 그러나 현실은 녹록지 않다. 노동시장의 구조와 기업문화 등으로 인해 제도가 쉽게 정착되지 않고, 만들어져도 현장에서 충분히 활용되지 못하는 실정이다. 더욱이 오늘날의 젊은 세대는 단순한 양립을 넘어 '유연함'을 지향한다. 일과 가정이 서로 부딪치지 않고 자연스럽게 섞여 흐르듯 이어지는 삶을 꿈꾼다. 사회와 시대는 이런 변화를 촉구하고 있지만, 기업 현장은 아직 그 속도를 따라잡지 못하는 경우가 허다하다.

그런데 만약에 지금은 '사내 복지'로 여겨지는 이런 제도가 머지않아 기업의 HR 전략에서 빠질 수 없는 필수 축이 된다면 어떠할까?

얼마 전 EU 상공회의소 콘퍼런스에서 '4F_{Family Friendly Future Forum}'라는 포럼이 열렸다. 여기에서 한국 기업들에 'Beyond Goodwill(호의를 넘어)'이라는 메시지를 전했다. 단지 착하고 선한 마음에서 가족친화제도를 펼치는 걸 넘어서, 왜 그것이 직원 유지를 위해 중요한지 말하고 싶었기 때문이었다. 이에 대한 이야기를 여기서도 풀어보고자 한다.

'출산/양육 친화'가 아닌 '가족친화'

기업에서 가족친화제도를 이야기하면, 대부분 출산 장려금과 육아휴직부터 떠올린다. 하지만 이런 방식은 '아이를 낳는 가구'만을 돕는 제도로 인식되기 쉽다. 제도가 시행되는 상황을 떠올려보자. 누군가 육아휴직을 했을 때, 그 사람의 공백을 대체할 인력을 찾지 못하거나 충원하지 못하면 남은 구성원들에게 부담이 가중된다. 이용하는 당사자에게는 미안함이, 남은 구성원에게는 불편함이 생긴다. 이런 문제를 인식해 일부 기업은 비혼 구성원을 위한 제도를 별도로 운영하고 있지만 한계가 있는 게 사실이다. 기혼이냐 아니냐, 아이가 있느냐 없느냐가 라이프스타일을 결정할 수는 있어도, 그것 때문에 어느 집단이 더 손해 보는 구조를 만드는 제도는 바람직하지 않다.

그렇다면 출산휴가나 육아휴직 제도를 하지 말자는 것이냐? 그건 아니다. 오히려 이 개념을 확장해 출산/양육 중심에서 벗어나 '가족 돌봄'이라는 더 넓은 틀로 제도를 설계할 필요가 있다. '누구나 인생의 어느 시점에는 누군가를 돌본다'는 조직 전반의 공감대가, 그리고 그 취지에 맞는 제도 운영이 필요하다는 것이다. 돌봄의 대상은 자녀 외에도 있을 수 있다. 부모일 수도, 아픈 배우자나 친한 친구일 수도 있다. 전문 돌봄 서비스가 늘어나고는 있지만, 가족과 친구의 도움과 손길이 주는 안정감은 또 다른 것이다.

근속기간이 긴 직장일수록 이런 제도가 공감대를 얻고 정착하기 쉬울 것이다. 나는 결혼하지 않고 혼자 살 테지만 이 회사에 다니면서 언젠가 부모나 친구를 위해 돌봄 휴직을 사용할 수 있다고 생각한다면, 옆자리 동료가 육아휴직을 한다고 '나만 손해'라고 여기지는 않을 테니 말이다. 지금은 한 직장에서 장기 근속하는 경우가 많지 않으니 내가 언제 제도의 혜택을 받을지 알 수 없고, 따라서 합의에 다다르기가 상대적으로 쉽지 않은 게 사실이다. 그렇더라도 생각의 전환을 시도할 필요는 있다. 공감대가 형성되면, 돌봄은 특정 집단의 문제가 아니라 모두의 과제가 된다.

Beyond Goodwill, 착한 경영에서 생존 전략으로

강연장에서 한국의 저출산 문제가 심각하다고 하면 모든 경영인들이 다 공감한다. 저출산뿐인가, 급격한 고령화, 서울 집중, 일하는 인구 감소 모두 다 문제라고 말한다. 이 모든 요인이 서로가 서로에게 영향을 준다.

여기까지는 좋다. 그러면 이걸 어떻게 해결해야 할까? 저출산은 출산 장려책을 써야 하고, 고령화는 정년을 60세에서 65세 또는 70세로 올리든지 해야 하고, 지역을 개발해야 하고, 외국인을 더 데리고 들어와야 한다는 이야기가 나온다. 그래서 이런 정책들이 진짜 효과를 낼 것 같으냐고 물으면, 쉽지는 않다고 대답한다.

그래서 다시 질문을 한다. 만일 저출산이 정말 비효율적인 가족지원 시스템 때문에 생긴 거라면, 또는 관련 제도를 사용하지 못하도록 막는 기업문화 때문에 생긴 거라면 당신의 회사는 문화와 시스템을 바꿀 의향이 있는가? 그러면 갑자기 머뭇거린다. 겉으로는 당위에 부합해 동의했지만 마음속에서도 진심으로 공감했는가? 이건 굉장히 민감한 사안이다. 왜냐하면 모두 비용이 들기 때문이다.

그래서 다른 질문을 한다. 다시 한번 [도표 5-1]을 떠올려보자. 자동화를 해도 엔지니어는 필요하고, 줄어든 25~34세 인구를 확보하려는 무한경쟁이 머지않아 시작될 것이다. 다양한 선택지 가운데 청년들은 어디로 향할까? 기본적으로는 적성과 연봉을 기준으로 움직이겠지만, 기업문화나 정책도 무시할 수 없는 요소가 될 것이다. 앞으로 뽑을 사람이 부족해지면 우리 회사의 장점을 부각해야 하는데, 사람들이 보육지원제도가 있고 이런 제도를 쉽게 쓸 수 있는 환경을 선호한다면 이 제도를 시행하겠는가?

이렇게 질문하면 그건 하겠다고 말한다. 이건 정치적 올바름 때문이 아니라 사람을 뽑아야 하니 필요에 의해 하는 것이다. 이것이 앞으로의 HR전략이 될 것이다. 가족친화제도는 더 이상 '착한 경영'의 상징이 아니다. 인재 확보 경쟁이 치열해질 미래에는 가족친화제도가 기업 생존 전략의 핵심이 된다. 모든 구직자들이 유연성이 담보된 근무 유형을 선호한다면 기업들도 이 사람들을 고용하기 위해 시스템을 바꿀 것이다. 물론 여기서 말하는 유연성이란 기업마다 정의하기에 따라 다를 것이다. 그리고 혹시 우리 노동시장의 경직성이 결과적으로 기업의 근무제도 자율성을 낮추는 방향으로 작용한 측면은 없는지도 면밀히 살펴볼 필요가 있다. 정부가 아무리 당위론을 강조해도 기업을 움직이는 것은 결국 '이 제도가 없으면 인재를 확보할 수 없다'는 위기감이다. 국가적·사회적 당위에서 출발하느냐, 기업 생존에서 출발하느냐, 행동이 같아도 이유가 다르면 실행력이 달라진다.

게다가 앞으로는 외국인 인력의 가족 동반이 점차 증가할 것이다. 동시에 우리 기업이 글로벌로 진출해 외국인들과 함께 일하는 미래도 정해진 바다. 다양한 문화권과 함께 일하는 환경이 기본이 되는 만큼 글로벌 스탠더드에 부합하는 기업문화는 반드시 필요하다. 실제로 국내 IT 및 제조 회사에서는 이미 어느 정도 외국인을 채용하고 있는데, 한국에서 실력을 쌓으면 미국 등으로 떠나는 경우가 상당하다고 한다. 그래도 한국에 남기로 결심하는 이들은 가족과 함께 들어와서 살고, 가족 또한 한국 생활에 만족스러워한다는 데 큰 메리트를 느끼기 때문이라고 한다.

이처럼 인구 구조 변화와 ESG 관점 모두에서 가족친화제도는 피할 수 없는 과제다. 미국·유럽·일본은 오래전부터 글로벌 시장에서 활동하며 시장을 개척해왔지만, 우리는 ESG가 필수인 시대에 본격적으로 뛰어든 만큼 더 세심한 준비가 필요하다. 급여 및 인센티브 제도도 유효하겠지만, 모두가 급여와 인센티브에 반응하는 것은 아니다. 가족친화제도는 2030년대의 인재 경쟁에서 살아남기 위한 하나의 방법이 될 것이다. 기업의 이익 측면에서 접근하는 방식이 궁극적으로는 인구에도 기여한다. 선한 의도나 이미지 제고를 위한 것이 아니다. 기업이나 사회 모두 이 사실을 인식하지 않고 당위만 강조한다면 제도를 시행하는 흉내만 내고 실질적 변화는 없을 것이다. 문화는 하루아침에 바뀌지 않는다.

Q14. 어떤 가족친화제도가 가장 실효성 있을까요?

가족친화제도가 인재유치 전략이자 생존 전략일 수 있다고는 하지만 어쨌거나 기업 입장에서는 비용이 들어간다. 그래서 인재유치 전략이라는 것만으로 그 많은 제도를 모두 마련하기란 어렵다. 그래서 나오는 질문이 '주로 어떤 제도가 구성원들의 만족도와 실행 가능성이 높은지'에 대한 것이다. 효과 높은 가족친화제도는 무엇일까? 인구에 대한 고민은 결국 HR로 이어지게 돼 있다.

물론 정답은 '업종마다 다르다'일 것이다. 이 말은 업종마다 현실성이 다르다는 것만이 아니다. 해당 업종을 구성하는 인구의 특성이 제각각이므로 이 점을 감안해야 한다는 것이다. 제조업에 종사하는 사람의 경향성과 IT업계를 선호하는 사람의 경향성은 다르다. 후천적인 것이든 선천적인 것이든 업종의 선호는 내가 어떤 시스템과 경쟁방식에 더 적합한지를 표현한 것이다. 이런 성향은 혼인 및 출산 의향에서부터 다르게 나타난다. 그렇기에 가족친화제도에 대한 구성원들의 반응도 다를 수밖에 없다. 즉 사내에서 가족친화제도를 연구할 때는 우리 집단이 모집단이나 다른 업계와 비교해 어떤 특징이 두드러지는지를 정의하고 시작해야 한다.

여기에서 일반화한 정답을 제시할 수는 없지만, 몇 가지 사례를 들어볼 수는 있다. 최근 인구 여파를 가장 크게 받고 있는 제조업 기반 회사와의 연구를 예시로 들어보자.

프라이드라는 매개변수

가장 대표적인 연구는 한 철강회사의 사례다. 이곳은 다음과 같이 무려 14가지의 가족·출산 친화제도를 운영하고 있다.

- 난임부부 지원
- 초등학생 자녀 입학선물
- 출산지원 휴가(남)
- 장학금 제도
- 출산 장려금
- 직장 어린이집
- 결혼 축하금
- 임신기 재택근무
- 유연근무제
- 육아휴직

- 난임 재택근무(여)
- 출산지원 재택근무(남)
- 육아기 재택근무
- 임신기/육아기 단축근로

그런데 이들 제도가 구성원들의 니즈에 부합하는지, 그래서 출산 의향을 높이고 인재를 유지하는 효과가 있는지 세세히 분석하지는 못했다고 했다.

인구학에서는 출산에 영향을 미치는 요인을 원거리 요인 distal determinant과 근접 요인 proximate determinant으로 나눈다. 예를 들어 난임 지원은 출산에 직접적인 영향을 미치므로 근접 요인에, 재택근무는 당장 출산율을 높이기보다는 육아에 유리한 환경을 조성한다는 점에서 원거리 요인에 해당한다. 이처럼 각각의 제도가 직접적인지 간접적인지에 따라 제도의 효과성도 달라질 것이다. 그래서 우리 센터와 함께 출산에 미치는 영향에 따라 현행 가족친화제도를 배치하고, 제도의 효과성과 보완점을 분석했다.

우선 직원들이 제도가 있다는 사실을 알고 있는지부터 살펴보았다. 보건학에서 많이 쓰이는 KAP이론 KAP Theory이라는 툴이 있다. 제도 인지 knowledge, 제도에 대한 태도 attitude, 제도 활용 practice의 3가지 면에서 제도의 인지도와 실효성을 살피는 것이다. 즉 제도가 있다는 걸 인지하고 있는지, 인지한다면 그에 대해 긍정적인지 부정적인지, 긍정적이라면 활용할 의향이 있는지를 본다. 제도가 있어도 적극 활용하기 어려운 경우가 있고, 제도를 인지하고 활용해도 의도한 효과로 이어지지 않을 수도 있다. 여기서 말하는 '효과'란 혼인 또는 출산 의향 상승을 주로 말한다. 통상 혼인 및 출산 의향은 일과 삶의 균형 및 생활 만족도과 연관이 있기에 해당 지표를 분석에 포함해보았다. 다만 연구진은 기업의 특성을 살려 '프라이드(회사에 대한 자부심과 소속감 등)'라는 변수도 측정하여 분석에 포함해보았다.

가족학 전공 신영미 박사와 함께 해당 기업의 다양한 가족친화제도가 직원들의 어떤 영역에 영향을 주고 있는지 탐색해보았는데, 그 결과가 자못 흥미로웠다. 직군별, 성별, 근무지별 상황을 모두 고려해 분석한 결과가 [도표5-9]다. 분석 결과 흥미로운 점이 몇 가지 발견되었다. 첫 번째는 14가지 제도 가운데 현금성 지원 정책들은 혼인 및 출산 의향에 큰 영향을 미치지 못하는 것으로 나타났다는 것이다. 두 번째는 많은 제도 중에서 육아기 재택근무만이 혼인 의향을 직접적으로 높여주는 것으로 나타났다는 사실이다. 세 번째, 종래 혼인 및 출산 의향을 높이는 요인으로 알려져 있던 일과 생활의 균형, 삶의 질 및 생활 만족도, 근로 만족도 변수가 이번 분석에서는 혼인 및 출산 의향을 높이는 경로로 작용하지 않은 것으로 나타났다.

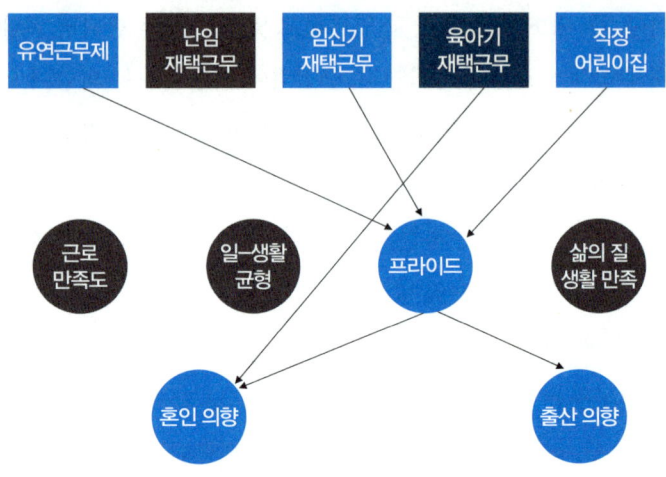

[도표5-9] **가족친화제도 효과성 검증**[5]

 가장 흥미로웠던 점은 유연근무제, 임신기 재택근무, 직장어린이집은 회사에 대한 프라이드를 높여주고, 그것이 혼인 및 출산 의향을 높여준다는 사실이었다.

 이 지점에서 '제도가 있다는 사실을 아는 것만으로도 회사에 대한 프라이드를 높여주는 제도'가 무엇인지 살펴보니, 결혼 축하금, 출산 장려금, 난임 재택근무, 난임 부부 지원, 초등학생 자녀 입학선물이었다. 더 나아가 '실제로 사용 가능할 때 프라이드가 높아지는 제도'로는 남직원 출산지원 휴가, 유연근무제, 육아휴직, 직장어린이집, 임신 및 육아 재택근무가 꼽혔다.

이러한 결과는 이 기업에 다음과 같은 시사점을 주었다.

첫째, 가족친화제도는 기업의 프라이드와 관련이 있기에, 단순한 복지제도는 아닐 가능성이 존재한다.

둘째, 프라이드를 형성하는 데는 금전 지원보다 시간의 자율성을 보장하는 제도가 더 효과적일 가능성이 크다.

셋째, '부모 됨을 축하'해주는 회사의 사소한 제스처로도 '회사와 함께하고 싶다'는 정서적 연결고리가 형성될 수 있다.

보통 생활 만족도가 높고 일과 삶의 균형이 좋아야 혼인 및 출산 의향이 높다고 알려져 있다. 그리고 가족친화제도의 존재가 이 요인들과 관련이 높을 것이라고 알려져 있다. 하지만 기업 내부적으로 살펴보니 결국 '내가 어딘가에 일원으로 잘 소속되어 있다' 혹은 '내가 이곳에서 단순히 먹고살려고 일하는 것만이 아니라, 좀 더 미래 지향적으로 성장할 수 있다'고 느껴야 혼인 의향도 출산 의향도 높아진다는 사실을 알 수 있었다.

우리가 분석한 이 기업은 교육 수준도, 소득 수준도, 복지 수준도 비교적 높은 편이다. 그래서 프라이드의 중요성이 상대적으로 더 강조되었을 수도 있다. 일반적으로는 회사에 대한 프라이드보다는 당장 사내 복지제도를 마련하는 것이 더 중요하다고 생각할 수 있다. 그 또한 사실이다.

그런데 이 기업과 마찬가지로 우리나라도 과거에 비해 훨씬 잘살게 되었다. 이렇게 상승한 생활여건을 바탕에 두고 우리가 정말 원하는 심리적인 요인이 뭔지 찾아보면 '프라이드'라는 요인이 중요하다는 것이다. 이렇게 볼 때 어쩌면 우리나라의 저출산은 국가에 대한 프라이드가 떨어졌기 때문은 아닌지 모르겠다.

현재 시점에 머문 제도는 밥그릇 싸움을 낳을 뿐이다

"생산직에서는 이런 제도가 정착하기 어렵고, 프라이드 형성도 쉽지 않을 듯한데요?" 앞의 분석 사례를 소개할 때마다 매번 받는 질문이다. 앞의 연구는 생산직, 엔지니어, 일반 사무직군을 모두 고려해 분석한 결과이지만, 생산직에서 이 제도를 정착하기가 쉽지 않은 것은 사실이다. 하지만 제도가 존재하는 것만으로도 프라이드가 상승했다는 것의 의미를 잘 곱씹어야 한다. 즉 구성원에 대한 존중과 신뢰가 제도를 통해 얼마나 전달되느냐가 중요하다는 것이다. 설령 여러 가지 사정상 실제로 사용하지는 않더라도, 제도의 존재 자체가 회사가 나를 존중해 준다는 의미라면 프라이드가 형성될 테고, 제도가 그저 허울에 불과하다면 당연히 프라이드는 형성되지 않을 것이다.

한 기업의 사례가 제조업 전체의 해법이 되기에는 여러모로 무리가 있다. 이것은 어디까지나 참고 사례일 뿐, 우리 기업에 맞는 접근법은 스스로 고민해야 한다. 한 가지 덧붙이자면, 이때도 현재 시점만 고려하는 스냅샷의 관점에서 벗어나야 한다는 것이다. 일례로 앞의 기업 연구에서는 바로 그다음 고민을 시작했다. 전반적으로 직원들이 자녀를 늦게 낳으니 아이가 어릴 때 장학금 지원제도를 빨리 당겨쓰고 싶은 니즈를 채워줄 것인지, 아니면 본인의 생산성에 투자할 수 있는 다른 제도로 전환해줄 것인지 등을 고민한다.

우리나라 인구가 바뀌면 회사에 들어오는 사람들도 바뀐다. 사회 전반의 혼인율이 낮아지면 회사에도 비혼 직원이 많아질 텐데, 그러면 직장 어린이집이나 자녀 장학금 지원 같은 제도는 애로 사항이 많아진다. 장학금 지원 같은 제도는 앞서 언급한 고민이 생길 테고, 직장 어린이집도 적절한 규모로 운영하기 위해서는 지역 주민들에게도 어느 정도 개방해야 할지 등을 고민해야 할 수도 있다.

이 기업은 인구에 대응하는 정책을 펼쳐서 인재를 유치할 수 있다면 기꺼이 제도를 유지해보겠다는 입장이었다. 다만 앞으로 더욱 급격히 전개될 인구 변동을 고려해, 기업 내부 구성원들의 변화 양상까지 감안하겠다고 했다. 서로 다른 생애 궤적을 지닌 집단 사이에 형평성 논란이 발생하지 않도록, 제도 전반에 대한 고민을 한층 강화하겠다는 것이다. 인구지체현상이 국민 간 갈등을 낳았던 과오를 기업 안에서는 반복하지 않겠다는 의지를 담고 있었다.

인구 변화의 실체를 마주하는 것이 첫걸음이었다면, 이제 그 변화에 적응하며 새로운 길을 개척해 나가는 것이 우리의 과제다. 사이클로이드 곡선처럼, 인구 변화에 대응하는 길은 직선이 아니다. 조직 내부의 세대 갈등을 이해하고, 지역별 특수성을 인정하며, 가족친화제도의 진정한 효과를 파악하는 과정에는 크고 작은 굴곡이 많다. 하지만 이 굴곡진 길을 따라가다 보면, 결국 우리는 새로운 균형점에 도달할 수 있을 것이다. 그 균형점에서는 모든 세대가 함께 일할 수 있고, 지역과 수도권이 경계를 허물고 공존할 수 있으며, 일과 가정이 조화를 이루는 조직문화가 자리 잡을 것이다.

에필로그 ▶ **숫자를 넘어,
세대를 잇는 지혜로**

안녕하세요, 독자 여러분. 이 책의 프롤로그를 올해 상반기 인도 출장길에서 썼는데, 에필로그는 베트남 출장 귀국길에서 쓰고 있습니다.

2025년 한국은 대내외적으로 격변의 초입에 서 있습니다. 격변은 위기일 수도, 새로운 확장의 시작일 수도 있는 양날의 검이라는 사실을 누구나 잘 알 것입니다. 이 책은 후자의 방향, 즉 '확장'과 '글로벌화'를 강조하고 있습니다. 한국을 저출산·고령화 위기를 겪는 나라로만 여기는 이들도 있지만, 많은 나라에서는 '자원도 없이 인구 하나로 선진국 반열에 오른 나라'라며 한국에 찬사를 보냅니다. 그들이 말하는 인구는 '인구 수'가 아니라 바로 '우리의 역량'입니다. 그러한 인구가 크게 바뀐다고 하니 불안감도 당연히 클 것입니다. 하지만 불안이 우리를 잠식하게 두어서는 안 됩니다. 미래에 대한 불안감이 없을 수는 없겠지만, 이를 동력으로 삼으려 노력할 때입니다. 그런 길을 만들어가는 데 도움이 되길 바라는 마음으로 책을 썼습니다.

2025년에 저희 센터도 큰 전환이 있었습니다. 그동안 한국 기업의 해외 진출을 돕는 연구와 조사를 꾸준히 이어왔는데, 이제는 해외 기업들이 한국의 인구 변화를 주목하는 시대가 되었습니다. 많은 해외 기업이 우리나라의 정부 정책만이 아니라 민간이 어떻게 인구 변동에 대응하고 있는지에 깊은 관심을 보이고 있습니다. 인구 변동에 대응하고 활용하는 우리 기업들의 방식에 깊이 공감하며, 더 많은 전략을 공유해주길 원하고 있습니다. 덕분에 여러 국제무대에서 한국의 경험과 사례를 소개할 기회를 가졌습니다. '인구와 AI'를 핵심 의제로 다룬 2025 APEC 정상회의에서는 전 세계가 경험하는 인구 현상을 논의하는 자리의 중심에서 목소리를 내기도 했습니다. 결국 이 책에서도 강조한 "인구를 정책의 대상으로만 삼지 말고 경제적인 성장과 발전, 즉 부를 만들어내는 데 적극적으로 활용해야 한다"는 저희의 메시지가 APEC 각국이 동의하고 정상들이 함께 발표하는 협정서에 담기게 되었습니다. 또 베트남의 경제 수도라 할 수 있는 호치민 시에 본사를 두고 있는

15개의 베트남 현지 기업 리더들의 요청으로 'Demographic Perspectives for Business Strategies in Vietnam'이라는 주제의 세미나를 열고, 민간 기업이 시장 전략을 수립할 때 왜 그리고 어떻게 인구가 활용될 수 있는지에 대한 저희의 경험과 인사이트를 나누었습니다. 당연히 센터가 그동안 한국 기업들과 해온 다양한 연구들이 소개되었고, 베트남 기업 리더들의 많은 공감을 얻었습니다. 조만간 저희 센터와 함께 베트남 시장을 인구학적인 관점에서 분석해달라고 요청하는 베트남 기업이 등장하지 않을까 기대합니다. 이 책의 부제인 '축소의 시대가 아닌 확장의 시대'라는 모토를 저희 센터도 적극 실천하고 있는 중입니다.

이런 전환의 시간을 함께해준 센터 연구원들과 기여해준 학생들에게 이 면을 빌려 감사를 전합니다. 센터 주요 축인 정책 연구를 맡아주고 계신 이상림 박사님, 베이비붐 세대 연구의 새로운 지평을 열어준 임예진 박사님, 인구 빅데이터 분석가 혜은 님, 인도네시아를 누비며 생동감을 전해준 원재 님, 신의 직장 대신 센터를 선택해준 미란 님, 청년다운 목소리를 몸소 보여주는 민섭 님, 직업정신으로 출산과 미디어 관계를 연구하는 성빈 기자님, 교대 근무 속에서도 데이터를 놓지 않은 하영 간호사님, 리서치 전문성으로 우리의 조사 품질을 높여준 도윤 님, 스타트업과 대기업의 경험을 아우르며 합류한 민정 님, 인구를 보는 새로운 관점을 싱가포르에 소개하고자 온 Melvyn 님, 센터의 베트남 활동에 새로운 차원을 더해준 Gen Z Linh 님에게도 감사 인사를 전합니다. 이 책을 군대에서 읽을 기석 님, 또래 세대의 사회적 고민에 관심이 많은 지원 님, 없어서는 안 될 행정팀 채윤, 소정 님에게도 고마운 마음을 전합니다. 아울러 센터에서 전문 영역을 개척한 후, 각자의 자리에서 꿈을 펼치고 있는 신영미 박사님과 혁진 님, 언제나 저희 연구 자율성을 존중하며 함께해준 파트너 기업들의 담당 부서 분들께도 감사드립니다.

인구는 본래 숫자의 학문입니다. 태어난 사람의 수, 일하는 사람의 비율, 나이 들어가는 속도를 계산하고 예측하는 학문입니다. 그러나 숫자가 그 자체로 우리의 삶과 관점에 의미를 주지는 못합니다. 많은 사람들이 미래를 알고 싶어 하는 이유 또한 '정확한 예측'이 아니라, '지혜로운 대응'을 원해서일 것입니다. 이 책에서도 그 본질을 잃지 않으려 노력했습니다. 숫자만 가득한 인구 보고서가 아니라, 인구라는 주제를 인문서처럼 읽히게 하고자 생각의 흐름을 공유하는 방향으로 만들었습니다. 아직 풀지 못한 연구와 이야기가 더 많습니다. 이 책을 읽으며 여러분이 궁금한 점으로 남겨둘 국내 사회 이야기, 국가별 세대 이야기 등이 기다리고 있습니다. 센터 활동을 알고 계신 분들로부터 가끔 "연구에 비해 콘텐츠가 많이 알려져 있지 않다", "온라인을 활용해보라"라는 이야기를 듣습니다. 나름대로 열심히 많이 하고 있다고 생각했는데 부족했던 듯합니다. 한편으로는 인구 이야기가 온라인상에서 어떻게 소비되고, 어떤 갈등을 낳을지 우려되는 것도 사실입니다. 또 한편으로는 (시대에 걸맞지 않을지 모르지만) 여전히 '책'이 독자에게 생각할 시간과 여운을 남겨주는 공간이라고 믿는 마음도 있습니다.

책 서두에 말씀드렸듯, 이 책은 읽은 후가 더 중요합니다. 책을 덮은 후, 주변 사람들과 이야기 나누며 생각이 확장되고 구현되는 길이 펼쳐지길 바랍니다. 그것이 진정한 '우리, 인구가 부로 전환되는 길'입니다.

주註

책머리에

1 《인구 미래 공존》에서 소개한 개념 정의를 여기에도 붙인다. 최근 '저출산'을 '저출생'으로 바꾸자는 사회적 움직임이 일었다. 이는 '출산'이란 용어가 여성의 아이 낳는 역할만을 지나치게 강조하여 여성의 사회적 지위를 낮추는 데 영향을 미쳐왔다는 문제의식의 발로이며, 많은 여성이 '저출산'이란 용어에 불편한 감정을 느끼는 것이 사실이다. 한편으로는 그동안 우리나라의 인구 정책이 가족계획 일변도였기에 발생한 반작용이라 할 수도 있는데, 가족계획 정책이 무척 다양한데도 우리나라는 줄곧 '출산'에만 초점을 맞춰온 터라 반발을 샀다. 이에 2018년 여성가족부는 저출산고령사회위원회에 '저출산'이라는 용어를 '저출생'으로 바꾸어 사용하도록 권고하였으며, 그 요청을 받아들여 정부의 공식문서에서도 '저출생'으로 표기하기 시작했다. 그러나 인구학의 학문적 의미에서 보면 '출생'birth은 말 그대로 아이가 태어나는 것을 의미하는 반면, '출산'fertility은 아이가 생겨나고 엄마의 배 속에서 자라나 세상에 태어나는 일련의 과정을 모두 포함하는 용어다. 즉 여성의 산전 및 산후 건강까지 포함하는 개념이 '출산'으로, 학술적 의미로는 출생보다 오히려 출산이 여성의 권익을 더욱 고려한다 할 수 있다. 이 책은 인구학을 기반으로 하므로 '출산'fertility이라는 용어를 사용하고자 한다. '출산'을 학술적인 본뜻에 충실하게 사용하였음은 물론이다.

2 '시니어Senior'라는 용어는 학계에서 공식적 개념으로 사용되지는 않으며, 연령주의ageism적 함의를 가질 수 있다는 비판이 있다. 다만 사회 및 산업 전반에서 널리 통용되는 표현이기에, 본문에서는 편의상 이를 사용하였다.

1장

1 "〔단독〕 449만명 대 410만명 … 학생 숫자 예측 논란", 중앙일보, 2018.5.2.

2 "교대 졸업하면 뭐하나… 내년 초등교사 600명 이상 갈 곳 없다", 머니투데이, 2023.4.24.

3 인구학에서는 합계출산율, 출생아 수, 교육 수준 및 교육 과정, 청소년기에 누렸던 대중문화, 대학 진학 시의 사회적 사건, 여성의 사회적 지위 변화, 기술환경의 변화 등을 망라해 세대가 공통으로 경험하는 삶의 궤적을 만들고, 그에 따라 세대를 나눈다. 그런데 이런 기준으로 세대를 나눠보면 우리가 기존에 알던 세대 구분이 딱 들어맞지는 않는다는 것을 깨닫게 된다. 기존의 세대 구분은 미국의 것을 그대로 따른 것이기 때문이다. 미국은 정치, 사회, 문화, 인구, 인종 등 사회를 구성하는 거의 모든 영역이 우리와 다른데 세대 구분만 두 나라가 같을 수는 없다. 이에 서울대 인구정책연구센터에서 한국 사회에 맞게 세대를 다시 구분했다. 큰 틀에서는 미국과 유사하지만 우리나라에는 베이비붐 세대가 1·2세대로 나뉜다. 인구 변동과 그에 따른 사회변동이 미국과 전혀 달랐기에 생긴 차이다. 자세한 내용은 《인구 미래 공존》 160~183쪽 참조.

4 "EU로 발 뺄기도 전에, 일손 부족한 동유럽 공장", 국민일보, 2024.1.16.

2장

1 보건학에서는 이 현상 자체를 '액티브 에이징'이라 표현하지만, 많은 업계의 관행을 따라 이 책에서는 '액티브 시니어'라는 표현을 쓰도록 하겠다.

2 "66살 이상 한국노인 40% '빈곤'… 또 OECD 1위", 한겨레, 2023.12.19.

3 이 책에서 사용된 "통제하고"라는 말은 '동일하다고 가정하고' 혹은 '없다고 가정하고'라는 말에 준한다.

4 임예진, "초고령사회 속 베이비붐 1세대의 고령화와 보건복지 정책 수요 탐구-세대 관점을 중심으로", 서울대학교 박사학위논문, 2025.

5 김하영, "인구학적 특성과 건강기능식품 섭취 관련성 연구", 서울대학교 석사학위논문, 2025.

3장

1 지그문트 바우만 지음, 이일수 옮김, 《액체 근대》, 강, 2009.

2. 고우림, "2017년 이후 태어난 아이들의 정해진 미래: 한국사회의 초극단화 현상", 우미희망재단. 2024.

3 "한경연 '9년간 저소득층·고학력층서 출산율 하락폭 가장 커'", 연합뉴스, 2022.5.3.

4 Gary Becker and Niegel Tomes, "Child Endowments and the Quantity and Quality of Children", *Journal of Political Economy* vol.84(4), 1976, pp.143-162.

5 "국내 키즈산업, 2025년에 58조원 시장 전망", Industry Market info, 2024.2.28.

6 '라이프스테이지life stage'라는 용어는 일반적으로 생애주기가 단계적으로 상승한다는 의미를 내포하지만 오늘날 생애미혼, 비혼, 무자녀, 1인가구의 증가 등으로 인해 그러한 단계적 구분이 모든 사람에게 동일하게 적용되지는 않는다. 따라서 센터 연구에서는 생애단계 개념보다 생활구조와 실질적 행태를 기준으로 한 '가구 세그먼트household segment'라는 용어를 사용하였다.

7 이준영,《1코노미: 1인가구가 만드는 비즈니스 트렌드》, 21세기북스, 2017.

8 '생애미혼자'란 50세(또는 45~54세) 시점까지 한 번도 혼인한 적이 없는 사람을 의미한다. '50세 기준 미혼 상태인 사람의 비율'을 '생애미혼율lifetime single rate'이라 하며, 인구학에서는 이 50세 미혼율을 생애미혼율의 근사치로 사용한다.

4장

1 "India is passing China in population. Can its economy ever do the same?", *New York Times*, 2023.4.19.

2 "인도, 중국 제치고 세계 1위 '인구 대국'… 경제 대국도 보인다", 한국일보, 2023.4.20.

3 Michael Bleaney and Arcangelo Dimico, "How different are the correlates of onset and continuation of civil wars?", *Journal of Peach Research* vol.48, 2011, pp.145-155.

Havard Hegre and Nicholas Sambanis, "Sensitivity analysis of the empirical literature on civil war onset", *Journal of Conflict Resolution* vol.50, 2006, pp.508-535.

4 John Coakley, "Comparing ethnic conflicts: Common patterns, shared challenges", *Nationalism and Ethnic Politics* vol.15, 2009, pp.261-279.

5 Aris Ananta, Evi Nurvidya Afifin, Ari Purbowati, and Paul J. Camegie, "Does diversity matter for development? New evidence of ethnic diversity's mediation between internal migration and economic growth across Indonesia's regions", *Journal of Population Research*, 2023.

6 안나 로슬링 뢴룬드·올라 로슬링·한스 로슬링 지음, 이창신 옮김, 《팩트풀니스: 우리가 세상을 오해하는 10가지 이유와 세상이 생각보다 괜찮은 이유》, 김영사, 2024.

7 "[단독] 출산도 좌우 영향? 진보 29.7% 보수 42.8% "아이 낳겠다"", 중앙일보, 2025.4.14.

8 "How Hispanic Consumers Influence the Media Landscape", *2025 Diverse Intelligence Series*, Nielsen. (https://www.nielsen.com/insights/2025/hispanic-dis-2025/)

5장

1 "Can frontier tech solve the problems of Japan's declining population?", *World Economic Forum*, 2023.2.27.

2 조영태, "인구구조 변화에 대응하는 서울대 연구환경 대책: 우수 대학원생 유치를 중심으로", 서울대학교 정책연구과제, 2024.

3 중국 국가통계국(National Bureau of Statistics of China, 国家统计局).

4 서울대학교 공과대학,《축적의 시간》, 지식노마드, 2015.

5 각 항목의 효과성에 대한 구체적인 수치는 추후 논문을 통해 공개할 예정이다.

인구와 부
축소의 시대가 아닌 확장의 시대

2025년 10월 30일 초판 1쇄 발행
2025년 11월 15일 초판 2쇄 발행

지은이	조영태, 고우림
펴낸이	김은경
편집	권정희, 한지원, 한혜인
마케팅	김사룡, 김예은
디자인	황주미
경영지원	이연정
펴낸곳	(주)북스톤
주소	서울시 성동구 왕십리로6길 4-5
대표전화	02-6463-7000
팩스	02-6499-1706
이메일	info@book-stone.co.kr
출판등록	2015년 1월 2일 제2018-000078호

ⓒ 조영태·고우림
(저작권자와 맺은 특약에 따라 검인을 생략합니다.)

ISBN　　979-11-7523-018-7 (03320)

- 이 책은 저작권법에 따라 보호받는 저작물이므로 무단전재와 무단복제를 금지하며, 이 책 내용의 전부 또는 일부를 이용하려면 반드시 저작권자와 북스톤의 서면동의를 받아야 합니다.

- 책값은 뒤표지에 있습니다. 잘못된 책은 구입처에서 바꿔드립니다.

북스톤은 세상에 오래 남는 책을 만들고자 합니다. 이에 동참을 원하는 독자 여러분의 아이디어와 원고를 기다리고 있습니다. 책으로 엮기를 원하는 기획이나 원고가 있으신 분은 연락처와 함께 이메일 info@book-stone.co.kr로 보내주세요. 돌에 새기듯, 오래 남는 지혜를 전하는 데 힘쓰겠습니다.